国家社科基金
重大项目成果

对外汉语教学语法丛书
◎总主编 齐沪扬

近20年
汉语作为第二语言语法习得研究
词　汇

范伟 ◎主编 ｜ 李贤卓 丁萍 ◎编著

北京语言大学出版社
BEIJING LANGUAGE AND CULTURE
UNIVERSITY PRESS

© 2023 北京语言大学出版社，社图号 22132

图书在版编目（CIP）数据

近20年汉语作为第二语言语法习得研究．词汇 ／ 范伟主编 ；李贤卓，丁萍编著．－－ 北京 ：北京语言大学出版社，2023.1
（对外汉语教学语法丛书 ／ 齐沪扬总主编）
ISBN 978-7-5619-6189-6

Ⅰ．①近… Ⅱ．①范… ②李… ③丁… Ⅲ．①汉语－词汇－对外汉语教学－教学研究 Ⅳ．①H195.3

中国版本图书馆 CIP 数据核字 (2022) 第 207735 号

近 20 年汉语作为第二语言语法习得研究·词汇

JIN 20 NIAN HANYU ZUOWEI DI'ER YUYAN YUFA XIDE YANJIU · CIHUI

排版制作：北京光大印艺文化发展有限公司
责任印制：周　燚

出版发行：北京语言大学出版社
社　　址：北京市海淀区学院路 15 号，100083
网　　址：www.blcup.com
电子信箱：service@blcup.com
电　　话：编 辑 部　8610-82303647/3592/3395
　　　　　国内发行　8610-82303650/3591/3648
　　　　　海外发行　8610-82303365/3080/3668
　　　　　北语书店　8610-82303653
　　　　　网购咨询　8610-82303908
印　　刷：北京联兴盛业印刷股份有限公司

版　　次：2023 年 1 月第 1 版　　　印　　次：2023 年 1 月第 1 次印刷
开　　本：787 毫米 × 1092 毫米　1/16　印　　张：16.5
字　　数：270 千字
定　　价：89.00 元

总　序

摆在读者面前的，是国家社科基金重大项目"对外汉语教学语法大纲研制和教学参考语法书系（多卷本）"（17ZDA307）的所有成果。这些成果包括大纲系列4册、书系系列26册、综述系列8册，以及选取研究过程中发表的一部分优秀学术论文集辑而成的论文集1册，共计39本著作，约700万字。这个项目的研制，历时5年有余，参加的研究人员多达50余人，来自全国和海外近30所高校。

2017年11月，全国哲学社会科学工作办公室正式公布"2017年度国家社科基金重大项目立项通知书"。2018年4月14日，国家社科基金重大项目"对外汉语教学语法大纲研制和教学参考语法书系（多卷本）"的开题报告会举行。2019年8月，2017年度国家社科基金重大项目中期检查评估报告提交，并将于2023年1月召开课题结项鉴定会。

根据专家组意见，特别是专家组组长赵金铭教授两次谈话的意见，按照全国哲学社会科学工作办公室立项通知书上的要求，本项研究牢固树立问题意识、创新意识和精品意识，立足学术前沿，体现有限目标，突出研究重点，注重研究方法，符合学术规范。项目的执行情况、所解决的问题和最终成果如下：

大纲、书系和综述是主要的研究成果。三类不同的成果面对的读者是不一样的：大纲是给教师教学与科研使用的，同时也顾及学习汉语、研究汉语的一些国际学生；书系主要是给在一线教学的对外汉语教师看的，以解决这些教师在教学过程中的实际问题为目的；综述是对大纲和书系的补充，主要面向对外汉语教师、汉语国际教育专业研究生和本科生，以及需要进一步了解、研究相关领域的群体，为这些人继续研究相关问题提供材料和方法。三种不同的读者群体决定了三类成果的不同写法。

1.   大纲研制

大纲研制的最终成果是两套大纲：分级大纲（初级大纲和中级大纲）和分类大纲（书面语大纲和口语大纲），共 4 册。语法大纲不局限于语法知识本身，而是以学习者语言能力的培养为目标。凡是能促进学习者语言能力的语法项目都应析出为大纲的项目。语法项目的编排依据的是语法形式，使用条件式来描述细目的功能。使用条件式有利于促进语法知识转化为语言能力。

分级大纲中语法项目的等级不宜简单理解为语言本身的难度区分，更应理解为习得过程性的内在要求。以促进学习者生成语言能力为目标，支持学习者语言能力生成的语法项目都应列目，项目编排以语法结构为基础，细目的描写以促进语言能力生成为重。大纲体现习得的过程性，总体上为螺旋型呈现。

目前对外汉语教学和科研依据的都是通用语体的语法大纲，至今尚没有分语体的大纲问世，这种状况显然与发展迅速的第二语言教学事业是相悖的。书面语语法大纲和口语语法大纲的研制，填补了大纲研究的空白，在今后的教学指导、教材编撰、汉语水平测试等方面，都能发挥很大的作用。

2.   书系研发

我们在全国范围内分三批次遴选和推荐了撰稿人，这些撰稿人都有长期从事对外汉语教学的经历，且本人都是语法专业背景出身。从目前情况看，学术界和教学界都需要这一类书，这套书也具有填补空白的作用。而且，这套书是开放性的，条件成熟了可以再继续做下去，达到 30 本到 50 本的规模，甚至再多一些，都是可能的。

书系的特点是：以"语法项目"作为书名，不求体系完整，成熟一本撰写一本；专业性不能太强，要考虑到书系的读者需求，他们阅读这本书的目的是为了解决教学上的问题，除了必要的理论阐述和说明之外，要尽量早一点儿切入到教学上去；提出的问题要切合教学实际，60～80 个问题，其实就是这本书的目录，有人来查，很快就能对症下药，找到自己想要的东西；提的问题要有针对性，要有实用性，针对学生的水平等级，围绕这个语法项目，把教学上可能遇到的问题按等级排序。总之，这是一套深入浅出的普及性的小册子，一定会受到广大对外汉语教师的欢迎。

3.　综述编著

按照标书要求，阶段性成果包括两套综述汇编。编著这两套综述汇编，首先是项目研制的需要，是和大纲研制、书系研发互相支撑、互相配合的；其次是近20年的综述汇编，学术界和出版界均尚无成果问世，很多研究者迫切需要这方面的资料；最后是这套综述汇编的写法与其他综述成果不同，两套综述不仅仅是"资料汇编"，里面更有很多作者的评议和引导，是"编著"类的"综述"，这类"综述"其实是不多的。这样的写法比目前在做的或者已经出版的"综述"要科学得多，实用得多。

综述分为两套：《近20年对外汉语语法教学研究》和《近20年汉语作为第二语言语法习得研究》。综述的主要读者应该是研究者，是关心该领域的研究者，作者收集的材料要尽可能齐全，作者所做的分析要有依据，作者做出的解释要能让研究者信服。两套综述都能做到对相关问题做出梳理，述评结合，突出评价的学术性、原创性和实用性，力图使读者对相关论题有一个全面的认识和深刻的思考，并为进一步的研究提供方向。

对上述这些成果的介绍只能点到为止，事实上，具体到每一本著述，都是有必要重点介绍的。好在每套书都另有主编，请读者自行阅读每套书的主编写的"序"吧。我这里还想向读者介绍的是这些著述的作者们，没有他们，这些成果难以问世。

本项课题涉及面广，研究人员多，在最初填写招标书时我们已经意识到了："本项研究工程浩大，……大纲和书系非一校之力可完成，将集中全国不同高校共同承担。"本课题前后参加研究的人员有50多人，分布在全国及海外近30所高校。如何将这些研究人员组织起来，集思广益，凝神聚力？课题组在"集全国高校之力"上，下了大力气。

原先设想由某个高校具体负责某块项目研究，但该想法在实际操作中遇到了问题。开题报告会后，课题组调整后的组织方式体现出优势来。四个研发小组的组长取代了原来子课题负责人的职位和功能，优势体现在：他们面对的是具体的项目，而不是具体的研究人员；他们针对项目选取研究人员，而不是为已有的研究人员配备研究内容；他们可以从全国高校选择自己相中的研究人员，而不需采取先满足校内再满足校外的程序和方式。人尽其才，物尽其用，效率提高，质量保证，自然是意料之中的结果。例如，书系组的 20 多位作者来自 15 所高校，综述组的作者来自 12 所高校。这是第一个方面。

第二个方面，就是充分利用会议的机会，将会议定位于有目标的会议、有任务的会议，让会议开出成效来。自课题立项之后，围绕着课题的研究进展，课题组已经开过多次会议。一是一年一度的"教学语法学术讨论会"，课题组所有人员都参加，至今已经开过多届：淮北（2017）、扬州（2018）、南宁（2019）、黄山（2020）等等。二是一年多次的课题专项讨论会，有需要就开。如在杭州就分别开过综述组、数据平台组、书系组的专项讨论会；在南京、上海都开过大纲组的专项讨论会；2020 年 7 月，在腾讯会议上开过两次大纲组的专项讨论会；等等。这些会议目标明确，交流便捷，解决问题能力强，时间跨度短，是联络不同高校研究人员的好方式。

这套书的所有主编和作者都十分尽力。对外汉语教师的工作量很大，大多数人都有每周 10 节以上的课时量；况且，大多数人的手上还有自己的科研项目要做，还有自己指导的研究生的论文要看，还有各自的不同研究论文要写。种种忙碌和辛苦之中，要挤出这么多时间和精力，去从事另外一块研究任务，还是高标准、有要求、无报酬的研究任务，如果没有一种对对外汉语教师这个职业的由衷热爱，没有一种为对外汉语教学事业做点儿贡献的精神支撑，他们是断然不可能接受这样的研究任务的，更何况有些作者接受了两项不同的研究任务，研究强度和研究压力可想而知。因此可以这么说，这些成果渗透着作者们的辛劳，饱含着作者们的心血，每一本都是"呕心之作"，这样的赞誉是得当的。

北京语言大学出版社是这个项目的合作者和推动者。项目立项不久，出版社和课题组就有过接触。出版社前后两任社长和总编辑都向课题组表过态，希望这个课题的所有成果能在北京语言大学出版社出版，出版社愿意为课题的宣传、推广、出版尽责任，做贡献。2020 年 1 月，课题组和出版社有过进一步的密切联系，敲定了详细的合作计划。2022 年 3 月，出版社申报的"对外汉语教学语法丛书"成功入选 2022 年度国家出版基金资助项目。这些成果的出版，没有出版社的支持是做不到的。

再次感谢在漫长的研究过程中给予我们支持、帮助的所有老师和朋友。

再为这套综述写上几句。教学语法需要的不仅是描写的语法，更是讲条件的语法。编著综述的主要目的就是入选的内容要能契合教师的需要，要能解决教学中的实际问题。这套综述以本体研究的已有成果为引领，以指导教学实际应用为目标，在语言表达方面，尽量不使用过于专业的术语和概念，而用浅显的表述和直观的分析去解释所论述的问题；综述的切入点与已有的相关论文和专著有所不同，是系统地从语法教学和习得角度入手，以展示问题为主，评述相间，重在评论。可以这么说，综述追求的是"好用、管用"的编撰目的，是为了方便读者"看得懂、记得住"，从而具有"用得上"的实际效果。

还有一点值得称道的是，综述的作者们在漫长的编著过程中，始终坚持服务目标人群的"问题解决"的研究方向。综述是对大纲和书系的补充，主要面向对外汉语教师、汉语国际教育专业研究生和本科生，以及需要进一步了解、研究相关领域的群体。对目标人群具有了深刻理解后，研究者在发现问题、解决问题时就能做到有的放矢。两套综述都已提交出版社，责编们的反馈中有一条是"小结、评述部分较为恰切"，这些部分恰是这两套综述的点睛之处，也是作者们在实践"问题解决"过程中的着力处，值得读者细心品读。

谨以此作为总序。

齐沪扬

初稿于 2020 年 7 月

二稿于 2022 年 5 月

序

　　《近20年汉语作为第二语言语法习得研究》是国家社科基金重大项目"对外汉语教学语法大纲研制和教学参考语法书系（多卷本）"（17ZDA307）的中期成果之一，旨在对近20年（2000—2019）①汉语二语语法习得研究的成果进行较为全面、科学的总结和评述，为读者了解新时期汉语二语习得在理论综合性研究、语法项目习得研究、词汇习得研究方面的内容、特点、不足和发展前景提供参考。

　　汉语作为第二语言的习得研究始于20世纪80年代，至今已走过约40年的发展历程。从时间轴上来看，这40年正好可以世纪之交为界，划分为前后两个20年。前20年，汉语二语习得研究处于与汉语二语教学相融并开始独立发展且取得初步繁荣的阶段。国外的二语习得研究产生于外语教学，汉语二语的习得研究也发端于对外汉语教学理论体系的逐步建立。从第一本对外汉语专业学术刊物《语言教学与研究》中"汉语作为外语教学"和"汉语作为第二语言教学"两个概念的提出（李英哲，1980②；王靖宇，1980③），到吕必松先生（1982④、1983⑤）对"习得—学习""二语—外语"等相关概念的区分和论述，汉语二语习得最早作为影响和决定汉语二语教学特点的因素之一被关注和探讨。

　　1984年，鲁健骥先生首次引介并运用中介语理论分析外国学生汉语学习中

---

① 为了尽可能展现最新的研究成果，除此之外，在截稿前作者们还补充了少量2020年的文献。
② 李英哲（1980）语言学在汉语作为外语教学中的作用，《语言教学与研究》第4期。
③ 王靖宇（1980）文学在把汉语作为第二语言教学中的作用，《语言教学与研究》第4期。
④ 吕必松（1982）关于语言教学法问题，收于《对外汉语教学探索》，北京：华语教学出版社，1987。
⑤ 吕必松（1983）谈谈对外汉语教学的性质和特点，《语言教学与研究》第2期。

的偏误①，汉语二语习得研究开始在国外二语习得研究的框架下进行并发展。但直至 20 世纪末，汉语二语习得研究的热门领域和主要研究成果集中在有限的几个方面，如对国外二语习得理论的介绍和探讨（温晓虹、张九武，1992a、b②；王建勤，1994③；袁博平，1995④；靳洪刚，1997⑤）、汉语各语言要素的偏误分析、汉语中介语研究、汉语二语的习得顺序和习得过程研究（田士琪、梅立崇、韩红，1987⑥；孙德坤，1993⑦；钱旭菁，1997⑧；施家炜，1998⑨）等，特别是汉语语音、词汇、语法、语用、汉字各方面的偏误分析研究成果丰硕，发展充分。汉语二语习得研究对国外二语习得的其他很多领域较少涉及，相关研究刚刚起步，比如对学习者个体因素的考察（包括汉语二语学习心理、学习策略等），学习者汉语输入的加工处理、内部习得机制研究，汉语习得的外部影响因素研究，等等。21 世纪以来，汉语二语习得研究开拓了更为广泛的研究领域，不仅关注汉语中介语语言系统本身，而且在汉语习得的心理过程、认知过程，影响汉语习得的学习者个体因素，汉语习得与社会、文化之间的关系等方面不断进行探索，并取得了一系列研究成果。

研究方法上，前 20 年中，汉语二语习得研究以理论介绍和经验描述为主，相关研究占到 80% 以上，理论性研究和实证性研究比较少。研究方法多举例、归纳，较少定量统计分析和实验考察（江新，1999⑩；施家炜，2006⑪）。而后 20 年中，汉语二语习得的研究方法有了较大转变，比较明显的是定量统计的实证研究方法得到广泛应用，占汉语二语习得研究的近 90%（徐婷婷、郝瑜鑫、邢红兵，2018⑫）。另外，语料库方法也几乎达到普及的状态，研究中开始综合运用多种实证研究方法，如问卷调查、对比实验等。

---

① 鲁健骥（1984）中介语理论与外国人学习汉语的语音偏误分析，《语言教学与研究》第 3 期。
② 温晓虹、张九武（1992a）语言习得研究概述，《世界汉语教学》第 1 期。
   温晓虹、张九武（1992b）语言习得研究概述（续），《世界汉语教学》第 2 期。
③ 王建勤（1994）中介语产生的诸因素及相互关系，《语言教学与研究》第 4 期。
④ 袁博平（1995）第二语言习得研究的回顾与展望，《世界汉语教学》第 4 期。
⑤ 靳洪刚（1997）《语言获得理论研究》，北京：中国社会科学出版社。
⑥ 田士琪、梅立崇、韩红（1987）从第二语言习得规律看教学方法的改进，《世界汉语教学》第 4 期。
⑦ 孙德坤（1993）中介语理论与汉语习得研究，《语言文字应用》第 4 期。
⑧ 钱旭菁（1997）日本留学生汉语趋向补语的习得顺序，《世界汉语教学》第 1 期。
⑨ 施家炜（1998）外国留学生 22 类现代汉语句式的习得顺序研究，《世界汉语教学》第 4 期。
⑩ 江新（1999）第二语言习得的研究方法，《语言文字应用》第 2 期。
⑪ 施家炜（2006）国内汉语第二语言习得研究二十年，《语言教学与研究》第 1 期。
⑫ 徐婷婷、郝瑜鑫、邢红兵（2018）汉语作为第二语言习得研究现状与展望（2007—2016），《云南师范大学学报（对外汉语教学与研究版）》第 1 期。

　　总的来说，近20年汉语二语习得研究在内容和方法上都有较大进展，而这些进展中所积累的经验需要总结，所暴露出的问题应该反思，未来的发展方向值得探索。近20年中也出现了一些回顾、总结汉语二语习得研究现状的文章，如徐子亮（2004）[①]，赵春利（2005）[②]，施家炜（2006），梁德惠（2012）[③]，宋扬（2014）[④]，毕晋、肖奚强、程仕仪（2017）[⑤]，徐婷婷、郝瑜鑫、邢红兵（2018），赵杨（2018）[⑥]等，这些文章对不同时期的汉语二语习得研究的总体状况和成果进行了梳理和分析，使我们能够及时了解汉语二语习得研究的发展状况及存在的问题。但这些综述文章的研究领域总是有限，比如有的研究针对偏误分析，有的研究针对语法习得等。且因篇幅限制，这些论文讨论的广度和深度也有限。鉴于此，本套丛书应时代的客观需求，全面介绍了汉语二语语法习得近20年的研究成果，并进行了系统分析和总结评论，为汉语二语教学和习得研究提供了参考和指导。

　　本套丛书所从属的重大课题主要攻关对外汉语教学语法体系的改革及大纲的研制。现有大纲及教材的教学分级不够科学，中高级阶段语法项目的编排零散粗疏，这些状况与大纲确立较早、未能参考外国学生的习得状况有一定的关系。因此，本套丛书所做的近20年汉语二语语法习得研究成果的梳理涉及面广，内容丰富，结论众多，关于外国学生汉语中介语的各方面特征，学习者的汉语习得过程和机制，教学输入等外部影响，以及学习者动机、焦虑、学习策略等个体习得因素的研究状况和程度，都有明确的介绍和分析。这些研究成果中有益的内容必然有助于大纲的科学研制，本套丛书为此提供了外国学生汉语语法习得方面重要的参考。

　　另外，本套丛书不但对近20年汉语二语习得研究成果进行了详细归类和介绍，而且进行了客观、切实的分析和评价，并说明了可进一步探讨、发展或突破的

[①]　徐子亮（2004）对外汉语学习理论研究二十年，《世界汉语教学》第4期。

[②]　赵春利（2005）对外汉语偏误分析二十年研究回顾，《云南师范大学学报（对外汉语教学与研究版）》第2期。

[③]　梁德惠（2012）近30年来汉语作为第二语言语法习得考察与分析，《云南师范大学学报（对外汉语教学与研究版）》第1期。

[④]　宋扬（2014）汉语作为第二语言习得研究述评，《云南师范大学学报（对外汉语教学与研究版）》第2期。

[⑤]　毕晋、肖奚强、程仕仪（2017）新世纪以来汉语作为第二语言习得研究成果分析——基于四份CSSCI中国语言学来源期刊文献的统计，《语言与翻译》第4期。

[⑥]　赵杨（2018）汉语作为第二语言的习得研究四十年，《国际汉语教育（中英文）》第4期。

空间，这对从事汉语二语教学及习得研究的工作者有一定的启发和指导。这也是本套丛书在述评方面的一个特点和亮点，结合汉语本体研究、汉语二语教学研究，突出评价的学术性、原创性和实用性。

本套丛书收集、整理的汉语二语语法习得研究文献主要来自《世界汉语教学》《语言教学与研究》《汉语学习》《语言文字应用》《华文教学与研究》《云南师范大学学报（对外汉语教学与研究版）》6 种对外汉语教学核心刊物，另外考虑到汉语二语语法习得研究不同领域的均衡，以及研究论题的相关性，我们也收集了部分其他刊物（如《海外华文教育》《对外汉语研究》等）的文献。收集文献的总量在 1000 篇左右，其中六大刊约 700 篇，其他刊物约 300 篇。另外，收集汉语二语语法习得研究综合类著作 55 部、专题类著作 37 部。综合类著作在《理论及综合》分册统一做了简介和简评，专题类著作在相应分册述评相关研究成果时一并提及。

本套丛书共 4 册，包括：

《近 20 年汉语作为第二语言语法习得研究·理论及综合》，范伟、崔维真、曾丽娟编著；

《近 20 年汉语作为第二语言语法习得研究·语法（上）》，曹春静、李虹编著；

《近 20 年汉语作为第二语言语法习得研究·语法（下）》，李宗宏、曹沛编著；

《近 20 年汉语作为第二语言语法习得研究·词汇》，李贤卓、丁萍编著。

各分册的作者大都从事对外汉语一线教学多年，且具有本体语法研究的经历，在理论上和教学上都有一定的造诣，在总结和评论中提出的问题具有针对性和启发性，在一定程度上保证了本套丛书综述和评价的质量。但书中所做的总结评价和前景展望等仍仅代表作者的个人看法，受学识所限，不当甚至谬误之处，敬请读者提出批评和宝贵意见。另外，本套丛书对近 20 年的文献收集难免存在疏漏，恳请予以谅解。

我们期待汉语二语语法习得研究在下一个 20 年能取得更大的发展！

范伟

2022 年 5 月

目　录

第一章 词汇习得研究概述

　　词是语言中最基本的单位。语言中的词汇经由语法规则的组合，才能用于思维和交际。学习一种语言，往往是从最简单的词汇开始的。伴随着第二语言习得学科的兴起，词汇习得作为一个重要的分支，逐渐成为研究热点。汉语二语词汇习得研究是汉语作为第二语言习得研究的一个重要组成部分。

　　语音、词汇和语法是构成语言的三大要素，三者之间联系密切。对于第二语言学习者来说，在完成相对短暂的语音部分的学习之后，接下来的词汇和语法学习将伴随二语学习的全过程。一门语言的词汇和语法之间有着千丝万缕的联系，以至于教学大纲的制订者和教材的编写者也常常混淆二者的分界。我们必须承认，二者在语言和语言学习中扮演的角色不同：词汇是开放的，语言学习者需要根据"词典"或"词表"去一个一个地认读、记忆、运用；而语法是有限的、稳定的、概括的、抽象的一条一条的规则（孙德金，2006）。但从汉语二语学习的角度看，二者的联系非常紧密。理据如下：

　　第一，在二语习得史上，词汇习得理论与语法习得理论有密切的联系。例如中介语理论中，影响词汇和语法习得的因素大致相同。

　　第二，词汇习得分析的一些方法和语法习得分析方法相似，如偏误分析、词汇语义分析等，至于特殊词类的分析，则更加分辨不清词汇和语法的界限。

　　第三，词汇习得中的认知研究与语法习得密不可分，例如心理词典理论是在语法习得的基础上建立的，词汇之间的一些联系，如同义词反义词、易混淆词等是靠语法关系维持的。

　　第四，汉语特有的语法属性，如词类与句法成分不对应、词形缺乏形态变化等等，使汉语词汇的习得对语法的依赖性很大。

　　因此，可以说，语法习得管的是大语法的问题，词汇习得管的是具体词语的小用法问题。一旦涉及词汇使用的问题，就离不开语法。在汉语词汇中，虚词主要体现的是语法意义，个性鲜明的虚词习得问题既是词汇习得问题，更是语法习得问题；即使是具体的实词，只要是词典没法解决的又具有鲜明个性的用法实际上也应该包括进来。就这一点来说，语法习得和词汇习得确实是很难分辨清楚的。汉语作为第二语言教学中就曾经有过"词汇教学代替语法教学"的说法，这是因为在汉语词汇教学的过程中，不可能忽略语法知识的讲授，语法的讲授也需要融合在词汇的讲授之中。这从另一个角度证明了汉语词汇习得与语法习得确实很难一下子划清界限。

国内第二语言词汇习得研究虽然起步较晚，但是，自鲁健骥（1987）《外国人学习汉语的词语偏误分析》发表以来，词汇习得研究取得了巨大的进展。尤其是 21 世纪以来，在吸收、借鉴国外理论方法的同时，国内学者针对汉语词汇习得自身的特点，提出了一系列有特色的理论方法和研究视角。近些年来，随着研究理论方法的革新，汉语作为第二语言词汇习得研究仍在经历着重大变革。

2000 年以来，共有 4 篇对汉语作为第二语言词汇习得进行综述的文献，分别是孙晓明（2007）《国内外第二语言词汇习得研究综述》，刘鑫民（2016）《汉语词汇习得研究：进展与问题》，莫丹（2017）《10 年来 CSL 词汇习得研究述评——与 EFL 对比的视角》，吴继峰、洪炜（2017）《国内汉语二语词汇习得研究述评——基于 6 种汉语类专业期刊 17 年（2000—2016）的统计分析》。这些综述研究对汉语词汇习得的数量、内容、方法等问题做了很好的分析和评论。

以上述几篇文献为基础，本章梳理了已有词汇习得研究，并对 2000 年以来国内词汇习得研究的情况进行简要评介。

1. 总体情况

根据期刊的专业性、影响力以及已有文献数据，本部分以《世界汉语教学》《语言教学与研究》《汉语学习》《语言文字应用》《华文教学与研究》和《云南师范大学学报（对外汉语教学与研究版）》六大刊物为考察对象，收集 2000—2019 年汉语二语词汇习得研究论文共计 228 篇。如图 1-1、表 1-1 所示：

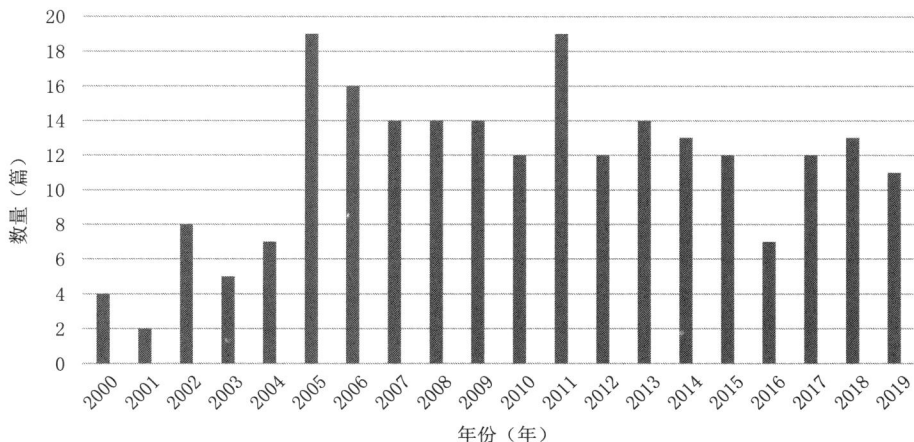

图 1-1 2000—2019 年汉语二语词汇习得研究论文情况

表 1-1 2000—2019 年各刊物汉语二语词汇习得研究论文情况

刊物名称	《汉语学习》	《华文教学与研究》	《世界汉语教学》	《语言教学与研究》	《语言文字应用》	《云南师范大学学报（对外汉语教学与研究版）》
发文数量 / 篇	35	31	38	51	33	40
年均发文数量 / 篇	1.75	1.55	1.9	2.55	1.65	2

2000—2019 年国内汉语二语词汇习得研究体现出如下特点：

第一，论文数量总体上呈上升趋势。前五年间，该领域论文年均数量不足 10 篇，但从 2005 年开始，发文数量呈现连续大幅增长，除 2016 年外，年均发文数量都在 10 篇以上。

第二，出现了几个短暂的小高峰。2005 年、2006 年和 2011 年的年均发文数量都超过了 15 篇。

第三，年均论文发表量基数不大。六大刊物中总发文数量最多的是《语言教学与研究》，20 年共发表词汇习得研究论文 51 篇，年均不到 3 篇。这与学科方向规模有关，相对于语言学本体研究、二语教学研究及二语习得研究的其他方向，词汇习得领域的研究人员相对较少。

2. 研究内容

本书将词汇习得研究分为以下几个方面进行介绍：

第一，词汇偏误研究。偏误分析理论作为标志二语习得学科创立的理论，对学科产生了深远的影响。自鲁健骥教授将偏误分析的方法介绍到国内后，由于其可行性与实用性，从 20 世纪 90 年代开始至今，偏误分析在词汇习得领域产生了大量成果。21 世纪后，随着研究的深入，研究人员开始从学习对象和词汇本身两方面进行考察。在学习对象上，针对不同母语类型、语言水平等因素的研究开始出现。在词汇本身的特点上，研究者关注到了汉语词汇的一般性与特殊性对词汇习得的影响。在一般性上，研究关注到现代汉语词汇主要是双音节词、合成词，词义上以多义词为主。汉语同义词、近义词也是偏误分析关注的重点。这些词汇的偏误数量大，有特点，值得研究。在特殊性上，汉语特殊词汇的类型十分丰富，研究关注到现代汉语词汇中比较特殊的成员，如成语、惯用语。此外，对于汉字文化圈的日韩留学生来说，汉字词、汉韩同形词都是习得难点，已有文献也都进行了考察。以上内容在本书第二章进行评介。

第二，词汇的加工与发展研究。二语习得有两大研究取向。一是从学习者的语言角度描写和解释学习者的语言，找出共性与规律，以促进二语教学。偏误分析即属于这一类研究。二是从学习者的心理角度探求词汇学习的认知心理机制，揭示二语词汇学习过程所反映出的普遍认知规律。这部分研究多采用实证研究方法，借用大量认知心理学的理论、方法、视角讨论汉语二语词汇学习的问题，例如联结主义、具身认知视角等。词汇习得研究注意区分词汇的理解与词汇的产出，因为这是两个不同的认知过程。词汇习得研究也很关注二语词汇的发展，词汇的发展指的是随着时间的推移和学习者水平的提高，学习者在词汇习得的数量、深度、准确性等方面不断接近母语者。词汇发展研究主要通过纵向考察研究学习者书面语或口语水平的提高。早期的研究多是描述性统计分析。近年来，一些研究通过科学的指标测量学习者汉语的准确性、流利性、复杂性，此外，还特别关注汉语二语者心理词典的构建以及二语词汇的伴随性习得两大专题。心理词典本是一个心理学概念，是心理语言学领域研究的热点，从心理语言学的角度解释词汇是如何在大脑中表征、组织以及提取的。伴随性词汇习得也称附带词汇学习，指学习者在进行认知活动的过程中伴随性地学到了一定的词语知识，而当时的注意力并未集中在词语学习上，如学习者在阅读、听歌曲、看电视的过程中伴随性地掌握了一些词语的新知识，即新词知识是学习者从事主要认知活动时获得的副产品。以上内容在本书第三章进行评介。

第三，词汇习得的影响因素。这些因素大体上可以分为外部因素和内部因素。外部影响因素内容广泛，指除词汇本体因素之外的其他一切因素，主要包括学习者因素，如母语背景、学习动机、学习策略等，以及语言因素，包括语言输入频率、语境，再有就是学习环境等方面的因素。在学习者方面，研究者关注到了学习者母语和汉语的不同，有针对性地就某个国别或母语背景的学习者进行考察，国别化、语别化研究的增多使得研究对象细致化，研究结论的效度提高。在学习策略方面，学习者在词汇学习中投入的水平不同，词汇学习效果也会有所不同，还有研究关注了语素意识对学习者汉语阅读能力的贡献。语言因素上，输入频率和语境的丰富程度会影响词汇习得，频率越高，语境越强，习得越容易。内部因素主要指的是词汇的句法、语义性质，例如词的内部结构、语素、词形、词的语义透明度、义项数量等。词汇内部结构关系对学习者猜测词义具有显著的影响，偏正结构的学习效果比联合结构的学习效果要好。学习者的词汇结构意识和对词语结构的熟悉度会影响其汉语词汇习得效果，汉字文化圈的学习者比非汉字文化圈的学习者更容易掌握汉语词汇。词形对词汇习得效果的影响显著，初级阶段是词形偏误多。二语学习者早期近义网络的构建可能更依赖于词形的作用。在语义因素上，语素的多义性、语义透明度对词汇习得的影响很大。有关外部因素的研究详见本书第四章，有关内部因素的研究详见本书第五章。

第四，关于具体词类和个案的习得。已有习得研究中，有大量研究对具体某一类词的习得进行了考察，如《叹词习得情况的调查与分析》，或是以某个词为个案进行分析，如《韩国留学生口语中使用介词"在"的调查分析》，两类研究共计近百篇。这些研究主要从词的分类角度研究了词汇习得问题，按照本套丛书的整体安排，这一类研究在分册二《近20年汉语作为第二语言语法习得研究·语法（上）》的上编"词类习得研究"中进行介绍，本书不再另做介绍。

第五，其他词汇习得问题的研究。主要包括两个专题：一是学习者词汇习得的"质"与"量"的问题，即词汇习得深度与广度的测量；二是词汇习得中的文化因素问题。虽然在我们统计的6种刊物中，涉及这两个问题的文献不多，但这两个问题确实是词汇习得中不容忽视的问题，也是目前研究中的薄弱环节。可喜的是，已有的这些研究为研发汉语第二语言词汇计量标准和探讨文化因素在词汇习得中的作用做了有益的探索。详见本书第六章。

3. 研究方法

20年来，第二语言词汇习得研究借鉴西方实证研究的方法，在方法论上取得了很多突破。实证研究方法已逐渐占据主导地位。雷菱（2018）选取了《世界汉语教学》《语言教学与研究》《语言文字应用》《汉语学习》《华文教学与研究》《云南师范大学学报（对外汉语教学与研究版）》《海外华文教育》等7种对外汉语界的重要学术期刊，对2001—2016年间139篇对外汉语词汇习得相关文章的研究方法进行了统计。本书重新整理如表1-2所示：

表1-2　2001—2016年对外汉语词汇习得的研究方法

研究方法大类	主要类别	子类
实证研究 95（68.35%）	量化研究 58（61.05%）	实验性研究 56（61.05%）[1] 非实验性研究 32（40.51%）
		推断统计 15（18.99%） 描述统计 36（45.57%） 综合运用 28（35.44%）
		单变项分析 28（50%） 多变项分析 28（50%）
	质化研究 16（16.84%）[2]	个案研究 1（2.70%） 观察研究 13（35.14%） 偏误运用 23（62.16%）

---

① 根据雷菱（2018），此处统计时将混合研究中所涉及的量化研究方法也包括在内，因此总计79篇文献。因为部分文献同时使用实验性研究和非实验性研究，所以二者对应篇目的总和不等于79。

② 根据雷菱（2018），此处统计时将混合研究中的质化研究方法也包括在内。

第一章 词汇习得研究概述 7

续表

研究方法大类	主要类别	子类
实证研究 95（68.35%）	混合研究 21（22.11%）	
	时间视角	历时研究 4（4.21%） 共时研究 91（95.79%）
	语料	语料库 11（47.83%） 作业、试卷 10（43.45%） 口语语料 1（4.35%） 综合语料 7（30.43%）①
非实证研究 44（31.65%）	理论阐述、经验介绍或对某一领域的综述	

据此，作者得出结论：第一，实证研究占优势。这与以往的研究结论都不同，可以说，当前对外汉语词汇习得研究领域已经完成了从经验理论向实证研究过渡的阶段。研究发现，实验性研究自 21 世纪以来呈现波动上升的趋势，并在与非实验性研究的竞争中占据了优势。描述统计的地位正在不断弱化，逐渐成了推断统计的辅助，多变项分析的实验性研究也在不断增加。目前，词汇习得研究领域的量化范式已经趋于成熟。第二，质化研究尚待发展。从数量上来看，采用质化研究的文献数量没有呈现出增加的趋势；非典型的质化研究——偏误分析仍然占据很大的优势，典型的质化研究比例较低。值得注意的是，近几年已经出现了典型质化研究手段——有声思维，并且质化研究与量化研究相结合的趋势也正在加强。第三，研究语料更加全面，基于语料库的研究越来越多，有研究把语料库与学习者作业、试卷材料相结合，加强了研究的全面性、丰富性和严谨性，但是口语语料极其缺乏。第四，由于研究周期长、材料收集不易、研究对象不稳定等因素，历时跟踪研究极少。第五，汉字文化圈内部异质性大，研究时应具体问题具体分析，不应一刀切，高估汉字文化圈内学习者的同质性。

在具体的研究方法上，主要有实验方法、语料库方法、问卷调查方法、准实

---

① 根据雷菱（2018），此处在统计综合运用各种语料的文章篇数的同时，也分别统计了使用前三类语料的文章篇数，两个统计数据存在文章的重合。本部分使用语料的文章总数为23篇，所占比例由此算出。

验方法、微变化研究等，还有综合运用两种或几种方法进行的研究。表1-3为莫丹（2017）所统计的2007—2016年汉语二语词汇习得文献主要使用的研究方法。

表1-3　2007—2016年汉语二语词汇习得文献主要使用的研究方法

研究方法	文献数量 / 篇	百分比
实验方法	35	47.3%
语料库方法	18	24.3%
综合性方法	11	14.9%
问卷调查方法	6	8.1%
准实验方法	3	4.0%
微变化研究	1	1.4%
总计	74	100%

从表1-3中可知，实验方法和语料库方法占了相当比重，说明这两种研究方法越来越受到重视。与语法研究相比，词汇习得研究更容易受到西方习得研究方法的影响。另外，由于习得研究也是认知心理学关注的问题，一些学者将心理学的行为实验、眼动技术引入汉语二语词汇习得研究，这些都大大丰富了汉语词汇习得研究的视角。然而，由于起步较晚以及汉语自身的特殊性，与英语词汇习得研究相比，汉语二语词汇习得研究在研究方法、材料控制、数据分析等方面仍存在差距，质性研究方法使用得较少。

4.　本章小结

有学者认为，词汇习得是一个终生认知的过程，习得足够多的词汇是语言问题的核心。由此，关于第二语言学习者词汇知识的研究越来越引起学者们的重视。虽然这个领域国内起步比较晚，但近年来，特别是21世纪以来，国内学者在借鉴已有第二语言词汇习得理论和心理学研究方法的基础上，进行了一系列有汉语特色的理论探讨和实证研究，极大地推动了国内词汇习得研究，在很大程度上弥补了与国外的差距。

尽管 20 年来，汉语二语词汇习得研究取得了长足进展与丰硕成果，但仍有许多研究领域需要开拓。本章就汉语二语词汇习得研究的主要成果进行了概述，对研究内容、方法、理论、视角等方面进行了梳理。总体而言，汉语二语词汇习得研究虽起步晚，但发展快，与英语二语词汇习得和汉语其他语言要素的二语习得研究相比，仍存在进一步努力的空间，具体体现在以下几方面：

第一，研究视角上，更多地从社会文化角度关注汉语词汇习得。二语习得领域存在认知派和社会文化派两种理论体系。认知派主要研究大脑中抽象的语言特征。社会文化派注重二语学习的社会、情感因素。目前的研究较少从社会文化角度关注汉语二语词汇习得，这个角度的研究空白还有待填补。

第二，研究方法上，加强质性研究和技术手段的利用。这体现在两个方面。一是要加强质性研究。目前的词汇习得研究多为量化研究，然而，每种方法都有其适用性和局限性。唯有全面应用质性研究和量化研究，根据研究目的和所要解决的问题恰当合理地选择研究方法，才能全面、深入认识二语习得的本质。二是要继续借鉴新技术，拓展研究思路。在科学使用行为实验的同时，合理运用神经电生理技术，进行在线加工的研究，从语言学角度揭示二语加工、习得的内部机制，提升二语习得研究的层次，拓展研究的内容。

第三，创立汉语二语词汇习得理论。目前的研究多数在西方理论框架下开展实验，用汉语的事实去证实或证伪西方理论。汉语词汇自身的特点决定了汉语词汇习得和加工具有自身独特的机制，而汉语二语词汇习得研究的理论框架还处于探索阶段，未来的研究应提升理论意识，加强理论建构。

第四，关注词汇习得研究的应用性，切实提高学习和教学效率。词汇习得研究的成果可以揭示词汇习得的规律和机制，进而直接服务于教学，促进教学效率的提升。目前的研究多关注应用性，但研究结论的理论化程度不高，对词汇学习和教学的促进作用有待加强。如何做出有突破性的汉语词汇习得研究的理论成果，或是如何做出有高效促学价值的应用研究成果，是需要进一步思考的问题。

第二章　偏误分析相关问题研究

偏误分析产生于二十世纪五六十年代，它聚焦二语学习者目的语中出现的成系统、有规律性的错误，分析错误的数量、类型、原因，是一个关注学习者语言系统的理论，对语言习得和教学都具有重要意义。1984 年，鲁健骥教授的论文《中介语理论与外国人学习汉语的语音偏误分析》发表，标志着"偏误"的概念被正式引进到国内。随后的近 30 年里，偏误分析成为学界关注的热点，涌现出了大量的研究，在词汇习得方面也如此，本章主要对有关这一问题的研究进行综述。值得注意的是，由于语言环境、研究对象等客观因素以及语言本身的因素，汉语词汇偏误分析存在热点不均的现象。本章依据研究的实际情况进行划分，将研究的个别热点问题，如相似词语的偏误分析，单列成节。

第一节　基于学习者国别的词汇偏误研究

1.　韩国学习者的词汇习得偏误

1.1　概述

韩国学习者在汉语学习者人群中占很大一部分比例。根据教育部相关文件[①]，仅 2018 年来华留学生中，韩国学生就有 50600 人，韩国是来华留学生第一大输出国。韩国与中国同属东亚文化圈，韩语历史上曾经使用汉字，存在着大量的"汉字词"，这也使得韩国留学生在学习汉语时有其自身特点。因此，在对外

---

① 教育部 2018 年来华留学统计：http://www.moe.gov.cn/jyb_xwfb/gzdt_gzdt/s5987/201904/t20190412_377692.html。

汉语教学中，对韩国留学生习得汉语过程中存在的偏误进行分析具有深刻的现实意义。目前对于韩国学生汉语词汇习得偏误的研究较多，本小节将对这些研究进行综述。

本小节的 8 项研究围绕"韩国学生汉语词汇习得偏误分析"这一中心，具体为：

（1）韩国留学生汉语词语偏误分析（施文志，2003；刘慧清，2005；伏学凤，2007；洪炜、千恩知、梁珊，2013；韦九报，2015；马庆，2019）；

（2）韩语汉字词、汉韩同形词对韩国留学生汉语习得的影响（全香兰，2004、2006）。

其中，同一主题的论文有各自不同的研究视角。从现代汉语词汇词类的角度来说，刘慧清（2005）主要分析了韩国留学生时间词使用的偏误，伏学凤（2007）主要研究韩国留学生量词使用的偏误，韦九报（2015）则着眼于缘由目的类词语的偏误分析，对偏误特征与偏误原因做了详细阐述。从偏误的表现形式来说，马庆（2019）着重研究了汉语生造词这一特殊的偏误形式，对韩国学生书面表达中的生造词进行了穷尽式分析；而洪炜、千恩知、梁珊（2013）则特别关注了汉语新词新语的偏误研究，研究视角比较新颖。

另外，部分论文中涉及的留学生国籍不止韩国一国，为保证研究综述的科学性与系统性，我们只探讨论文中涉及韩国留学生的一部分，对其余部分不做研究。

1.2　研究内容

我们从韩国留学生词语偏误类型、韩国留学生词语偏误成因、影响韩国留学生汉语习得的因素三方面对上述研究进行综述。

1.2.1　偏误类型

施文志（2003）将韩国留学生汉语词语习得偏误分为词义偏误、词性偏误、语体偏误三种类型。

该文指出，词义偏误与韩语曾受汉语影响有关，韩国学生从母语文化的背景出发简单理解和使用汉语词时，容易发生偏误。例如，韩国学生将"路上一个路灯也没有，我们都有点害怕"中的"害怕"误用为"恐怕"。由于汉语双音节词占优势，双音节词是由一个个语素构成的，一个语素可以与数个语素构词，掌握一个语素就可以勾连出与这个语素相关的词语。韩国留学生在掌握"害怕"中"怕"的词义后，容易将这一语素义带入"恐怕"，从而造成偏误。

词性偏误常常出现在韩语与汉语中词形相同或相似但用法不同的词语上。如韩国学生将"我们谈了各自的理想"误用为"我们谈话各自的理想"，将"谈话"这个不及物动词用作了及物动词。这是由于学习者把韩语中一些词语的用法强加在汉语上，或是对于韩语中一些词语的用法掌握不充分而造成的。

语体偏误是指韩国留学生在使用汉语时，虽然词义和搭配没有问题，但说出的汉语不得体的情况。如韩国学生在书面表达中会出现"我跟朋友意见不和，我非常悲痛"这样的偏误，"悲痛"的用法不符合汉语的使用习惯。

全香兰（2004）在分析汉韩同形词时指出，韩国学生学习同形词时的常见偏误为词性不同、词义不同、搭配不同三类。

由于部分汉韩同形词的词性不一致，学生受母语影响，容易出错。例如：韩国学生会出现"旅行时同伴妻子是在晚会时带去"的偏误，韩语中的"同伴"可以用作动词，可以带宾语，但汉语中应当改为"陪伴"。

词义偏误指部分汉韩词部分义项相同，部分义项不同，有时在某些义项上二者相互交叉不好区分。如"英国从 1840 年代开始做旅游业"，韩语中的"年代"除了表示时代外，还可以表示"年的数"，而汉语没有这一用法，因此应当修改为"19 世纪 40 年代"。

搭配偏误指汉韩词虽然词性相同、概念意义相同，但二者搭配习惯不一致，例如"这会创造出历史以来的最大记录"，汉语中"最大"不与"记录"搭配，因此应该修改为"最高纪录"。

刘慧清（2005）将韩国留学生时间词习得偏误归纳为三类：时间词与其他词语顺序不当、时点词与时段词使用混淆、时间词与其他时态成分表时不一致。其中，时间词与其他词语顺序不当可以详细分为：时间词作状语位置不当，如"见你明天"；时间词作补语、定语位置不当，如"她两个年学汉语了"；时间词排列顺序偏误，如"我的生日是 13 号 1 月"。时点词、时段词使用混淆，如"我们早晨八小时整上课""六月时间很长"，表示时间跨度的词语与表示时刻的词语在韩国留学生时间词学习偏误中较为常见。时间词与其他时态成分表时不一致，是指时间词与句子中其他时态助词所表示的时态不一致，往往前后矛盾，出现理解障碍，如"天天吃了包子，我吃不惯"。

伏学凤（2007）指出，韩国留学生常见的量词使用偏误为缺少量词、多用量词、数量结构位置错误、误用量词四类。缺少量词指学习者在应该使用量词的情况下没有使用量词，如"父母说了一事，孩子不了解的话，就应该打她"，这样的偏误占10.3%左右。多用量词则是学习者在不需要使用量词的情况下使用量词，这样的量词偏误所占比例较低，如"他们已经是夫妇差不多十个年了"等。数量结构位置错误在韩国留学生中较为常见，大多属于动量词位置不当，尤其容易出现在动词后接宾语的情况下，如"我孙子起码一个月四次来我家"，"四次"的位置使用不当使得汉语表达不合习惯。误用量词则是在该使用甲量词时使用乙量词，学习者在数量庞大的量词系统中选取适用的量词，本身是具有难度的，因此常常出现误用，如"带几个花给我的朋友"，这样的偏误十分常见。

洪炜、千恩知、梁珊（2013）指出，韩国留学生面对汉语新词新语时的常见问题为语素直译、构词成分理解偏差、原义新义混用、不恰当的语义联想等。语素直译的偏误常常出现在中高级阶段学习者上，指通过部分语素的意义猜测整个词义，如将"小资"误解为"很少的工资"，将"瘦身"误解为"瘦的身材"等。构词成分理解偏差指学习者错误理解其中某部分的意义导致偏误，如将"月光族"误解为"只在晚上玩的人""不睡觉的人"等。由于新词新语的特殊性，学习者常常出现原义新义混用的现象，例如在理解"八卦"一词时，许多学习者仍然理解为"占卜时用的卡片"，这样的偏误将对留学生理解词语造成负面影响。学习者还容易对新词新语进行不恰当的语义联想，从而使词义偏离正确解释，例如"狗仔队"中的"狗"在其他词语中常常出现贬义，因此留学生容易将"狗仔队"理解为"没有能力的团队"。

马庆（2019）将偏误按性质分为语素顺序颠倒、因义生词、语素替代、类推造词、删减语素、增加语素、重叠造词、其他等八大类。（1）语素顺序颠倒指生造词的语素与汉语中对应词的语素相比，位置颠倒或者错乱，如将"业余"写成"余业"，"房东"写成"东房"，"供不应求"写成"供应不求"，"众所周知"

写成"周众所知"等。例句如"我很想经验学习以外余业活动，可是我的性格内向，其实那样做很难的"。（2）因义生词指根据要表达的意思以及汉语的构词规律造出符合自己要求的词，如用"面脸"表达"见面"，用"失眼"表达"失明"，用"减吸烟"表达"戒烟"，用"打扫员"表达"清洁工"等。（3）语素替代指汉语学习者通过替换汉语词语中的语素来创造"新词"，生造词与原词相比，在结构上没有显著差别，但在语素上会有所不同。原语素与替换语素之间一般会存在同义、近义或语义相关的关系，具体又可以分为两类。第一，相关语素替代指用同义或近义的语素来替换原词中的语素，这些语素可能音节相同，也可能不同。如"这时姐姐穿着韩国传统衣服向父亲拜头鞠躬"，这里"拜头"的对应词应该是"磕头"，"拜"与"磕"近义。第二，同现语素替代，指生造词中替换的语素和对应词相应的语素往往同时出现，构成另一个词。如"我的责罪感现在一点也没有了"，与"责罪感"相对应的词应该是"负罪感"。（4）类推造词是指根据韩语或汉语的造词模式或相关语素的造词方式来造词。例如"下年考大学的时候，我正正当当地考上大学了"。（5）删减语素是指生造词与对应词相比，语素有所减少，具体又可以分为三小类。第一，多词合并，指从两个或多个词中分别选取有代表性的语素，然后根据汉语的造词规律合并在一起造词，如将"流行歌曲"合并为"流曲"，将"私立院校"合并为"私院"，将"快速变化"合并为"快变"。第二，语素遗漏，指生造词与它的对应词相比少了一个或多个语素。如把"神经质"写成"神质"，把"高中学生"写成"高学生"，把"农产品"写成"农产"，把"演唱会"写成"演会"。第三，压缩，指生造词由一个短语压缩而成，如把"爷爷和妈妈"压缩成"爷妈"，把"初中生和高中生"压缩成"中高学生"。（6）增加语素是指生造词与对应词相比，增加了一个或多个语素，最典型的是在对应词后增加词缀或类似词缀的后位语素。如把"安慰"写成"安慰感"，把"家属"写成"家属人"，把"晚辈"写成"晚辈者"。（7）重叠造词是指生造词与对应词的构成语素相同，但生造词的语素进行了重叠。（8）其他。这一类的生造词主要分为两种：一种是对应词或对应概念不明确，另一种是不能归入到其他几类中。例如"当然有一些不太好的，比如太直接描述女人的身体或者说压话、骂话等"，根据句义不能推知"压话"要表达的意思。另一例如"再说，如果一个人病很重自己也受不了，甚至于亲骨也很痛苦，可是亲骨为他努力帮助，为了给他生命"，虽然根据句义能推知"亲骨"的对应词是"亲人"，但是很难根据成词原因进行归类。

总而言之，研究者在分析韩国学生汉语习得偏误时，主要将偏误类型分为：

（1）语义偏误，即韩国学生没有完全习得该汉语词的所有义项，如施文志（2003）中的词义偏误类、全香兰（2004）中的同形词词义不同、刘慧清（2005）中的时点词与时段词使用混淆现象、伏学凤（2007）中的量词误用现象等。

（2）词性偏误，即韩国学生没有掌握该词语的语法功能，如施文志（2003）中的词性偏误类、全香兰（2004）中的词性不同、刘慧清（2005）中提及的顺序使用不当、伏学凤（2007）中提及的量词缺失及量词多用等。

（3）搭配偏误，即韩国学生在学习该汉语词语使用知识时出现了偏差。施文志（2003），全香兰（2004），洪炜、千恩知、梁珊（2013）等均在研究中提及了这一类偏误。

1.2.2　偏误成因

首先，施文志（2003）从心理语言学的角度指出，学习者对目的语所做的假设与目的语不符时容易出现偏误。从母语迁移的角度来说，韩语中很多词语受到了汉语的影响，但其中存在许多差别，因此，当韩国学生从母语角度简单理解和使用汉语词时会造成偏误，如"常常想起家族和韩国朋友"中"家族"的用法来自韩国学生母语的负迁移，这在汉语中是不存在的。另外，学习者习得的汉语词汇不牢固、不完全时，容易出现张冠李戴的错误，如果仅仅凭借学习者自身理解，由一个项目向另一个项目负迁移，也会造成偏误。例如学习者在学习一个汉语语法规则时，将其错误地泛化到其他不适用这一规则的情况下从而造成偏误。除此以外，不恰当的教学方法也会造成学习者汉语学习的一些偏误。

刘慧清（2005）在研究韩国学生时间词习得偏误时指出其中原因，汉语表达时间的语法手段非常丰富，汉语的时间范畴包括"时""体"两方面，表达方式都很灵活，包括形态变化和词汇手段两种方式。这两种方式既可单独表示时体意义，也可以共现表示时体意义，时间词的位置又比较灵活，再加上不同的时间表达手段的共现问题，使得时间词在对外汉语教学中成为难点。

　　伏学凤（2007）在研究韩国学生汉语量词使用偏误时，将偏误成因归为：（1）韩语的语序和汉语差异较大，韩国学生在动词后接宾语的情况下常常出现量词语序偏误，如"他给我写过信一次"中"一次"的顺序不合汉语语法规则；（2）汉语量词数量丰富且具有极强的个体性，不同的名词往往对应不同的量词，而汉语学习者往往用"个"代替其他许多抽象意义更加明显的量词。

　　洪炜、千恩知、梁珊（2013）指出，韩国学生的汉语教材中新词新语数量少，面对汉语词语时语素直译、错误联想是造成汉语新词新语习得出现偏误的主要原因。

　　全香兰（2004）则主要分析了汉韩同形词习得偏误的原因，文章指出，同形词偏误产生的主要原因在于语际之间的干扰，而且大部分是直接挪用韩语汉字词造成的。韩语中的汉字词与汉语词语相比，在词性、词义、搭配、语音等方面发生了不同程度的变化，易产生偏误。全香兰（2006）也提到了类似情况，即韩语汉字词影响汉语词语的使用。

　　马庆（2019）认为可以从母语和目的语两个方面来探究韩国学生生造词的成因：（1）来自韩语的影响，汉韩同义异形汉字词在音节数和语素顺序方面的不同使韩国学生在习得汉语词汇时产生出一些不符合汉语特征的"词"。一是汉韩同义异形汉字词的音节数差异对韩国学生汉语词汇产出的影响，如汉语的"寄宿"在韩中写作"寄宿舍"，"温差"写作"气温差"等。这一差异特征使得韩国学生产出了一定数量的以双音节语素替代单音节语素的生造词，如把"高中"写成"高中学"。二是汉韩同义异形汉字词的语素顺序差异对韩国学生汉语词汇产出的影响。如汉语的"介绍"在韩语中写作"绍介"，"丑陋"写成"陋丑"。虽然这类词占比较小，但韩国学生由于受其母语语素顺序意识的负迁移影响而在汉语表达中出现了不少"语素顺序颠倒"类生造词，如把"信心"写成"心信"，把"头顶"写成"顶头"等。（2）来自汉语的影响，主要表现在"词根＋词缀"构词模式以及词汇双音化趋势的泛化两方面。一是"词根＋词缀"构词模式的泛化。在汉语中，一部分合成词是通过"词根＋词缀"方式产生的，当学生初步掌握这一构词规律后就会利用这一规律创造"新词"，"增加语素"类生造词和部分"类推造词"类生造词主要是受这一影响产生的，如把"晚辈"写成"晚辈者"，把"烟"写成"烟子"。二是汉语词汇双音化趋势的泛化。为迎合这一趋势，学生产出的词汇更多地倾向于双音节，如把"农产品"写成"农产"，把"农药和化肥"写成"农肥"等。

通过总结本小节 8 项研究，我们发现，研究者普遍认为的偏误原因有：第一，汉语词语本身具有复杂性和个体性，韩国学生掌握汉语词语时往往只理解部分而非全部，刘慧清（2005）、伏学凤（2007）中均提及汉语的复杂性会造成偏误。第二，由于韩语受汉语影响较大，韩语中存在大量汉语词，而汉韩词语存在许多差异，因此韩国学生的母语文化有时会对汉语习得产生误导，不恰当的语素直译和联想会导致出现偏误。这在全香兰（2004、2006）中提及较多，施文志（2003）也有所提及。第三，教学过程中，教师、教材存在讲解不透彻的部分，此时学生容易出现偏误。施文志（2003）、刘慧清（2005）均列举了这一种偏误成因。

1.2.3　影响韩国留学生汉语习得的因素

首先，韩国学生的汉语水平影响汉语习得。刘慧清（2005），伏学凤（2007），洪炜、千恩知、梁珊（2013）在分析韩国学生汉语习得时，均特别考虑到了学习者的语言水平。不同汉语水平的韩国学生遇到的词语习得偏误类型不同，随着留学生汉语水平的提高，习得质量总体而言是逐渐提高的，出现的问题可能不同。如对新词新语的习得，由于汉语新词新语在韩国学生生活中的出现频率不高，因此中高级汉语水平韩国留学生在习得这一类词语时仍然存在偏误。

其次，韩国母语文化影响汉语习得。全香兰（2004）详细研究了汉韩同形词对韩国学生汉语习得的影响。韩语的母语文化给韩国学生的学习提供了很多方便，但某些汉字词在两种语言中的细微差异又容易给韩国学生的汉语习得造成负面影响。

此外，教学方法和教学材料也会影响汉语习得。洪炜、千恩知、梁珊（2013）指出，韩国学生的学习教材中较少涉及汉语新词新语，因此韩国学生在习得这一类词语时问题较大。刘慧清（2005）则指出在对外汉语教学中，时间词并不是教学重点，这也影响到学生对于时间词的习得质量。

1.3　研究方法

本小节 8 项研究中，除刘慧清（2005）外，其余论文全部采用了统计研究法，且通过各种语言现象实例辅助推论过程。全香兰（2006），洪炜、千恩知、梁珊（2013）则使用了问卷调查的研究手段得出实验数据，从而进行研究分析，笔者将根据各论文的具体情况进行梳理与综述。

本小节论文中，刘慧清（2005）从教学实例出发，对韩国学生时间词的使用偏误进行梳理分析，并提出一定的解决策略。施文志（2003）、全香兰（2004）、伏学凤（2007）、韦九报（2015）、马庆（2019）均采用了类似的研究方法：研究对象多为来华留学生，并按照不同汉语水平进行分组，然后，研究者根据选取的语言材料得出相应的统计数据进行分析。而全香兰（2006），洪炜、千恩知、梁珊（2013）除了对语言材料进行数据分析外，还进行了问卷调查。总体而言，这一主题的论文研究方法大致类似，各研究之间稍有不同。

2. 日本学习者的词汇习得偏误

2.1 概述

中日两国在地缘上相邻，经济、文化交往源远流长。近年来，随着中国经济的发展和国际地位的提高，日本汉语学习者的数量在不断攀升，保守估计，日本每年学习汉语的人数应该在 40 万～50 万之间。[①]

中日两国的语言文字存在很多共性，日语中存在着大量的汉字词。因此，日本留学生在学习汉语时很容易受母语的影响而出现偏误，这也使得日本留学生在学习汉语时有其自身特点。

本小节的 6 项研究围绕"日本学生汉语习得偏误分析"这一问题展开：一类主要对日本留学生的汉语词语学习进行偏误分析（陈佩秋，2002；施文志，2003；韦九报，2015）；另一类讨论了日语汉字词对日本留学生汉语习得的影响（高箬远，2004；李冰，2014；朱瑞平，2005）。

其中，同一主题的论文有各自不同的研究视角。在分析日本留学生学习汉语词语的偏误时，陈佩秋（2002）主要对日本留学生拟亲称呼语进行偏误分析，施文志（2003）对日本留学生汉语词语习得进行了宏观的梳理分析，韦九报

---

① 杨晓安（2012）日本汉语教学的现状，《国际汉语》第 2 辑。

（2015）主要关注了目的类词语习得偏误成因。在研究日语汉字词对日本留学生汉语习得的影响时，高箸远（2004）对日本留学生汉语词语习得中的汉字词偏误进行了简单的梳理分析，李冰（2014）主要对日本留学生汉日同形同义词的习得情况进行分析，朱瑞平（2005）主要研究分析了日语环境中汉语学习者因日语汉字词的负迁移作用而导致的偏误。

2.2　研究内容

2.2.1　偏误类型

陈佩秋（2002）发现，日本留学生在交际中使用汉语拟亲称呼时最主要的问题是过分使用。汉语的拟亲词比日语多，导致日语学习者经常在不该使用拟亲词时使用，如年轻的日本女留学生在书店对旁边的同伴说"那个叔叔（指书店老板）生气了"。在这样的语境中，中国人一般只会说"那个老板生气了"。其次是误解，如日语"おばさん"和汉语中的"阿姨"具有不同的使用条件。在日本，30多岁的青年可以称呼40多岁的女邻居为"おばさん（阿姨）"，是因为她的年龄到了可以被称为"おばさん"的程度，这是一个客观的社会标准。而在中国，同样的情况下应该称40多岁的女邻居为"大姐"或"大嫂"，因为30多岁和40多岁的人是被看成属于同一辈分的，他们之间的相对年龄并没有相差一个辈分，一般使用属于同一辈分的拟亲称呼。若在中国称呼其为"阿姨"，对方会感到难堪甚至生气，认为说话者把自己叫老了。所以，将两种语言中的词语完全等同就会产生语用问题。

施文志（2003）将日本留学生汉语词语习得偏误分为三种类型：（1）词义偏误，如汉语、日语中的同形异义词"食堂"等的误用；（2）词性偏误，如"我有一点事商量你"中，不及物动词"商量"用作及物动词；（3）语体偏误，如"悲痛"具有书面语色彩但被误用在日常口语中。

高箸远（2004）认为日本学生汉字词偏误环境可大致分为两类：（1）同形（异义）词，如"感激"；（2）（同义）异形词，如日语词"断念"即汉语词"放弃"。

朱瑞平（2005）研究发现，日本留学生因"汉字词"的干扰而产生的偏误类型主要有同形异义词误用、日语独有的汉字词误植（如日语词"游园地"对应汉语词"游乐场"）和日汉书写形式相近的同形词误写三种。韦九报（2015）研究发现，缘由目的类词语的偏误中包括单双音同素词的混淆（如"为"与"为了"、"因"与"因为"的混淆）和该用缘由类词语时误用目的类词语（如误用"为"代替"因为"）两类，且日本学生最易在当用缘由类词时误用目的类词，介词"因为"被其他词所替代是最常见的错误。

总的来说，日本学习者普遍的偏误类型有：（1）语义偏误，没能正确把握词语的词义导致的偏误；（2）词性偏误，即日本学生没有掌握词语的语法功能导致的偏误；（3）语体偏误，即日本学生在运用词语时场合不当；（4）书写偏误，即书写汉日书写形式相近词时出现混淆。

2.2.2　偏误成因

陈佩秋（2002）认为，中国的宗法制度对汉语亲属称谓有着深刻的影响，因此在拟亲称呼中，使用什么样的拟亲称呼主要是看二者的相对年龄及辈分关系；而日本人辈分观念比较淡薄，使用什么样的拟亲称呼主要以社会标准为绝对标准，如年龄界限、是否已婚、是否有小孩、是否退休等。日语母语背景的汉语学习者若按照日语思维使用拟亲称呼就容易产生交际摩擦。

施文志（2003）从心理语言学的角度指出，学习者对目的语所做的假设与目的语不符时会导致偏误，且两种语言上很接近但又不完全相同的内容对学习者来说是最困难的，某些汉字词在两种语言中的差异会给日本学生的汉语习得造成负面影响，如日语中的"卒业"对应于汉语的"毕业"，但日语中的"卒业"是及物动词，可以带宾语，而汉语中的"毕业"却是不及物动词，不能带宾语。若不了解这样的差异，日本学生就会写出"我毕业东京的一所大学"这样的错句。

高箸远（2004）从母语迁移的角度分析，认为由于日语中很多词语受到了汉语的影响但又与汉字词存在许多差别，而学习者受母语语言本身、文化习惯、表达方式等的影响，因此当日本学生从母语角度简单理解和使用汉语词时会造成偏误。如"我看过那个电影了，觉得非常感激"，句中的"感激"在日语中是"感动、激动"的意思，在汉语中是"非常感谢"的意思，此处日语母语者从母语角度直接理解和运用汉语词汇导致了偏误。另外，学习者习得的汉语词汇不牢固、不完全时，比如没有掌握所用汉字词在汉语词里的特殊含义时会容易出现张冠李戴的错误，比如"那味儿不好。火山独特的味儿，好像坏蛋（变质的鸡蛋）一样"。日语里没有"坏蛋"这个词，但学生认为形容"人"可以说"坏人"，形容"蛋"当然可以说"坏蛋"，但汉语中"坏蛋"这个词是比喻坏人的。

李冰（2014）通过实验发现，即便是针对汉日同形同义词，日本留学生在习得时依然存在着众多困难，并非因母语优势而无偏误。学习者的级别对其理解同形同义词有影响，且学习者同时运用包括母语对照策略的多种学习策略，因此并不总能正确理解汉日同形同义词。

朱瑞平（2005）发现，日语环境下的汉语学习者常因日语汉字词的负迁移而导致偏误，且高级水平者的低级错误更多。

总之，日本学习者普遍的偏误原因有：（1）汉语词语本身具有复杂性和个体性，学生掌握汉语词语时往往只能理解部分而非全部。（2）日语对汉语习得产生误导，不恰当的语素直译和联想导致出现偏误。（3）汉语、日语中存在大量同形同义词和同形异义词，学习者运用时容易出现目的语泛化的情况。（4）教学过程中，教师和教材普遍缺乏对词汇运用时的语法限制条件和使用条件的讲解。

2.3　研究方法

本小节6项研究中，施文志（2003）、李冰（2014）、韦九报（2015）采用了统计研究法，且通过各种语言现象实例辅助推论过程。陈佩秋（2002）、高箬远（2004）、朱瑞平（2005）主要通过观察不同水平的在校学生并进行分析，得出结论。

值得注意的是，李冰（2014）采用了"同时性出声思考法"。这是一种口语报告法，又称为"出声思考"，指研究者在进行实验时，要求被试报告头脑中的思考过程，或在实验后要求被试追述思维过程。出声思考法使研究对象内部的认知过程经口语表达而外显化，通过分析报告，研究者可以探索未知的人类认知加工的内部过程。目前，汉语学界使用这一方法进行的研究并不多见。

3.　东南亚诸国学习者的词汇习得偏误

3.1　概述

由于历史和地缘关系，东南亚华侨、华人众多，学习汉语的人数也十分可观，尤其是泰国、越南等国。据统计，东南亚各国学习汉语的人数超 160 万[①]。汉语学习的热潮在这些地区持续升温，国际汉语教学的需求也在迅速增长。

　　本小节的 7 篇文献主要围绕"东南亚对外汉语教学研究"展开，学习者的国别涉及越南、泰国、印度尼西亚。这些文献研究了东南亚主要国家的学习者汉语词汇习得的偏误分析，还给出了汉语学习策略及教学策略。在细节方面，一些文章还就词汇特征进行了汉外对比。

3.2　研究内容

3.2.1　偏误分析

　　本小节的论文中，有 3 篇分别从整体上对越南、泰国和印尼学生汉语习得的偏误类型和原因进行了分析（王琳，2012；刘丽君，2016；王红侠，2017），另 4 篇则分别针对印尼学生离合词使用偏误（萧频、李慧，2006）、越南留学生中介语偏误合成词（董茜，2011）、泰国学生汉语成语习得偏误（张灵芝，2017）以及泰国大学生名词句法功能习得偏误（刘旭，2018）4 个方面进行了更加深入、细致的分析。

　　萧频、李慧（2006）考察了印尼学生的离合词偏误情况，包括偏误类型、使用特点以及原因分析。文章将偏误类型分为两类：（1）误把离合词用为不能分用的复合词，如"报名完了我们就回家"；（2）误把不能分用的复合词用为离合词，如"这种米吃不多水"。在分析原因时，依旧是围绕母语负迁移、规则泛化和教学进行了讨论。

　　董茜（2011）将越南留学生汉语中介语偏误合成词的类型分为新造词（如"双妻丈、不真人、新年节、其实上、同屋者"等）、语素替代（如"抽钱、从小到老"等）、语素错误（如"缺窄、唱台戏"等）、语素顺序错误（如"包钱"等）及其他错误（如"工人员、干得满满、不虞有诈"等）五大类。除语素顺序错误外，每一类下面又分了三四个小类。文章探讨了越南留学生各个水平阶段上偏误合成词的分布情况以及偏误合成词的特点。

　　王琳（2012）从语音、词汇、汉字和语法四层面归纳了各个层面的研究成

[①]　郑通涛、蒋有经、陈荣岚（2014）东南亚汉语教学年度报告之二，《海外华文教育》第 2 期。

果。语音的习得研究成果主要从声母、韵母、声调三方面来分析偏误的表现形式，例如声母的语音偏误主要表现在听觉和发音方面。词汇的研究成果较少，有的研究以汉越词为主，探讨了越南留学生在学习汉语中存在的词汇负迁移现象。汉字的偏误有从策略入手的，也有从部件入手的。语法的习得研究成果最多。

王红侠（2017）则将印尼学生的汉语习得偏误分为句法偏误、词语使用偏误、句子表达偏误三类。句法偏误又分为语序偏误、补语使用偏误、比较使用偏误、不对称偏误、标记成分偏误五个方面；词语使用偏误比较突出的是近义词偏误，尤其是形容词和动词；句子表达偏误涉及句子的合并、逻辑关系、衔接和句式选择多个方面。具体举例如下：（1）语序偏误，如"我觉得写用铅笔很简单"。（2）补语使用偏误，如"马快的跑"。（3）比较使用偏误，如"1米比1.5米没有跳的高"。（4）不对称偏误，如"我有钱很少"。（5）标记成分偏误，如"我的裙子便宜"。（6）形容词近义词使用偏误，如"我的铅笔很矮"。（7）动词近义词使用偏误，如"你给我一个电话，我真高兴"。（8）副词使用偏误，如"我觉得我的写没有漂亮"。（9）词类不明偏误，如"我的写字又慢又不好看"。（10）句子的合并偏误，如"我的房子很干净和也很安静"。（11）句子的逻辑关系偏误，如"我迟到，所以我跑得快"。（12）句子的衔接和句式选择偏误，如"房间有很多人，但是房间小"。

张灵芝（2017）从书写形式（明天要考试了你才拿起书，这是亡牛补牢，已经迟了。<错字>）、句法运用（我妈妈做的菜津津有味，非常好吃。<没有考虑到成语自身的语法性质和句法功能>）、语义理解（春天到了，皇太后大学校园里一片花花世界，漂亮极了。<忽略成语的引申义和比喻义>）、语用处理（我的汉语老师对我的关心罄竹难书，我很喜欢她。<忽略了成语性质的褒贬>）四个方面对泰国学生的成语偏误进行了细致分析。从数量上看，泰国学生最常见的偏误是书写形式偏误，其次是语义偏误和句法偏误，最后为语用偏误。作者主要依据成语自身的结构特性和文化内涵对偏误成因进行解释，认为学生缺乏对成语意义和文化背景知识的深入理解是造成其偏误的一大障碍。

刘丽君（2016）则从以下两个大的方面对汉语二语学习中的词汇偏误进行了分类考察：（1）词语误用偏误，如"我的爱好是玩（踢）足球"。（2）词语遗漏偏误，如"他是我们的大恩（大恩人）"。

　　刘旭（2018）自建了泰国大学生汉语作文语料库，发现就泰国大学生汉语名词习得偏误而言，除了遗漏、误加、误代和错序四类外，还有错搭、杂糅等。具体而言：（1）遗漏。在句子中遗漏了某个或某几个成分而造成的偏误类型。这种偏误对于习得者来说，自行纠正的可能性较大，出现率并不高。如"我小时候是一很调皮"。（2）误加。在句子中误加了某个或某几个成分，这种偏误类型出现率是最低的。如"当时以前人们不是很有钱天天都要工作"。（3）误代。在句子中选用了某个或某几个不符合语境或语义的句子成分，是一种将意义或用法相近的词语或句子成分相互替代的偏误类型。如"她的家里有三个人，有美女和两个帅男"。（4）错序。指某个或某几个句子成分放错位置或顺序而造成的偏误。第一，修饰语与中心语语序倒置。泰语中的修饰语是放在中心语后面的，这一语序与汉语正好相反，因而学习者受母语负迁移影响较大。如"每天，我的妈妈说要是我考试中文我学习很多"，"考试中文"和"学习很多"都是修饰语与中心语位置倒置的偏误。第二，多层修饰语语序不当。如"在二月十六号是我的生日，我准备很多菜和小吃给同学们参加我的生日"，"同学们参加我的生日"是多层修饰语语序不当。（5）错搭。指句子中的词语、成分之间的搭配语义表达错误、模糊或不符合句法规则等。错搭这一偏误现象在泰国大学生的汉语作文语料库中最常见的两种类型为定中错搭、动宾错搭。例如"假如我能回时间，我会认真学习"。（6）杂糅。指多种偏误类型出现在一个句子中或一个语言点上，这类偏误占比很低。如"我长大了一些年才知道，哪些小时候的想象都只是孩子的梦不能做成真正"。

3.2.2　偏误原因

　　就偏误原因，大多数文献都认为母语负迁移的作用比较明显。萧频、刘竹林（2013）系统地分析了印尼学生特异性词语混淆的词类分布、词际关系、误用方向、语义关系等方面，在此基础上深入探究了其母语的影响，并且提出了很多研究的局限性，值得后来人思考。韦九报（2015）则通过对学习者使用缘由目的类词语时的不同偏误表现进行研究，认为不同母语背景学习者使用缘由目的类词语时的混淆各有特点，继而按共通性混淆和特异性混淆两类分别梳理出详细的混淆特征并探索混淆原因。如共通性混淆又可分为单双音同素词的混淆（如"为"与

"为了"、"因"与"因为"的混淆）、缘由类词语误用为目的类词语（如"为→因为₁"、"为→因为₂"的混淆）、当用词"因为₁"而误用其他词三类；在特异性混淆中，印尼学生最易受母语影响，在当用缘由类连词时误用目的类介词，如当用缘由连词"因为₂"时误用目的介词"为""为了"。

此外，王琳（2012）认为教学的方法和教材的编写也是两大关键因素；而王红侠（2017）则更多地是从学生的角度出发解释偏误成因，如习惯用已习得的汉语知识类推新的语言规则，有时就会产生偏误，此外，对词典释义的理解不够充分和准确，也会造成偏误。

刘丽君（2016）主要讨论了泰国学生学习策略上的一些问题。该文认为，除了受到母语负迁移的影响之外，泰国学生在学习中存在逃避心理，考试中多使用替换策略来避免不熟悉词汇的误用，而且对于一些词汇经常"光背不用"，这些都是学生学习汉语词汇时存在的主要问题。

刘旭（2018）认为，习得与认知过程的内在影响因素和外在影响因素的共同作用构成了泰国大学生汉语名词习得的运行机制。习得机制的内在因素包括三点：（1）母语正负迁移。泰国大学生在汉语名词句法功能的习得过程中受到的母语正迁移影响比负迁移影响要大得多，所以相关汉语名词不仅使用率高，而且正确率也较高。另外，泰国大学生对母语负迁移类型的语言偏误的自我纠正能力较强。（2）目的语规则泛化。泰国大学生的遗漏和误加等偏误现象主要是由目的语规则泛化而引起的。泰国大学生对汉语名词句法功能的习得与认知的总体情况呈良好水平，出现语言偏误的内因往往是对汉语语言使用规则模棱两可，即目的语规则泛化。泰国大学生的目的语规则泛化现象并不是杂乱无章、任意而为的，而是依据其母语即泰语的句法规则而产生的。当未能完全掌握目的语规则时，其产生的近似语体系就是目的语规则泛化的产物。（3）词性转换运用障碍。泰语为字母语言，其词性的判断或生成有着语言书写形式上的外在标志，即词缀。而对汉语的词性判断并不能依靠书写形式上的区别，因为词性是由词项本身在句子中充当的成分决定的，因此汉语的词性更灵活多变，并且缺乏标记性。习得机制的外在因素也包括三点：（1）词汇在教材中重现率不够，（2）句法规则采取的教学法针对性不强，（3）习得者的汉语学习时间不充足。

3.2.3　教学建议

张灵芝（2017）对汉语二语教学提出了较为全面细致的建议，主要是语言知识和文化知识两手抓，既要让学生充分理解语义和文化渊源，又要注重情景的创设和词典的规范，还要恰当地与泰国文化进行对比，发挥母语正迁移的作用。

另外，王红侠（2017）也针对偏误类型和成因，提出如下对策：应发挥母语正迁移的作用，尽量减少母语负迁移的影响；教师最好能对照印尼和汉语的不同进行区别讲解；有效使用工具书，正确理解词典释义。萧频、李慧（2006）则针对印尼学生离合词的使用，从学生、教学、教材三方面讨论改进之处：首先，应当让学生树立离合词的正确观念；其次，在教学的过程中，要重点讲授离合词的分用形式；最后，教材编写要重视离合词。刘旭（2018）认为，要提升泰国大学生汉语名词句法功能的习得能力，提高泰国大学的汉语教学水平和效果，就要做到教与学的里应外合。也就是说，要结合泰国大学生的内在习得规律，帮助他们消除母语负迁移的影响，构建系统的汉语语法规则体系，具备灵活运用不同词性的能力。在教师教学法、教材编写内容和课程设置等方面，应根据泰国大学生的习得特点和规律采取相应的措施。

3.3　研究方法

本小节文献都采用了语料分析的方法。语料来源大致有 3 类：大纲、语料库以及学生的试卷或作业。如王琳（2012）选取了中国期刊数据库及中国优秀博硕士学位论文全文数据库（1991 年至 2012 年 3 月）中 74 篇有关越南学生汉语习得的研究成果，并依据研究的视角、文章出处和作者（国籍）3 个指标，通过统计、对比，评析了这一研究领域的成就和问题。

4.　其他国别学习者的词汇习得偏误

4.1　概述

本小节的 2 项研究分别选取了法国汉语学习者、乌尔都语者两类对象进行汉语词汇习得研究。其中，顾介鑫、朱苏琼（2017）研究了汉语构词能产性对乌尔都语者汉语词汇习得的影响，陈潇（2018）则分析了法国汉语学习者的词汇搭配偏误。

4.2　研究内容

4.2.1　汉语构词法能产性对乌尔都语者汉语词汇习得的影响

顾介鑫、朱苏琼（2017）研究了汉语构词法能产性是否影响汉语二语习得这一问题，研究者试图通过乌尔都语者的汉语词汇命名实验，从汉语构词法的性质能产性、数量能产性两个角度分析汉语构词法能产性是否影响乌尔都语者习得汉语词汇。

研究选用《HSK 汉语水平考试词典》中的甲、乙两级词汇为来源，从性质能产性视角选取能产构词法产出的偏正型、动宾型复合词，不能产构词法产出的联合型、主谓型、补充型复合词及前缀型、后缀型附加词，共 7 小类，每小类15 个词，对中国矿业大学的母语为乌尔都语的巴基斯坦留学生进行实验。测试对象均已通过 HSK 四级考试，且均为 20~30 岁之间的男性。实验中，能产构词法、不能产构词法产出的双音节词以假随机的方式、逐屏逐词呈现于电脑屏幕中央，每个词的呈现时间为 5 秒，空屏 5 秒后下一个词呈现。当每个词出现时，被试需在保证正确的前提下尽快地朗读该词，实验全程录音。在电脑屏幕上呈现词时，同步伴随一"咔嗒"声，便于实验后根据录音判定词出现时间以报告反应时数据。最后，研究者得出关于词汇命名反应时、正确率两组数据，进行分析。

对实验数据的单因素数据统计分析表明，在排除乌尔都语母语迁移的影响下，汉语构词法的性质能产性会影响汉语词汇习得，而数量能产性则不然。

4.2.2　法国汉语学习者词汇搭配偏误分析

首先，陈潇（2018）通过对法国学生的语言材料进行统计分析，得出法国学生的汉语词汇搭配偏误类型：语际偏误、语内偏误、教学偏误、交际策略偏误。语际偏误指学习者借助母语来弥补二语中的空缺从而造成形式或意义上的偏误，这也可以称为"干扰性偏误"或"对比性偏误"，如"电脑很好，因为很实际（实用）"。在法语中，"实际"与"实用"均对应为"pratique"，汉语中词形、词义完全不同的词在学习者的母语中翻译可能相同，由此导致的偏误十分常见。语内偏误具体来说可以分为语义混淆、过度概括、生造词和迂回词。当法国学习者还没有完全掌握汉语规则时，往往会将已知的规则推广到其他场合，如"这个星期不好，我很累，因为我（很）忙了"。学习者在学习"了"的用法时，常常将"了"用在不应该出现的场合从而出现偏误。教学偏误指非语言偏误,学习者未正确使用双语词典会造成这一偏误。交际策略包括重组、规避、补偿、过度概括等多种。当学习者不了解该词的用法或对某个语法形式不确定时,就会采取这种方法弥补不足,也就会因此产生偏误。

随后,研究者分析了偏误成因及影响习得的因素:(1)母语迁移影响汉语词汇搭配习得,在许多偏误中,我们可以明显地看到法语的痕迹。(2)汉语规则的复杂性影响法国学生汉语词汇搭配习得,例如在学习插入成分时,汉语中的离合词具有双重属性,既是词又是词组。在意义上是词,在结构上是词组,甚至在某些场合可以将其结构进行扩展和拆分。例如"帮忙、帮了忙、帮一下忙、帮大忙、帮我的忙",其中动态助词"了"表示动作的完成体,还有其他表示限定成分的词也可以插入其中,但是"帮忙"本身已经是动宾结构,所以"帮忙我"或者"帮忙了"这样的错误要尽量避免。

最后,研究者从教学角度提出相对应的教学策略。教师应当消除对等词观念,避免逐字翻译;应当进行汉法词汇对比,避免母语负迁移;可以采取"语境教学法";教学中要注意循序渐进,逐步拓展词汇搭配;要警惕学习策略带来的危害。

4.3　研究方法

两项研究都是定量研究。顾介鑫、朱苏琼(2017)采用了统计分析法、实验分析法的研究方法,研究者针对研究主题设计了一个研究实验,并对实验结果进行数据分析,从而得出相关的实验结论。陈潇(2018)则采取了数据分析法,对收集的语料进行数据分析,并使用大量典型语言现象佐证推理过程。总的来说,两项研究均采取了具有说服力的研究方法,研究结果具有可信度。

5.　评价与展望

本节对国别化词汇偏误分析进行了梳理,目前的研究对象主要集中在东亚、东南亚学习者上,其他国别的专题研究较为少见。纵观这些研究,我们发现了以下特点:

第一,主题广泛,内容丰富。偏误分析的内容涵盖了中介语偏误合成词分析、离合词偏误及其原因、成语偏误分析、缘由目的类词语的混淆特征及成因、特异性汉语易混淆词及其母语影响因素探析等内容。在对上述问题进行探究时，相关研究从宏观研究到微观研究，从学习者习得考察到教学教材反思，从现象描写到成因分析，以多样化的视角对相关主题进行了研究。

第二，对比细致。既有普通话和外语的对比，也有古汉语和学习者母语的对比，角度全面，偏误原因阐释细致到位。外国学生学习汉语的词汇偏误主要表现为母语负迁移，因此，将他们的母语与汉语对应词汇进行细致的对比分析很有必要。萧频、刘竹林（2013）及韦九报（2015）的对比细致，结论很有针对性和实用性。此外，对比的对象具有学习者特色。如在针对日本学习者的词汇偏误研究中，作者选择了拟亲称呼语、日语汉字词等有代表性的方面多角度研究了日本学生词语习得偏误类型、偏误成因。

基于以上分析和评述，我们可以窥见学界近年来在国别化词汇二语习得偏误分析方面的努力和取得的进步，但还有很多研究的空白有待填充，有很多研究的问题可以继续深入。

第一，本节的诸多研究对象都来自汉字文化圈，如日本、韩国和越南，他们深受汉字和汉文化影响，这是这些研究对象的特点所在。对于具体的国家来说，"汉字"和"汉字词"对习得的影响体现在哪些具体的方面？是如何导致的偏误？对习得的启发在哪里？

第二，需要一些汉字圈国家词汇习得偏误的对比研究。东亚、东南亚的学习者词汇偏误是否具有共性？具有哪些共性？哪些又是各国各自的特点？对于这些国家的学习者来说，母语语法词汇的负迁移是否一样？越南学生的词汇习得偏误为什么在东南亚学生中较少？

第三，本节的研究也在提示汉语教学学界需要关注研究对象国别化的问题。就我们掌握的数据看，巴基斯坦和法国的来华汉语留学生数量众多，分列来华留学生总数的第三名和第十三名[①]，但对这两个国家汉语学习者的词汇偏误研究寥寥无几。第四小节中，顾介鑫、朱苏琼（2017）和陈潇（2018）这两项研究恰恰提供了宝贵资料。这提示我们不仅要关注传统的汉语学习大国，也要关注其他以

---

① 　教育部2018年来华留学统计：http://www.moe.gov.cn/jyb_xwfb/gzdt_gzdt/s5987/201904/t20190412_377692.html。

往研究较少的汉语学习者。

第四，应进一步扩大研究和对比范围，将目光聚焦于印欧语系和其他文化圈的学习者。比如，汉字圈国家的学生在习得上与非汉字圈国家的学生有什么不同？印欧语系的学生在习得上的特点是什么？如此，才能全面促进汉语习得研究的发展，更好地进行汉语国际推广。

第二节　基于学习者水平的词汇偏误研究

1.　初级学习者词汇习得偏误相关研究

1.1　概述

不同阶段的汉语二语学习者的词汇习得偏误有各自的特点，对此进行研究分析有利于掌握这些特点，提高教学的有效性和针对性。

本小节的 3 篇文献选取了初级汉语学习者的偏误进行研究。其中，杨春（2004）对英语国家初级汉语学习者的语篇照应偏误进行考察，刘慧清（2005）选取了韩国留学生时间词使用的偏误进行分析，赵春利（2006）则从整体上对初级阶段留学生的偏误进行考察。

1.2　研究内容

1.2.1　初级汉语水平留学生的时间词使用偏误分析

杨春（2004）对英语国家初级汉语学习者的语篇照应偏误进行了考察。首先，作者确定了被试的范围为英语国家的初级汉语学习者，语料则选取了北京语言大学与北京师范大学留学生的叙事文，并在此基础上总结出了三种偏误类型：（1）人称照应方面的偏误。即代词和指称对象在单复数上不一致而造成指称混乱的偏误与人称代词作主语和定语时代词照应多余产生的偏误。前者如"我是九月一号来北京语言学院的，过了两个星期我们参加了一次考试"；后者如"大家祝我们生日快乐，还送我们很多礼物。我们吃生日蛋糕，我们唱生日快乐歌。我们喝啤酒的时候，我们唱的非常难听"。（2）零形式照应对象不清。即留学生在运用零形式照应时，往往将其范围扩大到各个小句，而不是仅选取关联性最强的小句，因此造成语义指向模糊，如"我们现在在北京生活，离她太远。她已经成家，独立生活"。（3）指示照应方面的偏误。即留学生将近指与远指混淆，造成语义混乱。①近指误用为远指，如"我特别喜欢看中国人吃饭的东西。我从来没看到那么瘦的人能吃这么多菜，还不胖。很有意思"；②远指误用为近指，如"北京的街上有世界上最多的自行车。我说的可能不对。可是在这个时候我是这样想的"。在对以上三种偏误进行归类分析后，作者对初级与中高级汉语学习者的语篇照应偏误进行了量化分析与比较，得出以下结论：（1）在运用汉语初期表达时，学生为力求语义完整而忽视了经济性原则，往往不采用零形式照应；（2）名词、代词、零形式三种照应偏误在学习的不同阶段有着不同的反映。

刘慧清（2005）指出了时间词表达在汉语教学中的重要性，以及因其所具有的普遍性而不受教学双方重视的现状。该文对韩国初级汉语学习者的偏误进行了归类，并得出三种主要偏误模式：（1）时间词与其他词语顺序不当。即时间词在不同词性下，与其他句子成分的搭配顺序发生错误，以及不同时间词之间的排列顺序的错误。①时间词作状语位置不当，如"见你明天"；②时间词作补语、定语位置不当，如"他两个年学汉语了"；③时间词排列顺序错误，如"我的生日是十三号一月"。（2）时间词、时点词使用混淆。即留学生在使用汉语时，对时间词与时点词的词义与语法功能产生混淆而导致偏误，如"我们每天八小时整上课"。（3）时间词与其他时态成分不一致，如"天天吃了包子，我吃不惯"。

赵春利（2006）对初级阶段留学生偏误的规律性及成因进行了分析。首先，作者总结了偏误分析在对外汉语教学界的研究趋势：（1）在研究对象上，由不分国别的偏误共性总结到针对不同国别的偏误个性研究；（2）在研究方法上，由理论指导下的验证性分析到基于偏误语料的总结性研究；（3）在偏误现象描写上，以静态的类型为主，探讨留学生在汉语能力或某个方面存在的偏误；（4）在偏误原因解释上，以母语负迁移和目的语泛化为主，开始注意认知解释；（5）在研究趋势上，开始对偏误分析的方法和原则进行反思。随后，作者主要探究了初级阶段留学生偏误的阶段性、规律性以及偏误成因的层次性。

1.3　研究方法

杨春（2004）与刘慧清（2005）采用了统计分析法，研究者收集了大量留学生的偏误，并对结果进行分析，从而得出相关结论。赵春利（2006）采用自然状态与非自然状态结合的方法搜集语料，编排语料时使用了分组分段法，在处理语料时采用了对比分析法和心理谈话法，并建立了不同标准的偏误模块。

2.　中高级学习者词汇习得偏误相关研究

2.1　概述

本小节共有 5 篇文献，研究观察对象均为中高级学习阶段的学生。其中 3 项研究主要关注汉语词汇偏误研究本身（李彤、王红娟，2006；刘凤芹，2013；张灵芝，2017），另 2 项研究主要从偏误分析着眼，关注汉语教学的基本问题与策略（张若莹，2000；牛长伟、李君，2019）。

2.2　研究内容

3 篇关注汉语词汇偏误研究本身的文献分别考察了双音节动词、成语记忆和汉字的偏误分析。

李彤、王红娟（2006）认为中级阶段外国留学生双音节动词偏误包括两方面：语法层面的偏误和语义层面的偏误。语法层面的偏误包括：（1）谓语动词与状语的语序位置不正确，如"他随心所欲的态度引起同事们的反感，使他孤立在公司"。（2）动词宾语、补语、状语等连带成分及介词的缺失，如"这篇文章废话太多，我好不容易编辑（缺少补语）"；"部长把一个星期的售货总额汇报经理（缺少介词）"；"今天要去银行兑换（缺少宾语）"。（3）词的赘余，如"我倾向于喜欢吃东西"。（4）同音词的误用，如"我了解你，你最近对我过渡（过度）好肯定是要我帮你什么忙"。（5）不及物动词误用为及物动词，如"你不要想报仇他"。（6）离合词泛化，如"这次我们队打了败"。（7）词性误用，主要是将动词误用为形容词、名词，如"宽恕是最好的报仇"。语义层面的偏误包括：（1）近义词误用，这种偏误类型是出现率最高的，在中级阶段大量地存在着，如"你得保障（保证）我们离婚时，把这家浪漫满屋递给我"。（2）搭配不合理，主要体现为动宾搭配不合理，如"他上大学以后加入学生会活动了"。（3）完全混淆词义，这主要是因为老师讲解不清楚或学生没有利用好词典，如"他一直对我这么好，我一定会报复他"。偏误成因主要有三个：母语干扰、已有语言知识的干扰、汉语动词本身具有意义和句法结构的复杂性。

张灵芝（2017）以泰国皇太后大学中文系大三大四学生的 288 篇作文为语料，经过整理和统计，共获得使用成语的句子 663 例，其中正确句子 521 例，错误句子 142 例，偏误率 21.4%。作者从句法偏误、语义偏误、语用偏误和形式偏误的角度进行统计分析（在统计时，对于这四个角度互有交叉的偏误例句，重复算作不同的偏误语料，最后共得到偏误例句 159 例）。具体如下：（1）形式偏误，主要有错字、少字、多字、易序、生造等几种类型，如"心干情愿""指手划脚""火中取粟""背离乡井""精细打算"等等。从数量上看，泰国学生书写形式偏误的数量最多，共计 57 句，占偏误总数的 35.8%。（2）句法偏误，成语在句中可以像词一样充当主语、谓语、宾语、定语、状语、补语以及独立成分，但成语比普通词语的构成更复杂，在组合成句时一定要考虑到成语自身的语法性质和句法功能，随意使用会不可避免地造成句法偏误。研究对象往往习惯于将成语与和他们已知的词语相匹配，或是直接将词典中的释义套用在句子中，或者在必须使用相关句法成分的地方却没有使用，或者在本来不应该使用该句法成分的地方却错误地使用了，从而造成句子的冗余甚至逻辑关系的混乱，影响句义的表达。句法偏误共有 47 句，占偏误总数的 29.6%。（3）语义偏误，成语很重要的特点之一是表义的双层性，学生使用成语时，往往会望文生义，把成语的整体意义理解为字面意义的简单相加，忽略了成语的引申义和比喻义，从而产生偏误。但大多数成语的实际意义与表面意义相差甚远，我们很难通过简单的一个成语领会其中深奥的历史、文化内涵，比如"叶公好龙""四面楚歌""天衣无缝""草船借箭"等等，这类成语如果单从字面意思理解，就会出现理解偏差：或是望文生义，简单地根据字面意思推测含义；或是稍有出入，偏离了成语的语义；或是断章取义，只理解了成语中部分语素的意义。语义偏误共有 41 句，占偏误总数的 25.8%。（4）语用偏误，成语有附加意义，也可以表达出喜爱或厌恶的感情色彩，这些感情色彩使成语在使用时受到一定的制约；同时，成语使用时也有一定的语境限制，用错语境也会导致偏误的产生；有的泰国学生造出的句子虽然符合语法规则，但并不符合中国人的说话习惯，如"我的汉语老师对我的关心罄竹难书，我很喜欢她"。语用偏误共有 14 句，占偏误总数的 8.8%。基于这些实例和分析，作者有针对性地提出了对泰国学生汉语成语教学的对策：（1）利用汉泰成语对比的优势，重视母语的正迁移；（2）强调成语的文化内涵，使学生充分理解成语语义；（3）结合成语的渊源，加深学生的记忆；（4）以意义为先导，创设生动活泼的语言环境；（5）规范并加强教材和词典的注释。

刘凤芹（2013）基于 HSK 动态作文语料库，从韩国学生的 4179 篇作文语料中选择了 650 篇作为研究样本，计 23 万字左右，并将中高级阶段韩国学生的汉字偏误类型分为 4 种，按照偏误数量排序为：别字、繁体字、错字、其他类型。

在别字方面最突出的问题是书写了相当多的音同别字和音近别字，其次表现为形近别字和与音形无关的别字，共 1397 例。（1）音同别字，如"成攻（功）"，有 597 例。（2）音近别字，共计 565 例。可以细分为：①声韵同调异，如"小（消）息"，有 485 例；②声同韵调异，如"摆（罢）休"，有 8 例；③韵调同声异，如"高束（速）"，有 29 例；④韵同声调不同，如"方（旁）边"，有 28 例；⑤声调同韵异，如"一（应）该"，有 10 例；⑥调同声韵异，如"续（速）度"，有 5 例。从统计数字来看，在音近别字中，主要偏误是声母、韵母相同而声调不同的字，有 485 例，其他 5 类仅 80 例。（3）形近别字，如"末（未）来"，有 187 例。（4）与形音无关的别字，如"试（减）少"，有 48 例。从汉字字形的三级单位——笔画、部件和整字的角度出发，研究把错字分为 3 类，最突出的是部件偏误，其次是笔画偏误，整字偏误较少，3 类偏误共计 662 例。韩国学生繁体字的使用比例很高，这与韩国的汉字字形有关，如"這（这）"，书写繁体字导致的偏误共 1268 例。其他类型的汉字偏误主要有以下几种：（1）拼音字，某一字只知字音忘了字形，如"政 ce（策）"，共 106 例；（2）漏字，指学生书写时由于时间的限制或者书写太快而遗漏汉字，如"应该怎样解决噪的问题呢？"遗漏了"音"，这类偏误共 34 例；（3）无法识别的字，即因书写潦草而难以辨认的汉字，共计 10 例。总体来说，偏误问题主要出在对汉语音形义的掌握上，尤其表现在同音字上。韩国中高级学生对声调、汉字部件的掌握仍然不足，存在很大的提升空间。

　　张若莹（2000）列举出在学习《高级汉语教程》（下册）时，学生在练习"冲（chòng）、风声、窝火、敢情"等词语时所造出的四个句子：（1）你冲什么说我是小偷？（2）在首师大，他的风声不好。（3）我对他窝火。（4）今天什么敢情的事也没发生，真没意思。作者具体分析了这些中高级阶段的学生在学习汉语词汇时会出现的偏误，并以此为基础，总结出老师在中高级阶段的词汇教学中存在的一些不足。作者认为，基本掌握一种语言大致可分三个阶段：初级阶段，言语系统发动，基本言语能力形成；中级阶段，交际能力逐渐熟练；高级阶段，语言成为言语习惯、言语行为。与之对应，词汇也是有等级的。《汉语水平词汇与汉字等级大纲》中的词汇等级系列，既为整个教学（总体设计、教材编写、课堂教学、语言测试）提供总目标及分目标，也为学生语言习得的阶段性训练提供了合理的顺序。在不同的教学阶段，学生的词汇偏误是有区别的，处理词语的方法也应有所区别。在初级阶段出现的词语，意义一般比较单纯，学生的母语干扰现象比较严重，目的语的接受能力障碍极大，没有必要对词做过多的解释，也没有必要给学生那些不常用的义项。但到了中高级阶段，随着教学的不断推进及学习的不断深入，母语干扰引起的错误的比例逐渐下降，而由于汉语内部自身的复杂性引起的错误的比例逐渐上升。汉语内部自身的复杂性表现在：语法上原本有法可依的形式语法因为中级阶段语义语法的增加而变得模糊起来，初级阶段教学以词代义项的训练方式又为学生设置了一定的障碍。所以，教师既要对词语的层级了然于心，也要对学生所处的学习阶段有清楚的把握，使各年级各阶段之间词汇教学的范畴与界定，除了量的变化，还要有质的区别。这样，中高级阶段的词汇教学才能进一步科学化、规范化。

　　牛长伟、李君（2019）发现，汉语二语学习者使用"什么"类代词各类用法的意识较强，除常见疑问义外，存在义、全称义的用例也不少，但偏误主要集中在后两种语义上。以"什么"和"谁"为例，相关偏误共126例，其中"什么"的偏误85例，"谁"的偏误41例。"什么"类代词的使用偏误可分为副词遗漏、代词误代、副词误代、标点误代4种。（1）副词遗漏。"什么"表全称义时，之后需要带"都""也"之类的副词。这类副词一旦缺省，"什么"的语义解读将会发生变化。如"他是比什么更重要的一个生命""他是比什么都更重要的一个生命"。（2）代词误代。"什么"的全称义和存在义需要特定的句法环境才能触发，如"他从小一直教我们关于棒球的什么事"。（3）副词误代。"都""也"之前的"什么"均表全称义，但二者的句法分布却不同。"什么 + 都 +VP"可用于肯定句和否定句中，而"什么 + 也 +VP"往往仅用于否定句中。如"后来我看什么也觉得有意思"。（4）标点误代。"什么"表疑问义时，句末一般用问号；表非疑问义时，句末一般不标问号。句末标点可以从一定程度上推断学习者对"什么"语义的判断。如"这样做不是什么坏处都没有？"作者进而将这四种偏误概括为三类：第一类是未掌握"什么"类代词的语义解读所需要的特定句法环境，认为其三种语义解读是其自身具有的，与句法环境无关；第二类是掌握了"什么"类代词的语义解读所需要的特定句法环境，但未掌握"什么 + 都 / 也 + VP"在肯定句和否定句中的分布差异。第三类是掌握了"什么"类代词各语义解读的句法环境，但在对多重句法环境中"什么"的语义判断上存在困难。作者之后从语际差异、语内差异、认知差异以及学界对相关语法的研究等几方面解释了偏误原因。语际差异是不同母语背景的二语学习者对"什么"类代词的掌握程度和使用频率差异较大的主要原因。母语中的疑问词与汉语疑问词语义相似的二语学习者使用此类代词的频率高，偏误少；母语中的疑问词与汉语疑问词语义迥异的二语学习者使用此类代词的频率低，偏误多。语内差异仅涉及"什么"类代词的全称义，这类偏误相对较少，但对二语学习者来说，正确区分"都""也"对此类代词的允准差异至关重要。认知差异主要表现在"什么"类代词的存在义上，由于允准此类代词存在义的句法环境较多，且句法环境的标记性弱，二语学习者若无法准确识别句法环境的类别，也就较难得出此类代词的准确语义。汉语语法教材和对外汉语教材对"什么"类代词的语义讲解不全面，也是二语学习者不能全面掌握此类代词用法的原因之一。

本小节的 5 项研究中，张若莹（2000）更加侧重于对"中高级学习者"的研究。其他几篇都有各自的侧重点：李彤、王红娟（2006）侧重于研究"双音节的偏误"，张灵芝（2017）侧重于研究"泰国学生的成语偏误"。对这 3 项研究来说，"中高级学习者"虽是他们的研究对象的一种限定，但不是他们研究的主要出发点。相较之下，张若莹（2000）研究的要点是"中高级学生的词汇教学"。牛长伟、李君（2019）对中介语语料库和汉语高级二语学习者中文写作中常见的"什么"类代词的偏误类型进行总结并分析其成因，然后在形式语义和优选论的基础上对"什么"类代词的语义及其层级关系进行剖析，并对这类代词的教学分阶段地提出了相应的教学对策。

虽然研究的重点不同，但这5篇文章都针对前文的偏误分析提出了一些教学策略或解决方案：（1）重视汉外对比，发挥母语正迁移的作用。比如李彤、王红娟（2006）指出，"对于语法层面的偏误，教师最重要的任务是通过汉外语言对比，提前了解学生在学习过程中容易出错的部分，在教学过程中主动出击，防微杜渐"。（2）重视词义的针对性教学。注重词义的辨析，如摸索学生认知的规律，关注词语更为深广的含义，关注词语的辨析、对比的针对性；要注意二语教学与母语教学中词语释义的区别，拓展对已学词语更为深入的理解，关注词语使用的条件，以此来避免和减少前摄抑制的干扰。词义教学融汇于语境中也极为重要，如张若莹（2000）提出词汇的释义首先应该与课文内容紧密相连，利用课文的具体语境对词汇的特殊附加意义、用法特点进行清楚准确的解释。张灵芝（2017）也提出了类似的观点。两者都重视在教学中利用文化知识创设语境进行教学。（3）重视弱项的集中训练。如刘凤芹（2013）提出针对声调、部件掌握不牢固的问题，教师在教学过程中便要多讲，以引起学生重视，养成习惯。（4）重视分层教学。牛长伟、李君（2019）认为，"什么"类代词的用法复杂，不可能在某一习得阶段让学习者一次性掌握，需要分阶段进行。对初级阶段的学习者，应让学习者认识到"什么"类代词与其母语中相关词条的异同；对中级阶段的学习者，应逐一讲解"什么"类代词三类语义解读所处的句法环境；对高级阶段的学习者，应逐步讲解多重句法环境下"什么"类代词的语义表现。

2.3　研究方法

本小节5项研究中，除张若莹（2000），其他均采用定量研究，且均为非实验性研究。李彤、王红娟（2006）对《高等学校外国留学生汉语言专业教学大纲》中三、四年级的双音节动词的使用情况进行了调查。刘凤芹（2013）则是基于 HSK 动态作文语料库，从中选择研究样本。张灵芝（2017）以泰国皇太后大学中文系大三、大四学生为研究对象，收集了 288 篇不少于 250 字并使用两个以上成语的学生作文，进行整理、统计和分析。牛长伟、李君（2019）的偏误分析是基于语料库进行的。

3. 评价与展望

经过对本节的 8 项研究进行梳理，我们认为这些研究具有以下特点：

第一，视角多样，共时与历时相结合，既有对某一个具体问题的微观研究，也有对初级学生偏误的规律性及成因做出的中观性研究。刘慧清（2005）与杨春（2004）两项研究均对各自的研究主题进行了共时分析。赵春利（2006）则从历时的角度对留学生的偏误进行了系统性总结，提出了留学生在初级阶段的一般性规律，且多层次地解释了偏误的成因。

第二，研究对象具体而细致，也得出了有针对性和实用性的结论。从上述对研究内容与结论的综述可以看出，每一项研究都着力于对汉语习得偏误进行分析，而回归点总是放在对教学的启发和方法的讨论上。本节的每一项研究都基于偏误研究提出了或详或简的教学建议。

不足之处在于：依据的语料数量较少，研究样本选取过于简单，结论的充分性略显欠缺，如张若莹（2000）仅是从《高级汉语教程》中选择了 4 个例句来进行偏误类型的分析和教学问题的探究，最终的结论稍显平面化，影响因素的判断也不够全面。

未来的研究应在扩大语料来源的基础上，细致地进行基于国别（语种）的分水平、分语法点的偏误分析，将微观、中观的研究结合，最终从宏观上把握初级阶段留学生的词汇偏误。具体而言，一是研究可尽量追求本体论、认知论和方法论，甚至是工具论的系统结合，拓展偏误分析上游和下游的界限，使得偏误分析更好地服务教学。二是对于高级阶段学习者的研究，要更加重视语料的丰富性，更加重视动态变化的研究。可以加大对学习者在不同学习阶段历时的、动态的、变化的研究，从而为实际教学提供更科学、完备的理论依据。

第三节 基于词汇本体特点的词汇偏误研究

1. 双音节词的偏误研究

1.1 概述

汉语词汇的习得对于汉语学习者来说是一大重点和难点。汉语词汇中，语素是最小的音义结合体，一般来说，一个语素对应一个音节。在现代汉语 8000 常用词中，双音节词占 71%，单音节词占 26%，多音节词只占 3%。[①] 可见，双音节词是汉语词汇的重要组成部分。

从习得研究来看，单音节词习得的困难多体现在一些意义空灵的虚词以及实词中的量词上，这些研究与语法习得的研究关系更加密切，成果也极为丰富，详见本套丛书的《语法》分册。本小节主要介绍双音节词汇习得的偏误情况。汉语双音节词内部十分复杂，这表现在：第一，汉语双音节词构成复杂，有单纯词，也有合成词，单纯词和合成词内部又有很多类别。第二，汉语双音节词相比单音节词语义复杂，有的从字面上可以推知词义，有的在字面上无法推知词义，如"国家""鱼肉"。第三，双音节词往往有意义相同或相仿的单音节词，但用法不一样，这在名词、动词、形容词上都有表现。对非母语者来说，这些复杂之处使得正确地习得双音节词汇并非易事，出现偏误在所难免。

本小节的 3 篇文章围绕"双音节词"这一中心，分别从单双音同义名词（刘春梅，2007）、双音节动词（李彤、王红娟，2006）和日汉双音节词（蔺梅，2017）三个角度进行讨论。

1.2 研究内容

我们分双音节词偏误类型和双音节词习得影响因素两个主题进行讨论。

1.2.1 双音节词偏误类型

李彤、王红娟（2006）认为，双音节动词习得偏误可大致分为语法层面的偏误和语义层面的偏误两类。（1）语法层面的偏误，如"这个权利过渡从学校到学

---

① 陆俭明、沈阳（2008）《汉语和汉语研究十五讲》，北京：北京大学出版社。

生"是谓语动词与状语的语序位置不正确,"这篇文章废话太多,我好不容易<u>编辑</u>"是连带成分的缺失,"我<u>倾向</u>于喜欢吃东西"是词的赘余,"你不要想<u>报仇</u>他"是词性误用等;(2)语义层面的偏误,如"我们向美好的未来<u>前往</u>吧"是近义词误用,"他上大学以后<u>加入</u>学生会活动了"是搭配不合理,"他一直对我这么好,我一定会<u>报复</u>他"是完全混淆词义。

刘春梅(2007)将单双音同义名词习得偏误归为四类。(1)语义差异引起的偏误,如"四点二十分钟"误将时段用为时点;(2)音节限制引起的偏误,如"他们从很远就听到大雁的声"中的"声"应改为"声音";(3)语体色彩上的偏误,如"甲状腺机能亢进是内分泌病之一"中的"病"换为"疾病"更为合适,整个句子显得比较正式;(4)量词修饰偏误的偏误,如"一辆车辆"。

蔺梅(2017)认为汉语与日语的双音节词汇的对应关系错综复杂,存在很多"貌合神离"的双音节词汇,并通过词形、语义、语素等方面对二者进行了区分,归纳出八项词类,即同形同义、近似形同义、同形近义、近似形近义、同形异义、近似形异义、语素相反、汉语离合词,并提出了有针对性的教学策略。

总而言之,研究者在分析双音节词习得偏误时,主要将偏误类型分为:(1)语义偏误,即学习者没有完全习得该双音节词的所有义项;(2)语法偏误,即学习者没有掌握该双音节词的语法功能;(3)语用偏误,即双音节词语的使用环境出现了偏差;(4)词形偏误,即双音节词的书写出现偏误;(5)韵律偏误,即因为不了解汉语的节奏或韵律规律而发生偏误。

1.2.3　双音节词习得的影响因素

首先,母语影响双音节词习得。李彤、王红娟(2006)指出,学习者的母语背景以及文化环境对第二语言的学习有着重要的影响,存在语言迁移,负迁移是造成偏误的主要原因,学习者常把母语中的词汇规则或语法规则套用到汉语上。蔺梅(2017)则直接对汉语和日语的双音节词汇进行了分类比较,归纳出了八项词类,并分析了不同词类的教学方法,如对于同形近义、近似形近义、同形异义、近似形异义类的词,首先应确认写法,然后再比较词性是否不同,最后对于语用有所不同的词语则需提供场景进行教学。

其次，汉语语言知识干扰双音节词习得。李彤、王红娟（2006）发现，被误用的词语与正确的词语之间往往具有共同的语素。在学习了一定数量的词语以后，学生对汉语的构词法和某些语素也有了一定的了解。在运用中，如果他们找不到所需的词语，便会用一个具有共同语素的其他词语来代替，但即便是两词在意义上有一定的关联，用法上还是会有很大的不同，由此就会产生偏误。

另外，教师和教材、工具书等因素也会影响双音节词习得。刘春梅（2007）指出，目前市场上的教材和工具书普遍缺乏帮助学习者区别易混淆词的知识，同时很多汉语教师缺乏对比分析的意识，因此来自教师的指导也相对不足，进而影响了学习者的习得。

1.3　研究方法

本小节 3 项研究中，刘春梅（2007）采用了定量研究法，且通过各种语言现象实例辅助推论过程，筛选了《汉语水平词汇与汉字等级大纲》中的 80 组单双音同义名词，对同义名词在汉语中介语语料库系统中的应用实例进行了穷尽性的统计分析。李彤、王红娟（2006）通过对留学生的偏误进行调查从而归纳出偏误的主要类型。蔺梅（2017）则主要通过对比分析得出结论。

2.　合成词的偏误研究

2.1　概述

合成词指由两个或两个以上的语素组成的词（齐沪扬，2005：185）。现代汉语词汇中大部分词是合成词。由于数量众多、特点鲜明，在二语习得过程中，合成词的偏误研究也具有重要价值。

本小节有 2 篇针对合成词偏误进行的研究。邢红兵（2003）主要研究了偏误词的界定、偏误合成词的具体分类等问题，并分析了留学生学习时的特点。董茜（2011）在参考邢红兵（2003）的基础上，还分析了各个水平阶段的偏误分布及偏误合成词的特点。

2.2　研究内容

2.2.1　合成词偏误类型与特点

邢红兵（2003）通过对北京语言大学汉语中介语语料库系统中的 520 条偏误

合成词进行收集、整理，在排除因汉字书写和汉字文化圈借用词语等产生的偏误的基础上，对偏误词进行界定，将符合界定标准的合成词归纳为五大类：

第一，新造词。（1）语素相关对应词，如偏误合成词"兵人"和目标词"士兵"或"军人"之间各有一个语素相同；（2）无对应词，如偏误合成词"破丑"指的是"破旧和丑陋"的意思，汉语中没有一个词可以表达这样的概念；（3）类比造词，如偏误合成词"似气非气"是利用汉语"似懂非懂"这样的格式类比的；（4）语素无关对应词，如偏误合成词"洗澡房"表达的是"浴室"的意思，这类偏误合成词有对应的目标词，但是和目标词没有语素相关；（5）多词混合，如偏误合成词"乐极忘形"可能是受到"乐极生悲"和"得意忘形"两个词语的影响；（6）增加词缀，例如"碗子"等词可能受到了同类相关词语"筷子"的影响，其中"碗子"可能是因为"筷子"的影响。第二，语义相关语素替代。（1）音节相同语素替代，如偏误合成词"鸡羽"和目标词"鸡毛"中，语素"羽"和"毛"是同义的，并且音节相同，都是单纯语素；（2）复合语素替代单纯语素，如偏误合成词"祝贺词"和目标词"贺词"相比，是用"祝贺"替代语素"贺"，"祝贺"和"贺"同义；（3）单纯语素替代复合语素，"车刻表"中，语素"车"替代目标词的"列车"，"刻"替代了目标词的语素"时刻"；（4）同词语素替代，偏误合成词"反且"和目标词"反而"中，偏误语素"且"和目标语素"而"可以构成"而且"，并且这个词对留学生来说应该很熟悉。第三，使用语义无关语素或增加、减少语素。（1）错用语素，偏误合成词"演开"是"盛开"的意思，偏误语素"演"和目标语素"盛"之间没有关系；（2）语素多余，偏误合成词"大多部分"就是"大部分"的意思，语素"多"多余；（3）缺少语素，如把"气急败坏"写成了"气败坏"。第四，语素顺序错误，如把"继续"写成了"续继"。第五，其他错误。

根据分类，统计各大小类的数量与比例后，该文得出结论：（1）留学生生成汉语合成词可能会受到很多因素的影响，如语素、结构、音节、语义等。其中最重要的是语素意识和结构意识。（2）留学生能够比较好地掌握语素的构词能力、构词位置等汉语构词规律，并能够运用到词汇的生成中。（3）留学生对于大部分词的生成是有很明确的语素意识和结构意识的，但是也有一部分合成词对留学生来说，语素和结构是模糊的，由此推测，留学生习得复合词存在分解习得和整词习得两种方式，其中分解习得应该占主导地位。

董茜（2011）参考邢红兵（2003）对于留学生偏误合成词的分类，基于云南师范大学国际汉语教育学院 2003—2005 年试卷及部分本科班学生作文语料库，具体研究了越南学生的合成偏误类型，并且根据不同学习者的水平统计每类偏误的占比，从而根据这些分析得出越南留学生偏误合成词的特点：（1）语素之间层次关系混乱，（2）选用语素的概念不准确，（3）忽略了语素的色彩意义，（4）搭配关系错误，（5）词性混乱，（6）错误类推，（7）格式语序混乱，（8）缩略省减不当。该文认为：（1）由于历史上汉语与越南语有密切的语言接触，越南留学生生成合成词的能力很强。（2）越南留学生在初级阶段，整词习得是主要的策略，已经有较好的语素意识，到高级阶段，分解构词的意识和能力更强。越南留学生能够将语素的构词能力、构词位置等构词规律很好地运用到构词实践中。（3）越南留学生的语素顺序错误在中高级阶段比在初级阶段出现的机会要多，主要出现在定中结构的词语中，高级阶段主要出现在并列关系的词语中。（4）母语越南语及越南语中的汉源词在越南学生生成合成词时有很大的影响。

2.2.2 合成词的习得过程

邢红兵（2003）的研究结果表明，偏误合成词体现的并不是一种消极的习得状况，恰恰相反，它体现出留学生主动的学习状态。生成合成词表明留学生具有较强的分解词汇和构词的能力，并具有合成词结构的相关意识，"包括语素构词意识、结构意识和语义相关意识等"。也正是在这些意识和相关规则的指导下，留学生能够积极地去理解和运用汉语合成词。董茜（2011）发现，越南留学生在初级阶段有较好的语素意识，整词习得是主要的策略，而到了高级阶段，其分解构词的意识和能力显著增强。越南留学生的习得有自身的特点，语素顺序错误在中高级阶段比在初级阶段出现的机会要多，与邢红兵（2003）中大部分留学生的情况正好相反。

2.3 研究方法

在研究方法上，同为合成词偏误研究，邢红兵（2003）对汉语中介语语料库系统词表中出现的全部 520 条偏误合成词进行穷尽分析，将偏误合成词分成 5 个大类 17 个小类，统计各类数量，计算各类占比，详细分析各种类型的合成词偏误的分布与特点。董茜（2011）基于自建的越南留学生汉语中介语语料库，按照邢红兵（2003）的标注方式对合成词的系统分类和统计分析进行穷尽分析，统计各大类偏误数量、比例以及不同水平阶段的各小类偏误的占比。两项研究相比，前者的样本容量大于后者，且前者的样本更加多样，后者的样本更有针对性。

3. 离合词的偏误研究

3.1 概述

离合词是现代汉语中特殊的语言单位。一些动宾式组合，如"理发""洗澡""睡觉""散步"等，宾语性的部分不能脱离动词性的部分单独存在，所以从这个角度来看，它们应该是"合"用的词；但它们又都可扩展，可以在动词性成分和宾语性成分中间插入其他成分导致二者分离，如"理个发""洗一次澡""睡一会觉""散散步"等，我们把这类语言单位叫作离合词。动词性成分和宾语性成分合的时候看成词，分离使用时一般看作短语。离合词是词与短语之间存在着的中间状态（齐沪扬，2005：38）。由于其语法上的特殊性，它也是二语习得中的一大难点。这部分有 5 项研究围绕离合词习得这一问题展开：马萍（2008）、林才均（2015）主要从偏误的角度讨论了离合词的习得顺序与特点；王瑞敏（2005），萧频、李慧（2006），杨泉（2011）探讨了离合词的偏误类型与成因；此外，杨泉（2011）还关注了离合词的计算机自动纠错系统的开发这一问题。

3.2 研究内容

3.2.1 离合词的习得顺序与特点

马萍（2008）主要考察留学生离合词扩展形式的习得。该文通过统计学方法，分析横向比较的调查结果，得出不同级别的留学生离合词扩展形式习得情况，如表 2-1 所示。

表 2-1 不同级别的留学生离合词扩展形式习得情况

初级阶段	重叠（散散步），部分 V＋着／了／过／的等助词＋O（毕了业）
中级阶段	V＋得了／不了／得／不得＋O（请不了客、照不了相），离合词＋简单趋向补语（鼓起掌来），V＋数量／时量补语＋O（洗三次澡）
高级阶段	V＋动词或形容词构成的单音节补语＋O（请好假），V＋形容词＋O（睡了一个舒舒服服的好觉），V＋代词＋O（问他们好），V＋什么＋O（道什么歉）
尚未掌握	离合词＋复杂趋向补语（帮不上忙），离合词倒装成 OV（把心放了下来、会才开完）

从表 2-1 可以看出，不同水平的留学生对离合词扩展形式的习得情况是不均衡的。初级二语学习者倾向于使用离合词的"合"的形式，或是干脆把离合词当作一般动词使用。中级阶段的学习者使用离合词的"合"的形式的倾向逐渐减弱，使用"离"的形式的情况逐渐增多。高级阶段，除了"离合词＋地点宾语"外，学习者对于其他形式能够准确使用。

林才均（2015）基于对诱发性语料与自然语料的考察与分析，对泰国初级学生汉语离合词的习得顺序和特点进行研究，得出大体习得顺序为：重叠＞介词搭配＞插入修饰成分＞插入补语＞语素脱落＞V 的重复＞名语素前移＞词性偏误＞插入助词。此外，还发现泰国初级学习者离合词习得的 5 个特点：第一，呈现为非均衡发展状态，"两极"现象突出，"V＋补（结）＋（了）＋O、V＋个＋O、V＋什么＋O、V＋着＋O、定＋O＋V＋补、把＋O＋V＋补、语素该脱不脱、（连）＋O＋也／都不／没＋V"的准确率为100%，而"V＋点儿＋O、V＋补（上）＋（了）＋O、语素不该脱而脱"的准确率为 0，原因是语料中极少或从未使用这些结构。第二，离合词选用存在日常生活行为化的趋势，所采用的离合词比较集中，准确率高且正确使用频率高的结构是较早习得的结构。第三，离合词及其结构的选用与句义具有单一性与同一性，如"V＋补（结）＋（了）＋O"结构中，"洗好／完澡"各占 33.9% 和 13.6%，而"洗澡"这个词就占了 57.6%。第四，某些结构有"僵化"的可能，如在两种语料中，"V＋补（结）＋（了）＋O"结构共出现了 62 次，仅"洗好澡"就出现了 20 次，"V＋（完）＋（了）＋O"结构出现了 33 次，这导致准确率与正确使用相对频率相对提高，造成了习得成功的"假象"。其实，从具体使用情况来看，学生并未灵活掌握这一结构。第五，"离析"意识基本形成。学生共使用了 1504 次离合词，其中"合"的用法共 752 次，"离"的用法共 749 次。据此，作者认为，学生在上完基础汉语与专题语法课之后，基本形成了离合词之"离析"意识。

结合两者的研究可以发现，从偏误情况看，离合词的习得难度较高。另外，在离合词各种结构形式的习得中，重叠形式最好掌握，而变化语序、插入助词等则较难，这样的结果也与离合词的特点有关。同时，上述研究都表明，离合词的不同扩展形式由于形式多样，偏误数量也不均衡。

3.2.2   离合词偏误类型与成因

王瑞敏（2005）从第二语言学习者使用离合词的具体偏误出发，以动宾式离合词为研究对象，将离合词偏误分为三大类：（1）应该"离"而没有"离"，如"我今天下午见面他"；（2）"离"了，但插入成分处理不完善，如"她结过婚两次"；（3）"离合词"其他形式的偏误，如"重叠"形式的偏误"我们到操场散步散步好吗"，"倒装"形式的偏误"照相也照相了，录音也录音了，你不能再后悔了"。该文也分析了偏误产生的原因：首先，离合词的本体研究不够充分，很多问题尚存在争议；其次，教材对这些离合词的处理有些模糊，对离合词不注明词性，又不做额外说明；再次，离合词在教学安排上确实存在一定的难度；最后，留学生在使用离合词时很容易犯过度泛化的错误。

萧频、李慧（2006）从《汉语水平词汇与汉字等级大纲》中确定了 248 个离合词作为根据，在印尼学生中介语语料库中检索，得到 72 个离合词作为研究对象。结合印尼语的相关特征，作者将离合词偏误分为"误把离合词用为不能分用的复合词"及"误把不能分用的复合词用为离合词"两类，前者如"小时候我也打架跟她了一次"，后者如"我们家乡出椰干的产很多"，并从母语对译词的影响、工具书和教材对离合词的处理等方面进行了原因分析。

杨泉（2011）收集了北京语言大学 HSK 动态作文语料库中的留学生离合词偏误句，总结出留学生离合词使用的四种常见偏误类型：（1）在离合词中插入的成分出现偏误；（2）离合词的受事位置出现偏误；（3）离合词的重叠形式问题；

（4）离合词本应出现在主语位置，却出现在宾语位置。

总之，汉语二语学习者离合词使用偏误受到多重因素的影响。萧频、李慧（2006）在对印尼学生离合词使用情况的研究中发现，印尼语单纯词占绝对优势，成为印尼学生习得汉语离合词的一大劣势。加上本土汉语教学对离合词的简单处理，印尼学生在开始学习离合词时对"离"的性质的认知不够清晰，而在后期又会对离合词的分用规则过渡泛化。这也是王瑞敏（2005）得出的结论，同时她也指出，当前对离合词的研究不够充分，许多问题仍存争议，教师在安排教学时也存在难度。

3.3　研究方法

本小节的 5 项研究在研究方法上各具特色，其中 4 篇研究采用了定量研究为主的方法。

王瑞敏（2005）采用了传统的描写举例方法。马萍（2008）开展了横向的群案调查，并采用分析软件 SPSS 进行数据统计分析。萧频、李慧（2006），杨泉（2011），林才均（2015）均使用留学生作文语料库进行分析。萧频、李慧（2006）以印尼学生两个学年的作文为原始语料，以赵淑华、张宝林从《汉语水平词汇与汉字等级大纲》中确定的离合词为依据检索出研究对象。杨泉（2011）在收集北京语言大学 HSK 动态作文语料库中留学生离合词偏误句的基础上，大致界定离合词的范围，阐述离合词的特点并以公式形式表示，然后根据所示公式设计机器可读的词典，标注特征及对应特征值。在词典设计的基础上，结合离合词特点及语料库语料，总结出留学生离合词的偏误类型，设计计算机自动纠正规则。林才均（2015）根据数据比例归纳存在的偏误。以泰国学生的考试作文与平时周记为研究语料，按照前人的研究将语料分为自然语料和诱发性语料，依据 Brown 和施家炜的准确率标准及正确使用相对频率法，计算各类偏误的准确率。

3.4　评价与展望

通过对本小节 5 项研究的梳理，我们发现，这些研究内容细致，对汉语离合词这一独特的语言现象进行了详细的偏误分析，指出汉语二语者离合词偏误的主要原因和对策，所得结论可信且对教学有一定的指导意义。

4. 成语的偏误研究

4.1 概述

成语是人们长期以来习惯使用的、形式简洁的、意义精辟的固定短语（齐沪扬，2007：232）。本小节的两项研究围绕成语的偏误分析这一主题展开，包括石琳（2008）和张灵芝（2017）。这些研究从句法、语义、语用、形式等角度对成语的偏误进行归类，也分析了成语偏误产生的原因和特点。

4.2 研究内容

4.2.1 成语偏误类型和偏误原因分析

石琳（2008）对北京语言大学 HSK 中介语语料库收集的 10740 篇外国考生的作文答卷中涉及的 373 个成语、共计 718 例偏误进行系统分类和分析，并在此基础上结合认知语言学的理论，从形式偏误、语义偏误、语法和句法功能偏误、语用偏误和搭配不当角度深入剖析偏误产生的情况。

形式偏误的类型包括多字、少字、易序、错字和生造。（1）多字。如"父母的一举手一动都影响到孩子，我希望家长们千万别忘这一点。"（2）少字。如"对于一些不治症的病人，可能安乐死是他们的良好的方法。"（3）易序。如"我听过、看过他们的背后，蕴含着苦酸甜辣。"（4）错字。如"多少痛苦、多少伤心不言而俞。"（5）生造。如"雨森芳洲，恐怕中国人几乎不知道，在日本人当中，除非是历史学家，知道的人也是寥若如星吧。"

语义偏误包括语义不明、语义矛盾、语义重复、以偏概全、不明引申义比喻义和语义偏离。（1）语义不明。如"和尚乙听到和尚丙的话，自己也拿不定主意，只好没头没脑地也答应了。"（2）语义矛盾。如"我们一般想，人多了，事情好办，即（既）省事，又事倍功半。"（3）语义重复。如"因此，父母的每一举一动都会影响着孩子的行为举止。"（4）以偏概全。如"流行歌曲由于人们觉得歌好听，曲词有声有色，逐渐被人们所知，受人们的欢迎就会流行的。"（5）不明引申义比喻义。如"我们上一代人的观念是养子防老，因现在生活压力，经济问题，往往孩子自己两袖清风，自身难保，哪有多余的钱养父母，闹翻的根源永远是钱。"（6）语义偏离。如"如果我的晚辈不听话，我将专心致志地说又说。"

　　语法和句法功能偏误包括语性不明、成分多余、成分缺失、成分误代和变形不当。（1）语性不明。如"但是提到为公众、为社会出钱、出力，就能免就免，不能免就稍做敷衍了事，就如那个和尚一样，想到反正我不做，别人也会做的。"（2）成分多余。如"但是去外地旅游时，千万不要很掉以轻心去。"（3）成分缺失。如"首先要力求提高粮食的产量，因为我认为凡是有人性的人都不能袖手旁观挨饿的人。"（4）成分误代。如"他们两（俩）互相帮助，取长补短地生活。"（5）变形不当。如"父母跟子女对话的时候，他们不应该固执自己的意见。"

　　此外，还有两种类型的偏误。一是语用偏误。如"你以后不要病了，天长地久活下去吧！"二是搭配不当。如"所以当我得知时报出版社出的《李锟钰博士——档案实录》，我就奋不顾身地以二倍价钱从台湾订购过来。"

　　在此基础上，作者认为偏误原因主要包括以下几点：（1）文化隔阂，（2）语内干扰，（3）汉语成语本身在语法意义和语法功能上的复杂性，（4）交际策略和学习策略的干扰，（5）学界对成语在对外汉语教学的地位认识不够。

　　张灵芝（2017）以泰国学生作文为语料基础。从句法偏误、语义偏误、语用偏误和形式偏误的角度进行统计分析，从数量上看，泰国学生书写形式偏误数量最多，其次是语义偏误和句法偏误。具体内容可参见本章第二节第二小节"中高级学习者词汇习得偏误相关研究"的介绍。

4.3　研究方法

　　本小节的两项研究采用的是语料库研究法。石琳（2008）对北京语言大学HSK 中介语语料库出现的 718 例偏误进行了系统的分类和具体的数据分析。张灵芝（2017）以泰国皇太后大学中文系大三大四学生的作文为语料，进行了具体的数据统计分析并计算了相应的占比。

5.　其他词汇偏误研究

　　在我们选定的六大刊中，基于现代汉语词汇特点的词汇偏误研究除上述四小节内容外，还有一些零星的研究，归入本部分。主要是两项研究，一项是李慧、李华、付娜等（2007）对多义词的偏误研究，另一项是徐正丽（2012）对惯用语的研究。

　　李慧、李华、付娜等（2007）基于汉语中介语语料库，调查了118个常用多义词的义项分布。在偏误分析部分，作者首先统计了高频义项误例数与多义词误例总数的比重，发现高频义项出现的误例数在多义词误例总数中所占比重最大，在109个多义词中，98个属于这种情况。高频义项由于基数较大，出现的误例也就较多；而其他义项频率较低，出现的误例也就较少。虽然高频义项出现偏误的概率比较高，但是其偏误率一般都比较低；而非高频义项由于本身出现次数较少，因而某些义项出现偏误的概率较小，但是某些非高频义项的偏误率却非常高。

　　词性不同的义项，出现的偏误会表现出不同的倾向，例如"要求①"（动词，提出具体愿望或条件，希望得到满足或实现）和"要求②"（名词，所提出的具体愿望或条件）。"要求①"的偏误主要表现为与近义词的混用和搭配错误，如"我知道【要求】您们这种事，给您们添麻烦，但是请承诺我的央求。""要求②"的偏误主要表现为搭配错误，如"我也体会人口问题这么重要，但有些父母的自然的【要求】也不充满。"

　　该文的启示在于：（1）中介语中多义词义项等级序列与现代汉语存在较高的一致性；（2）中介语和汉语中部分多义词义项频率等级序列不一致，由于留学生的生活环境和汉语水平毕竟与汉语母语者存在较大差距，所以中介语某些多义词的义项频率等级序列与汉语并不相合；（3）中介语语料库中多义词的偏误倾向和规律与义项密切相关。

　　以往的词汇偏误分析，都是就一个词而言的，不区分单义词与多义词。对于多义词，或者只关注出现次数最多的偏误，或者将多义词所有义项上出现的偏误混为一谈。这种做法将多义词偏误简单化，使偏误分析丧失针对性。该文关注到了多义词不同义项的不同用法及其使用偏误表现出的不同倾向，指出应当注意区分多义词在不同义项上的偏误特点，以便在教学中更有针对性地预防和纠正学生在学习多义词时出现的错误。

　　在研究方法上，该文利用统计方法，对汉语中介语语料库中118个常用多义词的义项分布进行了调查，并与现代汉语多义词义项频率进行对比，研究角度新颖，研究结果具有启发性。文章针对现代汉语中与中介语中多义词义项分布规律这一主题展开数据统计和对比分析，分析过程详尽深入。最终，文章以研究结论为依据，针对对外汉语教学中多义词教学方面提出了较为具体的建议。此外，该研究步骤严谨，研究语料丰富。前期依据《现代汉语词典》（第5版），检索《（汉语水平）词汇等级大纲》甲级词中的多义词，参考国家语委现代汉语语料库（5000万字）的词频统计数据对这些多义词进行词频排序，选出118个研究词语，再在北京语言大学汉语中介语语料库（200万字）中，对中介语语料中的目标词进行义项标注和目标词偏误标注。目前，针对多义词义项的偏误研究还非常少见，但不可否认的是，对于不同水平、不同国别的汉语二语者词汇的义项偏误研究是一项既有教学意义又有学术意义的工程。

惯用语是人们口头上习惯使用的比较形象的固定短语（齐沪扬，2007：236）。徐正丽（2012）通过采取定量分析和定性描写相结合的科学方法，对中高级留学生汉语惯用语输入情况、输出情况进行了考察和分析。针对输入情况，研究选择了三套有代表性的中高级汉语综合教程：《发展汉语》（中级、高级）、《现代汉语高级教程》（三年级、四年级）及《博雅汉语》（中级冲刺篇、高级飞翔篇）。同时，主要以《现代汉语惯用语规范词典》作为鉴别惯用语的标准，进行数据统计。十二本教材中，只有一本在"词语说明"部分对惯用语的定义、结构、语用特点等做出说明。其他教材很少或没有"惯用语"的语性标注，有的将名词性或形容词惯用语直接标注成"名词"或"形容词"，还有的将《现代汉语惯用词规范词典》中收录的惯用语条目归为"成语"或"俗语"，还有的笼统地将惯用语等同于一般的词或其他熟语，编者显然在惯用语的性质特点和类属范围上缺乏明确和统一的认识。这些教材中收录的惯用语与《汉语水平词汇与汉字等级大纲》（本部分简称《大纲》）中列出的需要掌握的15条惯用语（狭义的）重合率并不高。在研究者所考察的教材中，《发展汉语》（中级、高级）、《现代汉语高级教程》（三年级、四年级）和《博雅汉语》（中级冲刺篇、高级飞翔篇）出现的惯用语分别是54条、58条和41条，但三者和《大纲》中列出的惯用语重合数分别为9条、7条、6条。重合率分别为60%、46.7%和40%，平均起来不到《大纲》要求的半数。

针对输出情况，该研究将北京语言大学HSK动态作文语料库及广西师范大学国际教育学院高级班留学生的作文和造句等作为语料，对其中的汉语惯用语的使用情况进行数据统计，同时也进行定性分析。此外，以广西师范大学国际教育学院和文学院中高级班的留学生为调查对象，进行问卷调查。问卷设计着眼于留学生对汉语惯用语形式、语义、语法及应用方面的考察。

结果显示，输入方面，留学生的汉语惯用语习得要求相对偏低，教材不够重视对惯用语的特点介绍，对其类属范围的划分也不明确；输出方面，中高级留学生在惯用语使用的多样化和丰富性方面较欠缺。总体上，留学生使用汉语惯用语的正确率不高，应用能力并不强。

徐正丽（2012）将定量分析与定性描写相结合，考察分析了中高级留学生汉语惯用语习得输入输出的情况，采用了数据统计分析和调查问卷的研究方法。

6.　评价与展望

本节在梳理已有文献的基础上，对汉语二语者双音节词、合成词、离合词、成语、多义词和惯用语等不同类别的词汇偏误分析进行了梳理。纵观这些研究，我们发现了以下特点：

第一，研究方法多样。大部分研究采用了定量分析和定性分析结合的方法研究，综合使用了文献研究、语料库研究、问卷调查研究等多种方法，使研究结果科学可靠。

第二，研究主题具有汉语特色，研究结论具有实践意义。以离合词研究为例，外语中几乎不存在离合词，这是典型的汉语特色词。对于离合词，为什么这些词可以在语素间插入其他成分，哪些成分可以插入，这些都是二语习得中的难点。而对于合成词，由于其强大的能产性，第二语言学习者也容易产生类推偏误。汉语的这些独特性，使得对这类词汇的习得研究具有很强的实践意义。成语、惯用语也是具有汉语特色的词语，以往的研究对其关注不多。对其进行习得研究，可以从一个新的角度关注汉语学习者词汇体系的发展。如石琳（2008）对成语偏误的细致研究弥补了以往研究的不足，为熟语习得研究提供了全新的视野。

第三，偏误研究与习得、教学、教材问题结合，关照教学全过程，结论具有指导性和实用性。如徐正丽（2012）的研究打通了偏误分析的上游（语言输入）和下游（教学建议）等问题，角度全面。

第四，内容相互补充，体现继承性。如董茜（2011）对邢红兵（2003）偏误合成词类型的直接借用，对其结论的探讨和补充。

当然，这些文献也存在一些不足。

第一，从整体上看，本节论文的研究主题深度仍显不足。如离合词偏误分析的几项研究的具体内容很丰富，包括离合词偏误类型、使用特点、偏误原因分析、教学方法讨论等。但是，相对而言，无论是偏误类型还是特点分析和原因探究，都流于举例性的列举，缺少真正的对比和统计。再如成语的习得，有些高校曾经给留学生办过专门教授汉语成语的语言补习班，教出来的学生一说话满口都是成语，但真正用得妥帖的大概只占一小部分，大部分仍存在偏误。学生是否真正理解了成语中的文化因素，正确了解到成语的使用场合，更需要我们思考。已有大纲中的成语，时代性太强；现在教材里出现的成语，随意性太强，都没有经过论证。学生应该在什么阶段习得什么样的成语，至今也没有好好论证过。有历史故事的怎么教，何时教，也需要讨论，如"得陇望蜀""望梅止渴""班门弄斧"等。成语习得过程中产生的偏误究竟是什么因素造成的，一定是综合因素居多，文化因素占主要原因，这是我们可以想见的。但文化因素包括哪些观念的差异，这些差异究竟是如何起作用的，值得我们进行系统的研究。现在偏误分析的表面化倾向是很严重的。

第二，语料单一的问题在本节论文中仍然存在。书面语料相对容易获得，但过于依赖书面语料，未见口语语料，使得研究的结论带有一定的局限性。

第三，偏误的分析多局限于横向的分析比较上，没有针对不同语言水平的汉语二语学习者偏误进行考察。汉语词汇是一个很大的概念，内部十分复杂，以其为研究对象，几篇、十几篇文章往往不能说清全部问题，还有很多空白有待填充，有很多研究的问题可以继续深入。

未来的研究除进一步扩大研究对象的范围、研究的语料来源外，还应对以下几方面加以关注：

第一，特殊词类偏误原因分析的具象化。偏误原因探索除了结合语言对比因素之外，也应结合学习者的心理因素、文化因素，如成语偏误反映出的认知方式、对学习策略的深入探讨。只有对偏误词的产生原因做更深入的考察分析，才能提出更有针对性的教学指导。

　　第二，开展更多纵向研究，考察语言水平对不同类别词汇偏误的影响，如合成词、离合词等是否受留学生汉语水平变化的影响而呈现不同特点。程燕、肖奚强（2020）通过对不同水平韩国二语学习者的中介语语料和教材语料中成语的穷尽性统计对比，发现中介语输出的成语有超过半数是超纲成语和教材之外的成语，75% 以上为现代汉语的常用成语。课堂教学、目的语环境、频率因素在成语习得中的作用显著。今后需要开展更多的纵向研究对各类词语的偏误情况、阶段特点加以探寻。

　　第三，开展针对某一特定国别（语别）的成语、惯用语偏误分析，研究离合词、熟语偏误研究与一般词汇偏误研究的差异性等。

第四节　相似词汇的偏误分析及习得问题

1.　概述

　　在汉语二语习得过程中，学习者常常混用汉语中形式、意义、用法相近的词，或是学习者第一语言中和汉语存在"似同实异"的词。相似词汇的偏误是汉语二语者词汇偏误的主要来源之一，也是研究的热点之一。在我们统计的"六大刊"中，相关研究文献的数量多达 23 篇，因此单列成节进行综述。

　　本节的研究按照内容分为三部分：（1）习得易混淆词研究，共计 13 篇。易混淆词是指站在中介语的立场、着眼于目的语理解和使用中的词语混淆现象，并根据混淆的普遍程度归纳出来的词语类聚（张博，2007）。这类词有两个特点：一是常用，二是外国人不易可得（刘淑娥、佟慧君、常敬宇等，1983）。"易混淆词"这一概念与"同义词""近义词"不同，是从中介语角度提出的概念。从这一视角出发，研究者可以在大规模中介语语料库的词汇调查中，发现第二语言学习者的易混淆词和高频误用词，进而分析偏误的特点、倾向和致误原因。在这一视角下，萧频、刘竹林（2013），张连跃（2014），程潇晓（2015），韦九报

（2015）等展开了一系列针对不同语言背景的留学生易混淆词的使用特点、混淆原因及对策的研究。（2）近义词习得研究，共 5 篇文献。近义词习得是对外汉语教学的传统热点。作为二语习得领域关注的近义词，通常比汉语本体研究所关注的同义词或近义词范围更广，如不同词性的词也可以视为近义词，必要时还可以将词和词组作为近义词加以辨析（洪炜，2012）。本部分的 5 篇文章的研究内容包括近义词的句法、语义、语用、学习难度等问题（洪炜，2012、2016；洪炜、陈楠，2013；洪炜、赵新，2014；薛扬、刘锦城，2016）。（3）语言对比，共 5篇文献。内容包括汉语和日语、韩语中同形或形近词研究（全香兰，2004；朱瑞平，2005；陈晨、许文平，2009），汉语日语不完全对应词导致的负迁移研究（张麟声，2011）以及从理论上探讨深层的概念范畴迁移对偏误的影响（李靖华，2018）。

2. 研究内容

2.1 易混淆词习得研究

2.1.1 易混淆词的定义

在对外汉语教学领域，同义词、近义词的概念一直不甚明确。洪炜（2012）认为，作为二语习得领域关注的近义词，通常比汉语本体研究所关注的同义词或近义词范围更广，但范围如此广大的近义词依然不能包含全部被外国留学生混用的词语。因为诱发混淆的原因有很多，义近混淆只是其中一种。同义、近义都只是反映汉语词汇本身的语义关系，而不是外语学习者事实上难以区分的词语之间的关系。基于这一现象，张博（2007）提出，对外汉语教学中的词语辨析不宜固守"同义""近义"这类汉语本体研究提供的标尺，应转换视角，基于中介语词语偏误的现实更有针对性地进行易混淆词辨析，并首次提出了"易混淆词"这一研究视角。

"易混淆词"与"同义词""近义词"是研究者站在不同的立场、以不同视角和不同标准归纳出来的词语类聚，三者之间是交叉关系。"同义词""近义词"是站在语言本体的立场、着眼于词语的意义并根据其相同或相近的程度归纳出来的词语类聚，"易混淆词"是站在中介语的立场、着眼于目的语理解和使用中的词语混淆现象并根据混淆的普遍程度归纳出来的词语类聚。

有些同义 / 近义词是第二语言学习者容易混淆的词，有些则可能不存在混淆的问题。比如"受伤—挂彩"这类使用频率差异较大的同义 / 近义词对，学习者在阅读和表达中一般不会遇到或用到其中的低频词，因而也就不可能发生混淆；有些易混淆词是同义 / 近义词，有些则可能不是，如英语表达方式的介词 by 对译为的"乘（坐）"和"用"就不是近义词。

易混淆词存在于使用和理解两个层面，不仅体现为口头表达和写作中的词语混用，还体现为阅读和听辨中的词语误解。口头表达和写作中的易混淆词是指学习者普遍混用的词对，应当用甲的情况下常常误用了乙，甲和乙就是一对易混淆词。阅读和听辨中的易混淆词是指由某词与学习者予以另解或另认的词构成的词对，即本来是甲词，常被误解或误认为乙词，甲和乙就是一对易混淆词。例如外国学生常将"日前"认作"目前"。使用层面的易混淆词是显性的，理解层面的易混淆词是隐性的。理解层面的词语混淆现象更多、更普遍，因为学习者在听话和阅读时接收的词语的数量总是大于应用型词汇的数量。为了理解说话人和文本的意思，学习者必须对生词的意义进行猜测，这必然使得听话和阅读理解时发生词义误解或词语误认的概率相对较高。

"易混淆词"这一概念在学术界得到了普遍的认可，后来的许多研究者在此基础上撰文研究对外汉语教学中的易混淆词问题，对来华留学生汉语易混淆词进行了一系列综合性和专题性的研究。其中，对易混淆词的习得研究集中在偏误分析和习得难度研究上，对易混淆词的教学研究集中在辨析策略、教学方法及应用性研究上。

2.1.2　易混淆词的类型

张博（2007）认为，易混淆词分为以下七种类型：（1）理性意义基本相同的词，也就是狭义的近义词，如"解释—说明"。（2）有相同语素的。这些词在意义和书写形式上都有相同之处，最容易发生混淆，如"通信—寄信，看—看见"。（3）语音相同或相近的词，如"第—弟"。（4）字形相近的词，如"大—太"。（5）母语一词多义对应的汉语词。学习者学了某个词后，可能会用这个词表示母语多义词可以表示的其他意思，如英语的 live 有"住"和"生活"的意思。学生学过"住"后，可能误将汉语"住"与 live 等同，在"生活"的意义上也常常使用"住"。（6）母语汉字词与对应的汉语词。日语、韩语等语言中有大量汉字词，有些汉字词与汉语的某个词同形，但意义和用法并不相同。学习者对母语与汉语同形的词往往不够敏感，直接使用母语词，造成母语汉字词与对应的汉语词混淆，如日语"经验"一词对应于汉语"经验"和"经历"两个词，日本学生常将"经验"用如"经历"。（7）方言词与对应的普通话词。东南亚国家一些华裔易受父辈汉语方言的影响，如有客家方言背景的印尼学生在当用"吃"时，误用"食"。

作者认为，辨析易混淆词时应该注意：第一，要着眼于外国学生汉语词汇使用和理解中的问题研究易混淆词。第二，根据学习群体母语背景的不同分别调查中介语易混淆词，并应与熟悉学生母语的人员进行合作。第三，在观察易混淆词时，不能把眼光局限于一对一的混用，有时需要从概念出发对近义词进行聚类观察。第四，对于多义词，应当以义项为单位而不是以词为单位进行观察。第五，辨析易混淆词不宜绝对排斥词组。

2.1.3　易混淆词的特点

张博（2008）对易混淆词的特点进行了概括：

第一，误用的频率较高。易混淆词与其他误用词相比，误用的绝对频率较高，误用的频次在该词总频次中所占的比重较高。

第二，分布广泛。易混淆词不是个别学习者分辨不清的词，而是众多学习者普遍混淆的词。纵向看，有的易混淆词广泛地分布于单一母语背景各水平等级学习者的汉语中介语中；横向看，有的易混淆词广泛地分布于不同母语背景学习者的汉语中介语中。

第三，对应关系多样。从易混淆词的词际关系看，有一对一混淆、一对多混淆和多对多混淆等类型。比如，"可惜"只经常与"遗憾"混淆，属一对一混淆；"厉害"则常与"大、重、恶劣、严厉"等词混淆，属一对多混淆。

第四，误用的方向既有单向误用，又有双向误用。例如，外国学生在当用"遗憾"时经常误用"可惜"，未见当用"可惜"而误用"遗憾"的情况，这属单向误用；而"认识"常误用为"知道"，"知道"也常误用为"认识"，属双向误用。

2.1.4 易混淆词的国别化习得

基于以上原则和方法，一些学者对不同母语的汉语学习者习得易混淆词的情况进行了国别化研究，研究对象主要集中于欧美英语母语国家及汉字文化圈国家（如日、韩、印尼等）。

付娜、申旼京、李华（2011）选取的是韩语比较有代表性的"爱"类同素词，探究其间的混淆情况及原因，从而考察韩语背景学习者"爱"类同素词的混用情况。作者在北京语言大学汉语中介语语料库和 HSK 动态作文语料库检索出研究对象——18 个"爱"类同素词。对于混淆误例较少的易混淆词对，研究采用调查法，并让韩国籍博士研究生进行评判确认，根据混用的频次和误例数将"爱"类同素易混淆词分为 7 对，分别加以分析。研究发现，"爱"类同素词间的混淆集中在"爱"的误用上，推测原因有二：一方面，"爱"是多义词，容易在不同义位上和不同词语发生混淆；另一方面，受相同语素"爱"的干扰。原因主要是受到学习者母语和目的语词汇知识的双重影响，以拆识复合词影响最为严重。具体原因包括母语语义域误推、母语词义位误推、母语词语搭配误推及拆识复合词。其深层原因是因为韩国的初期汉语教学都是以字为单位，这种教育经历让学生误以为所有复合词都是语素义的简单相加，故而产生混淆误用。

萧频、刘竹林（2013）考察了印尼学生特异性词语混淆现象以及母语对印尼学生特异性词语混淆的影响。研究者首先基于特定母语背景学习者特异性易混淆词分析步骤的判别，确定出印尼语背景学习者汉语特异性混淆词 159 组，然后从词类分布、词际关系、误用方向、语义关系四个方面系统地呈现并分析了印尼学生词语混淆的主要特征。作者将易混淆词的词类分布分为同词类混淆、跨词类混淆及跨层混淆。易混淆词的词际关系分为一对一混淆、多对多混淆和一对多混淆三种类型，其中又以第一种情况最多。误用方向可分为单向误用和双向误用两种。研究发现，大多数印尼学生特异性汉语易混淆词都不属于汉语同义词、近义词的范围，误用词与当用词间语义关系较远。研究者归纳出的六种母语影响因素：母语词义位误推、母语词功能误推、母语词组配关系误推、母语复合词误译、母语词同近义关系误推以及误用汉语方言词。这些结论为针对性干预教学提供了理论依据。

　　周琳、萨仁其其格（2013）以北京语言大学"多国别／语别学习者汉语易混淆词辨析词典"编写组确定的易混淆词表为工作底本，将此与各大语料库中收集到的蒙古学生语料进行验证，将出现频率高、分布较广的混淆词初步确认为特异性汉语易混淆词。接着将不同母语背景学习者均混淆的共核词对／词群在语料中进行检索分析，随后即依据《汉语国际教育用音节汉字词汇等级划分（国家标准·应用解读本）》中的词汇等级划分标准确定当用词与误用词的等级，确定其为词语混淆。研究最终确定出蒙古学习者特异性汉语易混淆词 110 对，69 组。语际关系以一对一混淆为主，误用以单向误用为主，当用词和误用词意义联系大多较远。特异性易混淆词之间意义的联系远近通过《现代汉语同义词词典》和《现代汉语词典》进行确定，印证了"易混淆词"和"同／近义词"之间的交叉关系。其母语因素对蒙古学习者特异性词语混淆的影响分为四个大类：母语词义位误推、母语词义域误推、母语词语直译及母语同根词的干扰。

　　张连跃（2014）通过对英语母语背景的汉语二语学习者特异性词语混淆现象的考察，探讨了英语对学习者词语混淆的影响。研究首先对英语背景学习者的特异性易混淆词进行了筛选和确定，最终确定了 93 组作为研究材料。研究发现，英语词义、词性、组配关系等方面的特点都对学习者词语混淆有影响。研究最后总结出了五种致混原因：母语词义位误推、母语词义域误推、母语同义／近义词组配关系误推、母语词词性及其特征的影响、多重因素的综合影响。研究还发现英语背景学习者的特异性词语混淆与母语词汇知识负迁移相关度极高。

　　程潇晓（2015）研究了韩语、蒙古语、日语、英语、印度尼西亚语五种母语背景学习者的易混淆路径动词以及混淆的原因。在大规模中介语语料库的基础上，研究分别确定了五种母语背景学习者的易混淆路径动词，从词汇语义学角度观察并描写不同母语背景学习者路径动词的混淆特征，然后进一步探寻导致路径动词混用的原因。首先，作者对易混淆路径动词进行了确定，最后筛选出 29 对。然后，根据相对频度、兼顾等分原则和临近原则，将确定的易混淆路径动词分为高、中、低三个等级，从平面和立体两种视角描写了五种母语背景学习者易混淆路径动词在词际关系和误用方向上、语义关系上、词语内部结构上的特征。最后得出的结论是：易混淆词在误用方向上多属单向误用，在语义上多为近义关系，在对应上多是"单动式对动补式"。从母语角度分析出学习者混淆路径动词的主要原因有母语词义域误推、母语词用法误推以及母语功能词直译。

韦九报（2015）对韩国、日本、印尼学习者使用"因、因为、为、为了、由、由于、以"七个词语的偏误表现进行了研究。他在缘由目的类易混淆词的判定及数量分布上，根据"混淆程度指数总和"得出混淆的严重程度，并由此绘制出了三种学习者使用缘由类易混淆词的关系图，从中发现了各学习群体的混淆特点，还将易混淆词划分成了四个等级，对缘由目的类易混淆词的混淆特征及产生原因进行了探究。结果发现，有同语素的词语"为—为了""因—因为"的混淆最为凸显。不同母语背景学习者使用缘由目的类词语时的混淆各有特点，导致混淆的因素有词义、功能、搭配、韵律和语体的差别，也有学习者母语负迁移、学习和教学的影响等。

陈昌旭（2017）以《汉语水平词汇与汉字等级大纲》为研究材料，考察其中汉泰语多对一易混淆词184组。从不同角度来看，这些易混淆词可分为三类，即实词和虚词的易混淆词、词义距离关系的易混淆词、词性关系的易混淆词。研究随即探索各类易混淆词的问题，主要集中在四个方面，即翻译上的问题、词义上的问题、语法上的问题及语用上的问题。最后，研究针对各类汉泰语多对一易混淆词的问题点提出解决方法。作者认为，处理实词类的多对一易混淆词时，针对词义不同的多对一易混淆词，可采取的方法有释义对比和汉泰词语搭配对比。处理词义相近词时可使用的方法有释义对比、汉泰词语搭配对比及词语替换。处理词性不同的易混淆词时，可使用的方法是词性和用法对比。处理虚词类的多对一易混淆词分两种情况：当意义相近词性相同时，可采取的方法有语法特点对比即汉泰词语搭配对比或词语替换；当意义相近词性不同时，使用的方法是用法对比。

2.1.3　汉语易混淆词辨析

苏英霞（2010）立足于虚词易混淆词，提出其辨析角度。她从语义、语法、语用三个层面对虚词进行辨析。语义层面上，易混淆虚词成因比较复杂，可以观察其本身所表达的语法意义，有的从词的基本语义就可以区分，有的则是基本语义相同，侧重点不同。此外，与之共现的语义特征也可以显现出差异从而进行辨析。语法层面上，要关注其在语法功能和语法分布上的特征，还有与之共现的语法特征，比如后加音节多少、所接小句的类型。语用层面上，要关注不同的语义背景、语体色彩、句子类型、句子中的隐含意义及句子整体的表达功能等。这一研究为虚词辨析的研究提供了新的角度和方法，有利于完善虚词本体的研究。

林潞（2017）依托于北京语言大学研发的 HSK 动态作文语料库，以《汉语水平词汇与汉字等级大纲》心理动词表中的心理动词为研究基础，结合前人的研究成果，从混用者的母语背景以及混用类型等角度展开讨论。研究发现：（1）心理动词的混用母语背景广泛，其中以日本、韩国等亚洲国家居多；（2）心理动词混用类型多为"替代错误"；（3）对外汉语教学过程中不应该以母语者思维来界定"易混淆词"，多义词的每个义项均可能产生"易混淆词"；（4）教学中应该重点区分并讲解心理活动动词，帮助学生理解纲内出现混用的心理动词的错误情况以及混用频率较高的"易混用心理动词组"。

2.2　近义词习得研究

本小节的 5 项研究均围绕"汉语近义词习得研究"的不同方面展开，包括：（1）句法、语义或语用有差异的近义词习得（洪炜，2012、2016；薛扬、刘锦城，2016）；（2）针对具有义项差异的近义词习得（洪炜、陈楠，2013）；（3）针对具有意义和用法差异的近义词习得（洪炜、赵新，2014）。

洪炜（2012）在前人近义词偏误研究的基础上，探究语义差异与句法差异的习得情况，包括汉语二语习得者对这两类差异的敏感度和实际掌握情况。研究采用两因素混合实验设计，其中差异类型（语义差异、句法差异）为被试内因素，汉语水平（初级、中级、高级）为被试间因素。49 名初级、中级和高级水平汉语学习者参加了实验。在预实验中，研究者还对 20 名本族人被试进行了近义词语义差异敏感度和句法差异敏感度的调查，通过句子接受度测试和选词填空测试考察汉语二语学习者对近义词语义差异和句法差异的习得情况。研究发现，第一，从习得的整体质量来看，二语学习者对近义词句法差异的习得好于对语义差异的习得；而在各种句法差异中，凸显度较高的差异点的习得又好于凸显度较低的差异点。这说明差异凸显度是影响二语学习者近义词习得的重要因素，差异凸显度越高，习得越容易。第二，从习得的纵向过程来看，句法差异习得早于语义差异习得。初级水平阶段，学习者更多地习得句法方面的差异，随着汉语水平的提高，句法差异和语义差异的习得差距逐渐缩小，学习者不仅依靠句法线索区分近义词用法，而且能通过上下文语境等对语义差异进行区分。第三，不同教学阶段的辨析重点应有所不同。在初级阶段，教师应侧重从句法线索上引导学习者区分近义词；随着学习者语言水平的提高，教师应设法通过大量输入和创设典型语境引导学习者逐渐掌握语义上的细微差异。

洪炜、陈楠（2013）将近义词差异分为"相近义项差异"和"不同义项差异"两类，考察了汉语二语者对两类近义词差异的习得情况。相近义项差异指一组近义词中理性意义基本相同的义项之间的差异，包括语义侧重点、适用对象、语义轻重等的不同。比如"准确"和"正确"都表示"事物符合实际，没有差错"，但侧重点不同，"准确"强调"没有偏差"，"正确"强调"没有错误"。不同义项差异是指一组近义词中除相近义项外的其他义项的差异。比如"日期"和"日子"，二者都可以表示"某一天"，但"日子"还可以指"时间、生活"，"日期"则没有这一义项。实验采用两因素混合实验设计，其中差异类型为被试内因素，分为两个水平：相近义项差异和不同义项差异。汉语水平为被试间因素，分为三个水平：初级、中级和高级。实验方法为选词填空、难度自评及访谈。结果发现，总体而言，在初级和中级水平阶段，相近义项和不同义项题目的难度评分差异不显著，但在高级水平阶段，二者差异显著。具体来说，初级水平学习者主要是通过母语或外语对译词来建立近义语义关系的，他们基本未习得这两类近义词的差异；到了中级水平阶段，学习者对两类差异的习得成绩均有显著提高，特别是对不同义项差异的习得有较大幅度的提升；进入高级阶段后，学习者对两类差异已基本习得。实验结果说明，汉语二语学习者起初可能是以词条为单位构建近义语义关系的，随着语言水平的提高，学习者才逐步建立起以义项为单位的近义语义关系。

洪炜、赵新（2014）将近义词分为 4 类：（1）意义相同，用法相同，可以互换；（2）意义相近，用法不同，不能互换；（3）意义相同，用法有同有异，有时能互换，有时不能互换；（4）意义相近，用法有同有异，有时能互换，有时不能互换。针对近义词差异的分类，该研究对后 3 类近义词的习得难度进行了考察。研究采用两因素混合实验设计，其中近义词类型为被试内因素，分为 3 个水平：

义近不能互换、义同有时能互换、义近有时能互换、汉语水平为被试间因素，分为中级、高级两个水平。从《汉语水平词汇与汉字等级大纲》的甲、乙、丙级词（即初、中级词）中选取了30组近义词作为考察的目标近义词，每类近义词各10组，共32名中、高级水平汉语学习者参加。实验分为5次进行，各次实验间隔时间为一周。每次实验时，主试向被试讲解和辨析10～12组近义词，但其中只有部分组为目标近义词，其余为非目标近义词。每次实验后的一周，主试对前一周讲解的近义词进行测试，测试采用不定项选择题的方式，每组近义词均有3～4道不定项选择题。研究发现，不同类型的汉语近义词习得难度不同，其中，义近不能互换型近义词的习得难度最低，其次是义近有时能互换型近义词，习得难度最高的是义同有时能互换型近义词。在教学中，教师应根据近义词习得的特点制订合理的教学策略。

洪炜（2016）从偏误的角度出发，选取汉语二语学习者学习近义词遇到的最典型的问题，分出5类近义词差异，即句法功能差异、组合分布差异、义项差异、语义重点差异、适用对象差异，并对以上5类差异的习得情况和过程进行考察。研究采用两因素混合设计。被试内因素为近义词的差异类型，分为5个水平：义项差异、语义重点差异、适用对象差异、词性与句法功能差异、组合分布差异。被试为95名外国留学生，分为初级、中级、高级3组。实验材料为60道选词填空题。其中考察5类差异的题目各10道，另有10道无关干扰题。研究发现：（1）句法功能差异、组合分布差异的习得难度显著小于语义重点差异、适用对象差异，不同义项差异的习得难度则介于句法功能差异和语义重点差异之间，与组合分布差异与适用对象差异难度相当。（2）差异凸显度是影响二语学习者近义词习得的一个重要因素，差异凸显度与习得难度成反比。差异凸显度高就是指特征显性、可见，可识别性高。比如，相近义项差异中，与句法范畴相关的差异比与语义范畴相关的差异习得容易，主要就是因为与句法范畴相关的差异具有明显的、好识别的外在特征。（3）从水平上看，初级学习者尚未建立以义项表征近义关系的意识，通常都是通过母语或外语对译来初步建立近义关系，停留在词条层面；中级阶段，汉语二语学习者心理词典中近义关系的表征方式开始向以义项为单位过渡，因此这一阶段学习者区别不同义项差异的能力显著优于区别相近义项差异的能力；到了高级阶段，学习者逐步在义项层面建立起近义词之间的语义关系，义项差异习得的难度显著下降，且不同差异类型的习得难度也基本相当。

一组近义词的差别同时体现在多个方面。薛扬、刘锦城（2016）研究了"该如何确定哪些区别项目是学生相对容易理解和掌握的，哪些区别项目是学生较难识记和习得的"这一问题。这里的"近义词"指一切意义相近的、容易混淆并引发偏误的词语，也就是我们上面提到的"易混淆词"。研究对象是美国学习中文的中、高年级的汉语二语学习者。研究者通过问卷调查（以"难度自评"和"正确率"为考量维度）和个别访谈，来检验近义词辨析框架中诸多区别项目是否在习得难度上存在差异，并探讨近义词区别项目的习得难度情况与汉语学习者汉语水平之间的关系。问卷依据语义对比（包括语义强度、语义适用、不同义项）、句法对比（包括语法特征、组合分布、句型句式）、语用对比（风格特点、感情色彩）三方面的八个区别项目，分别选取五对近义词并设置题目，要求被试对近义词是否适用于该语言环境做出判断。研究者得出以下结论：（1）根据"组合分布"差异区分近义词最容易；（2）根据"感情色彩"差异区分近义词最难；（3）根据"风格特点"差异区分近义词最容易出错；（4）区分属于"句型句式"差异的近义词是长期而艰巨的任务；（5）中、高级学习者区分属于"不同义项"差异的近义词的情况较为理想。最后，研究者根据结论给出了针对汉语二语教学近义词辨析的建议。因此，我们发现，对外汉语教学"易混淆词"的研究对象不仅仅局限于来华留学生，也可以是非目的语环境的汉语学习者；研究方法也不仅仅局限于在语料库中找出"易混淆词"并分析成因从而提出教学建议，也可以设计实验，从习得的角度探讨习得的难度并分析成因、提出建议。但是该研究也具有一定的局限性，在将来还能进一步展开。例如，可以对比不同母语背景的近义词辨析情况，也可以讨论汉语语言环境对近义词辨析的影响。

2.3　语言对比研究

本小节的 4 项研究，内容主要讨论汉语和日语、韩语中的同形或形近词（全香兰，2004；朱瑞平，2005；陈晨、许文平，2009），以及汉日不完全对应词导致的负迁移（张麟声，2011）。

　　全香兰（2004）以三年级韩国留学生的韩汉翻译译文为主要材料，对韩汉同形词造成的偏误进行分析，文章将偏误分为三类：汉韩同形词词性不同、词义不同（同形近义、同形异义、色彩不同）、搭配不同。作者认为，造成偏误的原因主要有词性标注不同、词义之间关系复杂、搭配习惯不同、同音干扰、工具书解释过于概括、矫枉过正、教学不当等。要解决以上问题，教师应充分发挥汉字词的积极作用，同时要加强汉韩语言对比研究，重视研究成果在实际教学中的应用。

　　日语中也有大量词汇与汉语有直接渊源，朱瑞平（2005）考察了日语汉字词对对日汉语教学的负迁移作用。该研究以日本某大学文学部中文专业的二至四年级学生为主要观察对象，以他们产生的语料为基础，分析词汇混淆特征和原因。作者得出的偏误原因主要有：（1）对日汉同形词中意义、用法不一致的忽略而造成的误用；（2）把日语独有的汉字词应用到汉语中；（3）字形方面的问题，多发生在日汉同形词书写形式部分相同的词上。该研究在日本完成，作者认为，与汉语环境相比，处在日语环境下的汉语学习者因日语汉字词的负迁移而产生偏误的概率更高，高级水平者的低级错误更多，与教师对错误的敏感度也有关系。在此基础上，作者建议，教师应培养学习者日汉两种语言的意识，还要注重营造汉语环境。陈晨、许文平（2009）也对比了日语的汉字词与汉语的不同。作者从词义、词性、语义色彩、搭配习惯等角度进行了对比分析，并从语言迁移、目的语泛化、教学转移以及交际策略等方面分析了偏误原因。张麟声（2011）更加具体，他通过对 HSK 动态作文语料库里出现的日本学生对"也"的正用、误用情况进行调查，分析了"也"及日语相关形式"も"在习得过程中的词序偏误，认为是日本学生的母语迁移导致了词序偏误。日语"も"总是附着在信息焦点后面，而汉语"也"的最佳位置则在谓语的前面。由于信息焦点的认知显著性高，日本学生总会注意到它，而在表述它时由"も"及"也"，从而形成了"也"的大量的词序偏误。作者由此提出一种关于母语迁移的心理语言学假说，即如果表同义的形式在母语里比在目标语言里更引人注意，即在认知上更具有"显著性"，那么学习者在学习目标语言时将出现母语迁移。如果情况相反，则不出现或较少出现母语迁移。

　　李靖华（2018）以转折连词"但是"为例，从概念迁移角度讨论了留学生汉语中介语偏误的驱动机制。作者从日常教学出发，发现学生的每一句话从语法到词语几乎都正确，无可挑剔，但连接起来总感到别扭，显得啰唆、幼稚、层次低、不流畅。这种"别扭、不地道"的句子属于隐性偏误，看似正确，但读起来又觉得不舒畅。这是因为不同语言之间存在近似的表层语形结构，但实际上深层语义概念不同。汉语和英语存在共享的概念系统，同时也存在非共享的概念系统，正是概念范畴上的相异性导致了中介语形式上的正确和语义上的不连贯。"概念迁移"这一概念是在 1998 年被首次使用的。2001 年，Pavlenko 和 Jarvis 发表了《概念迁移：跨语言影响研究的新视角》一文，"概念迁移"这一术语被正式提出，具体指的是思维范畴的跨语言影响，"语言——认知——语言"是其形成路径。二语学习的过程在很大程度上是将一个崭新的语言形式系统映射到一个已经存在的（一语）心理概念系统上的过程。学习者的一语从语言与认知的接口影响着二语或者三语的习得。词汇层面的概念迁移往往伴随着意义迁移，涉及源语言和目的语言在概念范畴层面的交互影响。概念迁移假说认为，学习者的概念系统中有三类概念：基于一语的概念、基于二语的概念和共享概念。基于一语的概念指学习者在长时间的母语接触中形成的认知概念，基于二语的概念是与二语形式相联系的概念，共享概念是学习者的一语和二语共同拥有的概念。这三类概念在学习者的习得过程中共同作用，进而产生迁移。

　　李靖华（2018）认为，具体来看，汉语"但是"的语义表征实际上为两个："限制、补充上文"义和"与上文相对立"义。英文的常用转折连词 but 表示对照，这种对照可以是反预期的一种偏差，也可以是对前命题的直接否定。but 的"对比、反预期、让步"义是后一命题与前一命题或前一命题预示的对立，属于"与上文相对立"义的范畴。而 but 的"修正"之义中逆转意味还不够强，后一命题仅对前一命题进行一定的修订说明，属于"限制、补充上文"义。这是英语和汉语在转折义上共享的范畴。但是有一类 but 的转折范畴是独立于共享范畴之外的，属于非共享范畴，即"意外情状"义。汉语中没有将该类语义抽象为一个独立的语义范畴，而是将其归为语气系统，与情感相关。英语母语者会使用转折连词表达意外情状，而汉语母语者一般不会主动使用。汉语母语者面对相同情况时，一般使用"……的时候，才……"或"没想到"等句式或短语表达事件的意外情状进而推进事件的发展。对英语母语的二语学习者来说，"意外情状"义属于英语母语者认知中基于一语的概念。在学习者学习之初，尚没有大量接触目的语时，会自然地将英文中的概念域带入汉语，也就是将基于一语的概念和基于共享的概念均附加在目的语的词汇中，就发生了概念迁移。作者认为，概念迁移是学习者偏误的一个驱动机制，能帮我们更好地厘清连词迁移现象的层次，追溯偏误形成的根源。

3.　评价与展望

词语辨析是汉语作为第二语言教学的重要内容，涉及课堂教学、外向型学习词典编纂、教材词语注释及练习设计等，也是习得研究的热点问题。本节的研究从不同角度探索了这一问题：有理论研究，也有实证研究；有定性分析，也有量化研究；有宏观阐释，也有具体问题的分析。本书研究视角全面，得出了很多有价值的成果。具体而言，有以下几个特点：

第一，研究视角新颖。张博教授的一系列研究（张博，2007、2008），从"易混淆词"视角出发，脱离了传统近义词框架，进行相似词汇研究。付娜、申旼京、李华（2011），萧频、刘竹林（2013），张连跃（2014），韦九报（2015），程潇晓（2015）以及陈昌旭（2017）等研究，对"易混淆词"的理论视角进行了大量实践的探索。这些研究均基于大规模中介语语料库进行词汇调查，对汉外词汇对比进行预测和验证，方法科学，更加系统、清晰地展现了学习者的词汇偏误和原因。

第二，研究对象更为具体。在研究群体上，张博（2007）指出，在调查中介语易混淆词时，最好根据学习群体的母语背景分别调查，并应与熟悉学生母语的人员进行合作。留学生易混淆词分布较广：有的易混淆词广泛地分布于单一母语背景各水平等级学习者的汉语中介语中，呈纵向分布；有的易混淆词广泛地分布于不同母语背景学习者的汉语中介语中，呈横向分布。研究者不仅要掌握目的语的词语语义和用法，而且要了解并熟悉留学生母语相关词语的语义和用法。汉语学习者易混淆词相关研究并非泛泛而论，多是针对某一种语言的母语者，并且区分学习者的水平。在研究的目标语言点上，洪炜的系列研究关注到了近义词的各个层面，诸如句法、语义等，在语义方面，还细化到义项差异、语义重点差异等方面，对目的语差异的刻画更为细致。

第三，研究方法十分丰富。如萧频、刘竹林（2013）是基于语料库进行的研究；洪炜（2012、2016），洪炜、陈楠（2013），洪炜、赵新（2014）等研究采用了实验研究的方法；程潇晓（2015）除了基于中介语语料库的研究外，还采用了访谈的形式和汉外语言的对比分析方法；薛扬、刘锦城（2016）采用了问卷调查和访谈的方式对二语学习中近义词区别项目习得的难易度进行了研究，也有传统的对比分析和偏误分析方法。

当然，目前的研究有待进一步深入。从语义上说，汉语本来就有近义词、同义词的概念；从字形上说，汉语本来就有形近字的概念；从语音上说，汉语也有同音词、多音词的概念；从语言对比角度，母语和目的语词汇存在复杂的句法、语义对应关系。目前的易混淆词研究把以往的这些概念整合起来，词汇习得的研究大多还是聚集在相似词语的语义辨析和用法辨析上，易混淆词的概念和近义词的概念在大部分情况下是等同的。目前的研究集中于语言产出的混淆，还难以达到语言理解层面的隐形词语混淆，也难以克服由于学习者使用回避策略而使诸多词语混淆现象未能暴露出来的问题。词汇知识主要包括词语的频率、搭配、存储、位置、词形、关联、语义内涵、多义关系等。词语搭配并不仅仅是一种语法关系，还涉及语义和语用层面等。易混淆词的研究强调目的语词在义域、附属义、义位系统和组合关系方面的原因，这样就可能忽略了其他的原因。此外，目前的研究还存在过度关注书面语而忽视口语研究的问题。

我们认为，未来的研究可以从以下几方面继续着手。

第一，开展相似词语的纵向研究。目前的研究还没有真正意义上的纵向研究，因此无法清晰考察易混淆词的习得过程。研究者可以从纵向的角度出发，对学习者习得相似词语的发展过程与路径进行考察。目前，大部分偏误分析的文章多止步于偏误形式的归类和静态的描写，未来可以通过纵向研究，关注偏误持续的时间与变化情况。

第二，加强相似词语学习难度的考察。目前的研究已经深入词语内部的义项，并且考察了误用的方向以及对应情况，但对于特异性相似词语来说，词语的差异涉及语义、句法、语用等多个层面下的多个项目。这些差异项目的难度对学习者孰重孰轻？未来的研究可以就不同因素对学习难度的影响比重进行考察。

第三，关注口语语料，关注语言理解。目前对易混淆词、近义词的习得研究没有关注口语语料。未来的研究可以关注相似词语在口语中的表现，还要在心理语言学的指导下，通过在线研究，考察相似词语在理解上的特点，并与产出研究进行对比。

第四，考察更多母语、更多背景的学习者。考察不同母语的学习者，目的在于找到共性，看语言类型学是否会对学习产生影响，具有共性的相似词语的教学难点可直接编入统编教材。当然，也需要考察更多背景的学习者，例如，不同水平、不同个性的学习者或是母语环境和目的语环境下的学习者，相似词语造成的习得障碍是否一样，分别有何种特点。易混淆词的构组问题有哪些影响因素，还需要更多、更深入的讨论。

第五，需开展更多相似词语习得的实证研究。比如，对于易混淆词的预防及辨析，方法众多，何种方法能够有效促进习得还有待检验。未来的研究可以在心理语言学、语言教学理论的指导下，通过实证研究，对预防式策略和辨析策略的效果进行检验，以便进一步实现高效教学。

第五节　本章小结

本章对汉语二语词汇习得的偏误研究进行了综述。根据研究内容，这些研究可分为四类：（1）从国别（语别）化的角度进行综述。目前，六大主要刊物的研究热点集中在韩国、日本等东亚国家及泰国、越南等东南亚国家，而对其他国别的词汇偏误习得研究尚少。已有研究对目标国学习者各类词汇的偏误与成因进行了细致描写和分析。（2）从语言水平的视角看词汇偏误。这些研究对词汇偏误进行探索时，关注到了学习者的语言水平，发现了不同阶段学习者某一类词汇偏误的特点。（3）研究视角基于各类词汇的本体特点，研究聚焦某一类词汇的习得偏误。有从音节角度的划分，如双音节词；有从词汇结构角度的划分，如合成词与离合词；有从语义角度的划分，如多义词；此外，也有一些特殊的结构，如熟语。这类词汇的偏误反映出汉语独有的性质，对它们的习得研究能够体现汉语词汇习得自身的特点。（4）基于相似词汇的习得偏误，这是词汇习得的难点与研究的热点。这些词汇有音同的、形同的、义同或义近的，或者具有跨语言的相似性。因此，学界提出了不同的研究角度，并进行了大量的对比研究和实证研究。

上述研究主题鲜明，视角全面，方法各异，对汉语二语词汇偏误进行了全面的分析，取得了丰硕的成果。但是，对于词汇偏误研究，我们仍需关注一些值得注意的问题。

第一，在研究问题上，我们要做一些宏观的思考。

目前的研究多是对具体问题的考察。未来的研究应该将视角拉长，对已有的微观研究进行归纳总结。例如，不同类别的词汇偏误反映出的共同问题是什么，这反映了汉语词汇习得的共性。不同类别的词汇有不同的分类方法，有从音节上的分类，有从构成方法上的分类，有"词"和"汇"的分类。这些不同类别的词汇在习得上又有什么各自的特性，横向比较，这些特性又是否符合习得的共性规律，都是未来值得思考的问题。

又如，东南亚国家地处汉字文化圈，其语言深受中华文化影响。这些国家的学习者的词汇偏误有无共性，汉语影响和汉文化的影响在词汇习得中体现程度如何，促进的效应更多还是阻碍的效应更多，都有待深入研究。

再如语言等级的问题。对不同等级学习者的汉语词汇习得偏误进行分析，不仅是很重要的，而且是很有意义的。区分不同等级的习得情况，为的是找出其中的差异。我们需要解决以下问题：初级学生和中高级学生的词汇习得各有什么特点？在偏误上各有怎样的表现？不同等级学生的习得情况反映到教学上应该如何对待，如何改善？不同等级学生的词汇习得过程如何结合文化知识的习得？汉字圈国家和非汉字圈国家在这一点上有什么区别？等等。

第二，研究方法亟须改进。

从前文各节对论文的评价中，我们已经看到，很多研究属于经验总结和例释，有些分类过于主观。偏误分析的框架趋近，不同的材料（如一篇研究英语母语者，一篇研究日语母语者）套用在这个框架中，就是两篇不同的文章。但两项研究的研究材料和方法体现出哪些母语特异性？如果更换其他语言的被试，是否仍会得出同样的结论？这样的文章价值何在？值得我们深思。短平快的研究手段和研究动力，难以产生有内涵、有深度的论文，为研究而研究的倾向比较明显。

对一种语言习得现象的思考，首先形成的是一些初步的看法和假设，然后再试图说明这一现象和相关现象之间的关系；其次是证明已有的假设是否符合实际，这就必须设计研究方案，制订出实施的步骤；最后再通过有目的的观察，去收集相关材料，通过对资料的分析和归纳、抽象和推断，得出结论。这是语言学的科学研究方法，科学研究必须依靠科学的研究方法。今后的词汇偏误研究在方法论上的科学化上还需提高。一些语料研究中，研究者采取的研究方法类似：找一个小样本的被试群，主要是采用学生语料资源数据进行统计分析，根据留学生的语言材料进行数据的统计、总结。这类研究的测试对象一般较少，语料来源较为单一，且对于二语习得者汉语水平的评定容易出现误差，因此研究的科学性存在问题。小样本的被试缺乏普遍性和典型性，冠以"定量分析"的方法，事实上缺乏严格的实验设计，论文的说服力和涵盖面都明显不够。邢红兵（2003）之所以有价值，是因为其对大规模的汉语中介语语料库系统的词表中出现的全部偏误合成词进行了穷尽式的分析统计。而在实验研究的语料选择和实验对象的甄别上，顾介鑫、朱苏琼（2017）也进行了精细匹配，这也保证了实验数据来源的可信度。这样的研究结论才令人信服。当然，这可能与研究人员的学术背景有关。很多研究人员都是语言学背景，缺乏相应的数据分析统计基础和严格的实证研究训练。因此，提高学科素养和丰富学科知识，是研究人员需要长期努力的方向。

另外，语言作为交际的工具，口语中出现偏误的比例很大，考虑到二语习得者掌握汉字的难度，口语产出性语料与笔语产出性语料存在较大差异，研究者应对口语产出性语料进行关注并与书面语进行对比。

第三章　二语词汇加工与中介语词汇发展

掌握一门语言的词汇是流畅使用这门语言来传达信息的基础，因此，词汇是学习一门第二语言的基础。但现实情况是，许多第二语言学习者在词汇习得过程中遇到了大量障碍，这引起了学界的关注。词汇习得已发展成为语言学、心理学和教育学等学科共同关心的问题。20世纪80年代以来，第二语言词汇习得也逐渐进入人们的视野。进入21世纪，汉语作为第二语言的词汇习得开始成为研究热点。伴随着实验科学、定量研究等方法的使用，汉语二语词汇习得的研究也开始与世界接轨，逐渐从二语词汇加工、学习者词汇发展、心理词典的建立、伴随性习得等视角讨论汉语二语词汇习得问题。本章将对这些研究进行介绍和评价。

第一节　基于心理学视角的词汇习得研究

1. 概述

国内的汉语作为二语词汇习得研究起步较晚。近年来，特别是21世纪以来，国内学者在借鉴西方第二语言词汇习得理论和心理学研究的基础上，进行了一系列理论探讨和实证研究，极大地推动了国内词汇习得研究。

本节的研究皆围绕"汉语词汇习得"这一问题展开。有的研究侧重二语词汇习得理论（邢红兵，2009），有的研究关注词汇习得的影响因素（沈禾玲，2015）和词汇习得的认知心理机制（蒋荣，2013；吴思娜、刘梦晨、李莹丽，2019），有的研究讨论了语言能力、语言水平与词汇习得的关系（鹿士义，2001），还有的研究关注学习者词汇特征与发展（黄立、钱旭菁，2003；沈禾玲，2009；张江丽，2018）。这些研究不同于以往语言学角度的词汇习得研究，最大的特点是引入了心理学的理论、概念、视角等，如从心理学联结主义、社会文化理论、具身认知的视角看汉语词汇习得，区分"理解性词汇"和"产出性词汇"等。

根据 8 篇文章的具体内容，以下从"二语词汇知识的分类""词汇的广度与深度""影响词汇习得的因素""语言能力、语言水平与词汇习得""汉语词汇习得模式与研究框架"等 5 个方面进行综述。

2.　主要内容

2.1　二语词汇知识的分类

学习者对词汇知识有不同程度的掌握，有些词只是知晓意义，有些词能够熟练运用。根据掌握程度的不同，学者对二语词汇知识进行了分类。Nation（1990）认为，词汇知识包括形式、意义、位置和功能等方面，并从"接受性"和"产出性"两个维度论述了词汇知识。在此基础上，研究者们在汉语作为第二语言词汇习得研究中，根据客观需要使用了不同的术语，如鹿士义（2001）称两类词汇为"认知型词汇""主动型词汇"；黄立、钱旭菁（2003）认为能理解的词语的总汇是接收性词汇，能理解并能自由运用的词语是生成性词汇；沈禾玲（2009）把两类词汇分别命名为"消极词汇"和"积极词汇"；张江丽（2018）则沿用了术语"接受性词汇"和"产出性词汇"。

此外，邢红兵（2009）将词汇知识分为读音、词形、意义三个部分，其中核心的意义知识包括从第一语言中直接获得的静态知识、在使用第二语言的过程中逐渐获得的动态知识以及学习者建立的词语关系。

2.2　词汇的广度与深度

词汇知识的广度和深度是衡量学习者词汇能力的两个重要维度。黄立、钱旭菁（2003）通过词语多样性、密度、新颖性、复杂性和偏误率五个指标，考察了汉语二语学习者对生成性词汇深度知识的掌握情况，发现汉语学习者经过一个学期的学习，生成性词汇的复杂性有显著的提高，偏误率有所降低，另外三个指标无明显变化。沈禾玲（2009）在汉语二语词汇习得深度的整体测量方面做了开创性的工作，通过对美国高年级学生产出性词汇的测量，调查了学习者对 8500 个汉语常用词汇书面掌握的广度和深度，发现学习者的平均词汇广度为 2229，积极词汇的平均正确使用数为 1314。张江丽（2018）在此基础上借助自建语料库调查了不同汉语水平的学习者产出性词汇量，并将其与《汉语水平词汇与汉字等级大纲》进行对比，且探讨了学习者的产出性词汇与语料覆盖率的关系，发现学习者的汉语水平越高，产出性词汇中低频词的数量越大，产出性词汇的分布越分散、越广泛。

2.3　影响词汇习得的因素

词汇习得的发展过程是第二语言词汇习得研究的核心，也是词汇习得研究的前沿。词汇习得是受多重因素影响的过程，沈禾玲（2015）考察了美国高年级汉语学习者第一语言语义迁移在汉语二语积极词汇习得中的作用，研究发现，高年级汉语学习者在汉语二语词汇运用过程中仍十分依赖母语。

近年来国内的研究热点是词汇习得的认知机制，从输入和输出的角度考察不同因素对词汇习得的影响。蒋荣（2013）运用社会文化理论中的调控理论考察了不同水平的汉语学习者词汇习得时运用的调控方式，发现不同水平的汉语学习者在学习时会采用不同调控方式。具体而言，初、中级水平的汉语学习者主要依靠客体调控和他人调控方式，而高级水平的汉语学习者则主要采用自我调控方式。研究指出，课堂上词汇的教学内容和方法需要适应学习者的调控方式，并为此提供了理论依据。

吴思娜、刘梦晨、李莹丽（2019）在心理学具身认知的视角下，考察了马来西亚留学生汉语二语情感词的空间隐喻特征，并与其母语情感词的空间隐喻特征进行了对比。该研究以马来西亚留学生为对象，考察汉语二语情感词在垂直方向上表现的空间隐喻特点，并分析上下空间意象图式的跨文化一致性。根据具身认知的观点，隐喻形成的基础是具身体验。人们将在日常经验中获得的感觉运动体验和意象性的定性感觉提供给抽象概念，并通过意象图式表征抽象概念。空间隐喻作为人类最基本的意象图式，在抽象概念的形成中占据着中心地位。空间隐喻是以空间域为来源域，将空间概念投射到目标域，通过空间概念来理解非空间概念的过程。空间隐喻的研究发现，不同民族具有相似的上下空间意象图式。英语、德语、汉语母语情感词的加工都发现了"上好下坏"的空间隐喻现象，即空间位置"上"激活了积极情感概念，而"下"激活了消极情感概念。这不仅说明母语抽象概念的加工具有具身性，同时也表明上下空间意象图式可能具有跨文化一致性。很多语言都存在"好为上，坏为下"的隐喻表达形式，如果"好为上，坏为下"这种空间意象图式具有跨文化一致性，那么"上好下坏"的空间隐喻现象就不应只存在于母语情感词的加工中，在二语情感词的加工中也应存在。在此基础之上，作者探究了马来西亚学生在加工马来语情感词时是否会出现水平方向的空间隐喻现象，讨论了文化图式对母语和二语情感词的空间隐喻的影响。

2.4　语言能力、语言水平与词汇习得

词汇习得是一个发展的连续统，从语音辨认开始，渐次过渡到词语辨认，最后到词语的产出。鹿士义（2001）在这一假设的前提下，通过实验证实了主动型词汇的发展对于汉语语言技能的提高具有重要意义。研究表明，随着学习时间的增加，主动型词汇和语言技能的相关性也在增加；认知型词汇和主动型词汇之间的距离越大，学习者的语言技能越弱；随着学习时间的增加，两者之间的距离慢慢地变小。由此可知，学习者的主动型词汇和认知型词汇之间的距离是影响语言技能、语言能力发展的重要因素，良好的词汇习得有益于整个语言的习得。研究者进而提出建议，为了保证良好的词汇习得，教学实践应该注意口语和书面语之间的平衡。

此外，黄立、钱旭菁（2003）也涉及汉语二语词汇习得与总体汉语水平的关系问题。研究发现，和总体语言水平有关的词汇指标主要是词语的复杂程度和偏误率，与作文水平有关的词汇指标主要是词语的新颖性、复杂程度和偏误率。因而，学习者使用词语的复杂性、偏误率这两个指标除了可以用来考察学习者的词汇习得情况外，也可作为考察学习者语言水平、作文水平的参考。所以，在为汉语第二语言学习者准备阅读材料时，词语的复杂程度也可以作为衡量文章难度的一个标准。

2.5　汉语词汇习得模式与研究框架

目前来说，汉语作为第二语言词汇习得的理论建设类研究不多，国内尚未构建出体现汉语字词特点的词汇习得发展的心理认知模型。邢红兵（2009）引入国

外联结主义理论，对第二语言词汇习得研究框架、词汇习得发展过程进行介绍，为汉语二语词汇习得研究提供了理论支撑。联结主义强调的心理词典的表征类型是分布表征，词汇知识在心理词典中被分解成更小的单元，类似我们人脑的神经元。具有某种意义关系的词语共用部分相同的意义单元，比如"猫"和"狗"是两个不同的动物，但是两个词存在很多相同的意义单元，如"哺乳动物""有毛""四条腿""宠物"等，但是两个词之间也有很多不同的单元，如"猫"和"捕鼠""食鱼""体型小"等关联，"狗"则具有"食肉""啃骨头""体型大"等特征。心理词典的表征实质上就是语义单元的分类组合过程。心理词典中有相同单元的词语按照共用单元的多少形成聚合关系，形成一个个的聚类。相同单元越多，词语在心理词典中就越接近；反之，相同的单元越少，词语在心理词典中则越远。不同心理词典之间存在着单元和单元的联结，比如"形"和"义"之间就存在从形到义和从义到形的双向联结。词典之间是通过单元与单元的联结来实现的，单元与单元的联结强度是通过学习得到逐步加强的。联结主义模型一个核心的思想就是语言学规则具有浮现特征，也就是说，联结主义网络通过单元的激活、抑制与联结等特征能够有效地表达语言行为。联结主义认为，知识学习的核心问题就是单元之间联结权值（weight）的调整问题。词语的家族、频度、规则性、一致性决定词汇习得的效果。作者结合语料库研究的相关数据，分析了词汇知识的含义及相关属性的变化过程，认为二语词汇知识的习得过程具有以下特点：（1）词汇知识从简单化到系统化；（2）词汇知识的获得是分阶段的，不同阶段会表现出不同的特点；（3）一定的数量和过程才形成知识的系统化。研究者将习得过程分为静态词义的转换学习阶段、动态词汇知识的纠正学习阶段、第二语言词汇知识的自主表征阶段等三个阶段。在此基础上，研究者提出了基于联结主义理论的第二语言习得研究框架，指出未来的研究应开辟心理学的研究视野，利用语料库、计算机模拟研究等多学科交叉背景的研究手段，采用对比、认知实验研究等多角度的研究方法，使词汇习得过程得到全面深入的研究。

3.　研究方法

本节 8 项研究中，邢红兵（2009）是一篇理论研究，按阐述联结主义理论、提出认知模型、构建研究框架的逻辑进行理论分析，引入国外相关理论为国内二语词汇习得研究的开展提供理论支撑；其他 7 篇都采用了实证研究法。其中，沈禾玲（2015）结合定量、定性测试及问卷调查展开研究，另外 6 项研究均为定量研究。鹿士义（2001）、张江丽（2018）收集学生的自然语料评估变量间的关系，属非实验性研究。前者语料来自汉语学习者一学期中每月听写、口语和读写测试的数据，被试被分为初、中、高三个水平，研究者通过这些测试测量出学生的认知型词汇知识和主动型词汇知识的距离，以及学生的集体词语判断能力，并对各水平的三种词汇指标与学生的口语、听力、读写语言能力进行相关分析。后者基于 188 万字的自建语料库"外国留学生汉语笔语语料库"开展，选取初、中、高级水平学习者的语料各 16.5 万字，统计不同水平学习者不同频次的产出性词汇量、增幅及分布，与《汉语水平词汇与汉字等级大纲》的词汇量进行对比，分析产出性词汇的词种数与覆盖率的关系，推断得出学习者理解一般汉语文本所需的词汇量。

其余的实验性研究中，黄立、钱旭菁（2003）以历时视角考察学习者的词汇特征与发展情况，跟踪调查不同水平学习者学期初、学期末两次看图作文情况，并与收集到的母语者作文进行比较。研究从多样性（文章中不相同的词除以文章中总的正确词数）、密度（文章中的实词除以文章中总的正确词数）、新颖性（文章中其他学生没用到的词除以文章中总的正确词数）、复杂度（文章中所用的乙级及以上词除以文章中总的正确词数）、偏误率（错误的词语数量除以文章的总词数）五个指标进行对比分析。

同类主题的研究还有沈禾玲（2009），该文以共时视角考察美国高年级学生学习汉语三学期后词汇特征的发展情况。研究首先对被试进行学习背景调查，然后请被试完成词汇知识测试（AB 卷），最后统一使用词汇知识量表测量被试的词汇量，并对学习者词汇习得广度与深度的各项指标进行分析。

吴思娜、刘梦晨、李莹丽（2019）讨论了汉语二语情感词的空间隐喻问题。研究对象是北京外国语大学中文学院对外汉语系本科四年级的马来西亚留学生，汉语水平为中高级。实验材料包括积极情感词和消极情感词各 30 个。实验为 2（词语效价：积极词和消极词）×2（一致性：隐喻一致和隐喻不一致）被试内设计，分为垂直和水平方向两个区组。垂直方向区组的隐喻一致条件是积极词和"上"、消极词和"下"的组合；不一致条件则刚好相反，是积极词和"下"、消极词和"上"的组合。水平方向区组的隐喻一致条件是积极词和"右"、消极词和"左"的组合；不一致条件则是积极词和"左"、消极词和"右"的组合。因变量为被试的判断反应时和正确率，研究同时还对马来语情感词的空间隐喻进行了实验。

以上实证研究的论文语料均为书面语料，蒋荣（2013）则涉及口语语料，研究采取 3×3 两因素混合实验设计，通过目标词的不同呈现方式、口头表达任务的不同设置研究不同水平的学习者的不同调控方式对目标词产出数量的影响。

4.　主要结论

邢红兵（2009）认为，二语词汇知识的习得过程具有以下特点：词汇知识从简单化到系统化、词汇知识的获得是分阶段的且不同阶段会表现出不同的特点、一定的数量和过程才形成知识的系统化，并指出习得过程分三个阶段（静态词义的转换学习、动态词汇知识的纠正学习、第二语言词汇知识的自主表征阶段），词语的用法知识的获得是最关键的因素。

鹿士义（2001）发现，汉语二语学习者的主动型词汇知识、集体词语判断能力、主动型词汇和认知型词汇之间的距离与综合语言能力具有相关性。随着学习时间的增加，主动型词汇和语言技能的相关性在增加。认知型词汇和主动型词汇之间的距离大，学习者的语言技能就弱；随着学习时间的增加，两者之间的距离慢慢地变小。不同学习阶段学习者的词汇习得模式有显著不同，主动型词汇的得分随年级增高而增高。黄立、钱旭菁（2003）也得出类似结论：（1）目的语环境下，初、中、高不同程度的汉语学习者经过一个学期的学习，词汇能力会发生变化，即学习者生成性词汇的复杂性显著提高，偏误率有所降低，多样性、密度、新颖性无明显变化。（2）学习者使用词语的复杂性、偏误率与其总体语言水平和作文水平具有相关关系。（3）学习者生成性词汇的各项指标还远远没有达到母语者的水平。

沈禾玲（2009）针对美国的英语母语者，得出了更具体化的结论：（1）在

8500 个常用词中，美国高年级学生平均掌握了 2229 个，积极词汇的正确使用数平均为 1314 个，词汇习得的深度不容乐观。（2）消极词汇与积极词汇习得的广度与深度之间呈弱相关，积极词汇的习得与消极词汇有关，但习得速度远低于消极词汇，可见词汇的广泛认知与深度掌握间存在较大距离。（3）学生使用的词汇与 8500 个常用词的频度表分布不一致，但学习者普遍掌握了表中前 1000 个高频词。（4）不同学习背景学生的书面词汇习得广度与深度不存在显著性差异。张江丽（2018）对产出性词汇的同类研究，得出了更加普适的结论。研究发现：（1）初等、中等、高等汉语学习者的产出性词汇量分别为 3630、4882、6938 个。（2）随着汉语水平的提高，学习者的产出性词汇中，甲级词的占比最大且相对稳定，并未呈现明显的上升或下降趋势，乙级词和丙级词的增长趋势最为明显，丁级词的增长稍缓。（3）学习者产出性词汇中使用频次的分布、纲内词的分布规律为：学习者的汉语水平越高，产出性词汇中低频词的数量越大，产出性词汇的分布越分散、越广泛；学习者使用的纲内词中，词汇的等级越靠前，产出效果越好。（4）学习者的产出性词汇与语料覆盖率之间呈现"效用递减律"，最高频的 2000 个产出性词汇可以覆盖大约 90% 的汉语二语语料，在同规模汉语母语语料中的覆盖率仅为 71%。（5）要读懂 90%、95% 的一般性汉语文本，学习者分别需要掌握大约 6000、10000 的词汇量。

在以"影响汉语词汇习得的因素"为主题的论文中，学者们发现，不同水平的学习者在不同的维度上都有着不同的表现。

蒋荣（2013）从社会文化理论的视角研究发现，不同水平的汉语学习者在学习时会采用不同的调控方式。具体而言，初、中级水平的汉语学习者的词汇习得都主要依靠客体调控和他人调控方式，而高级水平的汉语学习者则主要采用自我调控方式。同时，依据汉语学习者采用的调控方式，研究者可以大体推测他们所处的习得阶段，即如果被试处于客体调控阶段，那么他们采用客体调控方式时的词汇习得成绩应该是最好的。

吴思娜、刘梦晨、李莹丽（2019）发现，上下空间意象图式在马来西亚留学生母语和汉语二语情感词加工过程中得到了激活，空间位置"上"和"下"分别与积极义和消极义相关，出现了明显的"上好下坏"的空间隐喻现象。"上好下坏"的空间隐喻现象不仅存在于不同母语的抽象概念的加工中，也存在于不同二语的抽象概念的加工中，具有跨文化的一致性。马来西亚留学生在加工马来语情感词时出现了"部分水平空间隐喻"，但在加工汉语二语情感词时未出现任何水平方向的空间隐喻。空间隐喻受文化图式的影响。民族间共同和不同的文化图式决定了空间隐喻的异同。垂直方向的空间隐喻作为一种重要的空间意象图式，基于人类共同的身体经验、相似的日常生活，以及宗教、文化传统，不仅存在于母语的隐喻加工中，也存在于二语的隐喻加工中，构成了人类共有的空间意象图式；而水平方向的空间隐喻作为水平方向的空间意象图式，受文化环境、社会习俗、宗教信仰的因素影响较大，在不同文化中的表现不同，并且受二语和母语文化图式的影响。具体表现为，二语空间隐喻易受二语文化图式的影响，而母语空间隐喻受母语文化图式影响。

沈禾玲（2015）对以英语为母语的汉语学习者进行了研究，并认为：（1）即使是高水平汉语学习者，他们产出汉语词汇的表现还是明显不如母语者，他们对于适合某一词语使用的语境更模糊，无法像母语者一样聚焦于最佳语境。定性分析说明，因缺乏汉语词汇知识，汉语学习者在翻译汉语时往往运用母语的语义和句法知识。（2）汉语学习者加工产出词汇使用的认知策略主要是依赖猜测与直觉（57%）、母语意译（20%）、给目标词语下定义（10%）等，使用的认知策略与母语者相比更单一。母语者还广泛使用搭配分析、界定词语使用范围、举例对比、结合不同语境分析词义、借助上下文判断、运用语法知识等多种策略。（3）大部分高水平汉语学习者认为英文释义对于学习汉语词汇有重要作用，但也注意到英文释义和汉语词语在语义和句法方面的不一致，也同时参考汉英词典、汉语词典。

5.　评价与展望

本节研究的特色如下：

第一，研究主题丰富。研究涉及了汉语二语词汇习得中多个方面的问题，既包括二语词汇习得理论，又包括影响汉语词汇习得的因素，还包括学习者词汇特征与发展等方面的问题，具体涵盖了学习者词汇广度与深度习得的概括与发展、母语迁移与加工方式对汉语词汇习得的影响、产出性词汇习得与语言技能发展的相关性、二语词汇习得研究框架的设想等内容。

第二，研究视角多样。相关论文针对上述四个方面的问题以多样化的视角对汉语二语词汇习得进行了研究，包括词汇习得的宏观研究与微观研究、学习者习得研究与教师教学研究，现象描写与原因解释，理论介绍与理论证明和应用等。

第三，研究方法科学。就实证研究论文来看，研究者们采用了多样化的研究方法。虽然整体上都集中使用了实验研究，但不同的论文在具体问题上综合使用了文献研究、语料库研究、问卷调查研究等多种方法。本书研究通过研究对象和研究数据进行定性和定量分析，研究结果科学可靠。

当然，目前的研究也存在一些不足。如：

第一，对汉语特点的关注度仍有待提高。考察二语词汇习得影响因素的研究大多基于语言的普遍性来考察第一语言迁移、认知加工方式的影响，缺乏立足于汉语特点的研究。如有研究注意到韩汉词语形义关系对汉语词汇习得的影响，但仅涉及韩语中一部分汉源词。总体来看，汉语字、词、语素之间的复杂关系仍未纳入研究视野，适合汉语中介语词汇的测量指标和测量工具还十分欠缺，基于汉语特点的词汇习得研究框架有待建立。

第二，研究的理论创新性不足。这些文献虽然研究主题丰富，但主要是根据国外二语习得研究的理论框架进行的总结，或通过实证研究来论证国外的理论假说，并没有哪项研究可以通过实证提出原创性的理论假说。

第三，口语词汇习得研究缺乏。事实上，语言作为交际的工具，口语中的产出性词汇占比很大，考虑到留学生掌握汉字的难度，口语产出性词汇与笔语产出性词汇存在较大差异。对于部分学习目标为日常交流的学生而言，口语产出性词汇的研究更有意义。现阶段已建成的汉语中介语语料库不少，但大多是书面语语料库，汉语口语中介语语料库极少。从语料来源看，本节研究中，仅有蒋荣（2013）在实验过程中要求被试完成口头表达任务，调查目标词的口语产出，其他研究语料均为书面语语料。

近年来，国内汉语二语习得研究领域在词汇习得方面取得了很多突破，但与国外和国内英语教学领域相比，汉语二语领域内的词汇习得研究还处于起步阶段，还有很多研究空白有待填充，很多研究问题也有待继续深入。例如，我们可以依据邢红兵（2009）提出的研究框架，分阶段考察汉字文化圈中留学生习得汉语词汇的情况，调查正字法意识对词汇习得的影响。又如，在蒋荣（2013）研究成果的基础上，研究者可以进行教学干预实验，探讨使用不同的教学法来适应不同水平学生的调控方式能否增强汉语词汇习得的效果。再如，在黄立、钱旭菁（2003），沈禾玲（2009），张江丽（2018）对学习者词汇特征发展的研究的基础上，研究者可以探讨汉语学习者口语产出性词汇和书面语产出性词汇的差异。考虑到语音识别与转录技术的现状、语料库建设的难度，基于口语语料库的词汇习得研究将是未来的难点与突破口，这在一定程度上依赖于今后中文信息处理技术的发展。

第二节   学习者汉语二语词汇发展研究

1.   概述

词汇习得是一个看不见摸不着的内在过程。第二语言词汇习得的研究发现，词汇知识的发展可以定义为词汇知识的内化和提取能力的发展（朱越峰，2015）。二语词汇发展过程即心理词汇网络的建构过程。

二语词汇发展可以分为 3 个阶段：词形发展阶段、一语概念层中介阶段和二语词汇整合阶段（Jiang，2000）。学习者的大部分词汇发展处于第二阶段，仅有少量词汇发展处于第三阶段。汉语二语者是如何对汉语词汇进行心理表征与加工的？本节纳入的 7 项研究讨论了这一问题。

这 7 项研究中，有 5 项讨论了汉语二语者词汇发展的变化特点（丁安琪、肖潇，2016；吴继峰，2016、2017；张娟娟，2019；周琳，2020），还有 2 项讨论了二语者词汇加工心理（高立群、黎静，2005；郝美玲、厉玲，2015）。

2.　主要内容

2.1　汉语二语者词汇的动态发展

这类研究一般采用跟踪调查等纵向研究方法，把握词汇的动态发展过程，探寻词汇发展的变化特点。丁安琪、肖潇（2016）从口语词汇的流利性、多样性、复杂性和准确性4个方面对13位意大利汉语学习者进行了一个学期的跟踪研究，探寻其初级汉语口语产出性词汇的发展规律。吴继峰（2016）针对不同汉语水平的英语母语者，研究了其汉语写作时词汇丰富性的发展变化特点。吴继峰（2017）以美国某大学一名英语母语者为观察对象，对其汉语作文的词汇和句法的动态发展进行了为期一年的跟踪研究，探索了汉语书面语动态发展的特点。张娟娟（2019）以88名东南亚留学生为研究对象，在前人研究的基础上，从词汇多样性、词汇复杂性和词汇错误3个维度考察了东南亚留学生记叙文写作中词汇丰富性的发展变化情况，探讨了词汇丰富性与二语写作质量的关系，并在此基础上对东南亚留学生的词汇教学提出建议。周琳（2020）运用动态系统理论的研究方法，聚焦词汇语义系统，对15名母语为韩语的汉语二语学习者一学年内作文中词汇多样性、复杂性和词义多样性的发展，以及这3个指标在发展过程中的相互关系，进行了纵向的历时考察。

2.2　汉语二语者的词汇加工心理

二语者在学习的过程中，会建立起第二语言心理词典。对日本的汉语学习者来说，日文假名与中文汉字不相似，但日文汉字与中文汉字非常相似。在日本汉语学习者的心理词典中，这些同形词是如何存储、加工的？高立群、黎静（2005）通过考察汉日同形词对汉语词汇加工的影响，讨论了日本留学生心理词典的表征结构。郝美玲、厉玲（2015）从整词属性和词素属性两个层面，考察了不同母语背景的学习者汉语复合词加工的特点及影响因素，同时还与汉语母语者进行了比较。

2.3　书面语产出中的词汇研究

吴继峰（2016）基于动态系统理论，对美国一名英语母语者汉语作文的词汇和句法动态发展进行了为期一年的跟踪研究。该研究发现，随着学习时间的增加，学习者在写作过程中的词汇变化性、词汇复杂性、句法复杂性和语言准确性都有所提升，但是这不是一个线性发展的过程，而是高峰和低谷、进步与后退的相互交替。该研究重点观察了写作中词汇与句法的发展过程和关系。关于词汇习得方面，作者发现词汇的变化性和词汇的复杂性呈现出了相互支持的关系，这在作文中表现为类符的种类和低频类符的使用频次在大多数情况下是成正比的。

吴继峰（2017）在考察中高级英语母语者汉语写作中的词汇发展时，除了从词汇的变化性、复杂性两个维度入手外，还增加了词汇密度和词汇错误两个维度。该研究发现，随着汉语水平的提高，英语母语者的词汇变化性和词汇复杂性显著提高；词汇错误方面，形式错误减少，但是语义错误大量出现。总的来说，学习者汉语产出性词汇量严重不足。

2.4 口语产出中的词汇研究

丁安琪、肖潇（2016）从口语词汇的流利性、多样性、复杂性和准确性四个方面，跟踪研究了意大利初级汉语学习者的口语词汇能力发展。该研究发现，学习者口语词汇能力并非呈现出简单的线性增长趋势，而是不同的子系统在变化中相互影响，呈现出"支持"或"竞争"的复杂关系。有些中高级词汇由于日常使用频率比较高，其复杂性反而无异于初级词汇。

3. 研究方法

本节的研究大部分为实证研究中的定量研究，对数据进行量化或数理统计分析，从而证实或证伪研究假设。

有关字词重现对二语学习者词汇习得影响的研究中，高立群、黎静（2005）要考察汉日同形词对汉语词汇加工的影响，所以以日本留学生为研究对象。郝美玲、厉玲（2015）想要研究留学生汉字复合词的加工心理，所以分别选取了来自非汉字文化圈背景以及汉字文化圈背景（泰国和日韩）的留学生。此外，还有两项跟踪研究：丁安琪、肖潇（2016）对 13 位意大利汉语学习者进行了一个学期的跟踪研究，吴继峰（2017）对美国某大学一名英语母语者进行了为期一年的跟踪研究。

定量研究常用的方法有实验法、问卷法和语料库法，这三者在本节研究中均有体现。采用实验法的有高立群、黎静（2005），郝美玲、厉玲（2015），研究者根据研究需要，均详细地介绍了以何标准以及如何挑选出实验所需的材料。采用语料库研究法的有丁安琪、肖潇（2016），吴继峰（2016、2017），作者收集被试的作文或口语材料，然后对数据进行统计处理分析，从而建立起研究所需的语料库。以语料库的为基础，研究者选用学界公认的一些标准化测量工具对数据进行分析。张娟娟（2019）的研究语料为北京华文学院 88 名汉语学习者的限时作文，其中初级学生作文 32 篇，中级学生作文 30 篇，高级学生作文 26 篇，作文题目为《难忘的一件事 / 一个人》。

在数据的搜集与处理上，一些研究通过实施实验收集数据：高立群、黎静（2005）是语音判断和语义判断任务；郝美玲、厉玲（2015）是真假词判断，测验完成之后，统计反应时长或者测验成绩，然后进行数据分析。丁安琪、肖潇（2016）及吴继峰（2016、2017）运用测量工具对数据进行定量分析。张娟娟（2019）采用 Uber Index 来测量词汇的多样性，采用 Range 软件来完成词汇复杂性的测量，在前人研究的基础上，结合汉语的特点和留学生语言产出的实际情况，将词汇错误分为三类：一是形式错误，如错别字、字形相近的词等；二是意义错误，主要包括用意义无关的错误词语来表示目标词的概念、语素相同或相近词的混淆、关键词义缺失和生造词等；三是使用错误，主要包括词语的多余或漏用、词语的搭配错误、词语的位置错误和词性误用等。周琳（2020）还使用了移动极值图观察发展中的波动变化规律，并采用了再抽样技术和蒙特卡洛模拟，解决了小样本研究数据的统计学意义不足的问题。

值得注意的是，丁安琪、肖潇（2016）将定量研究与定性研究相结合，先对所收集的口语语料进行量化处理分析，通过各种测量指标计算公式评定学习者的口语词汇能力，而后对被试及其任课老师进行深度访谈，从学习者的学习背景、习惯、动机、观念与策略及其上课表现方面对被试的口语词汇能力发展特点进行分析。

4.　主要结论

讨论汉语二语者词汇发展的变化特点的研究发现，无论是口语词汇还是书面语词汇，随着学习时间的增长，学习者的词汇水平都在不断提高，但在发展过程中，学习者的词汇能力并非呈现简单的线性增长趋势，发展过程较为复杂。

高立群、黎静（2005）通过考察以汉语为第二语言的日本留学生对视觉呈现的三种不同类型的词的加工过程，从而构建其心理词典词汇加工模型。研究结果发现，不同汉语水平的学习者有不同的心理词典结构：初级水平学习者对同形词的加工是词汇联结模型，对异形词的加工是多通路模型；高级水平学习者的词汇加工是多通路模型。这与学习者对词的理解深度有关。

郝美玲、厉玲（2015）从整词属性和词素属性两个层面综合考察了不同母语背景的第二语言学习者汉语复合词加工的特点及影响因素，同时还比较了学习者与汉语母语者的不同。研究发现：（1）无论母语者还是学习者，词汇加工速度均受到整词频率、语义因素和词素特征的影响；在复合词加工过程中，整词通路与词素通路并存。影响汉语母语者复合词加工最主要的因素是整词频率，词语出现的次数越多，学习者加工的速度越快。此外，还有首词素频率、首词素家族数、尾词素笔画数、透明度和具体性。因此，研究认为，整词属性和词素属性都对汉语母语者复合词的加工存在明显的影响。尾词素的作用在泰国学生中最稳定，而在非汉字圈背景和日韩留学生中不太稳定；语义对非汉字圈背景学习者的影响相对较弱，而对日韩学生影响最大。（2）语义越具体，整词加工速度越快。对于非汉字圈背景的留学生，复合词的加工主要受到整词频率、词语的视觉复杂度和具体性的影响，在加工过程中主要倾向于整词加工，词素的意识较弱；而日韩留学生和泰国留学生在加工汉语复合词时，既受到整词因素的影响，也受到词素层面因素的影响。

丁安琪、肖潇（2016）从口语词汇的流利性、多样性、复杂性和准确性 4 个方面对 13 位意大利汉语学习者进行了一个学期的跟踪研究，探寻其初级汉语口语产出性词汇的发展规律。研究表明：（1）在目的语环境下学习一个学期，意大利学习者口语词汇的流利性、复杂性和准确性都有显著提高，词汇多样性没有显著变化。学习者的口语词汇能力并非呈现简单的线性增长趋势，词汇能力各指标的发展轨迹十分不同，且都具有各自的阶段性特征。（2）各指标有着复杂、曲折的内部变化规律，不同的子系统在变化中相互影响，呈现共同进步或者此消彼长的复杂关系；同时，各指标的发展也受到学习者自身的观念、态度和口语表达环境等外部因素的影响。

吴继峰（2016）针对不同汉语水平的英语母语者，研究了其汉语写作中的词汇丰富性发展变化特点。研究结果显示：（1）随着汉语水平的提高，英语母语者的词汇变化性、词汇复杂性都有显著提高；在词汇错误方面，形式错误逐渐减少，语义错误大量增加，产出性词汇量严重不足。（2）词汇错误和词汇复杂性与写作质量的关系更为密切。（3）在教学中，词汇错误中的语义错误应该引起研究者和教师的足够重视，要特别加强易混淆词的研究，尤其是理性意义基本相同的词、有相同语素的词、母语一词多义对应的汉语词等；要通过各种教学方式和训练方法扩大学生的产出性词汇量，尤其是次常用词汇和低频词汇。

吴继峰（2017）的研究对象是美国某大学一名英语母语者。通过对其汉语作文的词汇和句法动态发展为期一年的跟踪观察，研究探索了汉语书面语动态发展的特点。学习者的语言系统在很大程度上的变异和发展不是线性的，而是呈现出跳跃式、阶段性和非线性发展的特点，在发展过程中存在高峰和低谷、进步与后退的交替；词汇变化性和词汇复杂性稳步增长，二者互相支持；词汇发展和句法发展既有互相支持的关系，又有竞争关系；学习者语言准确性呈逐渐上升的趋势，开始波动很大，之后趋于稳定。该研究发现：当话题链出现之前，词汇复杂性呈现增长的趋势；而当话题链开始出现时，词汇复杂性却呈现下降的趋势。

张娟娟（2019）的研究结果显示：（1）东南亚不同水平留学生的作文词汇多样性有显著差异，学生的汉语水平越高，词汇量越多，作文中的词汇使用越来越多样化。（2）不同水平留学生的作文词汇复杂性有显著差异，随着汉语水平的提高，学生对于乙级及其以上低频词的使用逐渐增多，尤其是高级水平留学生使用低频词的比率明显提高，中级水平留学生使用低频词的比率显著高于初级水平留学生。但中、高级水平留学生甲级词的使用频率还很高，主要还是依靠甲级词来表达。（3）不同水平东南亚留学生的作文词汇错误率有显著差异，高级水平留学生的作文词汇错误率显著低于初、中级水平留学生，初、中级留学生作文的词汇错误率没有显著差异。该研究还发现，中级水平留学生的词义错误率显著高于初、高级留学生，另外，词用错误率在三个不同水平阶段都是最高的，其中初、中级阶段词用错误显著多于其他两种类型的错误（词形错误、词义错误）。（4）多元回归分析表明，词汇多样性、词汇复杂性与作文成绩显著相关，词汇多样性越大、复杂性越高，学习者的作文成绩就越高；词汇错误与作文成绩的相关不显著，但词形错误和词义错误对作文成绩有一定的影响，词形和词义错误越少，作文成绩就越高，反之则越低；与词形错误相比，词义错误对作文成绩的影响更大，而词用错误对作文成绩的影响不大。

周琳（2020）发现，学习者的二语词汇语义系统发展呈现出跳跃性、曲折性和复杂性，并非简单的线性发展过程；在相同的教学环境下，学习者的词汇语义系统也并非沿着相同的路径发展；在词汇能力发展的某一阶段，学习者的词汇语义系统中各维度的发展可能并不同步；词汇多样性和词义多样性的发展呈显著正相关，二者在很大程度上同步发展。

5. 评价与展望

本节研究有鲜明的特点：

第一，研究内容充分体现了汉语特点。这些研究不仅涉及二语学习者习得词汇的变化发展过程，还从汉语本身的特点等语言因素和学习者认知心理因素两个方面探寻影响词汇加工与发展的原因，比较全面地展示了二语习得中学习者在词汇学习上的特点及可能的影响因素，对于对外汉语词汇教学有一定的启示。

第二，研究方法在借鉴的基础上有所创新。在研究工具或实验材料的选择上，研究者善于利用已有的研究成果或先进理论，并未盲目套用国外理论方法，而是批判地使用。如吴继峰（2016）通过研究发现词汇变化性 Uber index 计算公式和 Ure 词汇密度计算公式存在缺陷，应考虑类符的频率因素，Halliday 的词汇密度计算公式不适合汉语词汇密度的测量。这体现了研究者对于汉语作为第二语言学习者词汇加工与发展的思考与探索，也为后续研究提供了经验。

第三，研究结论有很高的实用价值。大多数研究都结合所得结论提出了相应的教学建议，以期帮助二语习得者更好地习得汉语词汇，提高汉语水平。

当然，本节研究也存在可以改进之处：

第一，纵向研究时间跨度过小。考察二语者的词汇发展情况，最佳手段是采用长时间的纵向研究，但纵向研究的可操作性不及横向研究，不易实施。本节研究中，仅丁安琪、肖潇（2016）和吴继峰（2017）对被试进行了跟踪。不同国家的学习者在特定时间段内，口语词汇能力发展会有怎样的规律与特点，仍有待于我们进一步的调查研究。

第二，研究中变量的操纵有待细化。例如采用写作语料研究词汇丰富性时，应考虑词汇使用可能会受话题熟悉度等因素的影响。再如，有研究认为词形的相似性会影响学习者心理词典词汇通达，但这里的"形"还要考虑语义的干扰，同形是否同义应加以区分。

第三，对口语词汇发展研究的关注不足。我们认为，口语词汇发展研究能够更好地反映二语者汉语词汇习得情况，但由于口语语料在收集、整理与转写方面的难度较大，本节研究中，仅丁安琪、肖潇（2016）一项是关于口语的研究。

在心理语言学领域，儿童母语的语言发展是一个重要的研究方向。在二语习得领域，虽然成年人的语言习得有很多不同于一语习得的特点，但通过其词汇的发展研究，仍可以一窥其词汇系统的建立过程和机制，一语习得研究的方法与范式为其提供了很好的借鉴。

我们可以看到，虽然国内汉语二语习得中词汇的加工与发展的研究成果不多，但颇有特色，也存在一些值得进一步思考的地方。未来，从纵向看，研究者们可以进行从零起点到高级水平的大跨度跟踪研究；从横向看，研究者们需要进一步细化变量操作，排除干扰变量，提高研究的效度。

第三节　学习者汉语二语心理词典研究

1. 概述

在研究词汇是如何在人们的头脑中加工和表征这一问题时，Treisman（1960）提出了"心理词典"这一概念。心理词典也称为心理词库、心理词汇，指词汇知识存贮的心理表征。心理学家认为，心理词典中存在形、音、义三重信息，三者存在互相的关联。双语者在学习第二语言的过程中，会逐步构建第二语言的心理词典。

心理词典的研究源于西方，国内二语习得领域关于心理词典的研究主要以英语为第二语言的习得展开的。研究发现，词频效应、词汇熟悉度效应和词性效应三者在心理词典的构建中扮演重要角色。不同于西方的语言，汉语独特的形、音、义关系，使得汉语心理词典建构的难度更大。目前对外汉语学界关于汉语二语心理词典的特点、构建方面的实证研究还不多，本节的 7 篇文章讨论了这一问题。

这些研究从不同角度，围绕心理词汇的表征和建构问题进行研究，探讨了影响因素、原因等问题，并对比了不同母语、不同水平的学习者心理词典性质的差异，推动了汉语二语心理词典研究的发展。

2.　主要内容

2.1　心理词典的性质

王魁京（2006）通过海外华人和非华人留学生所输出的书面形式话语的分析，对其汉语"心理词典"的差异及形成原因进行探讨。通过对海外华人学生与非华人韩国、日本留学生书面形式话语中的"有问题的字"的分析，研究发现两类被试的汉语"心理词典"既有相同性也有差异性。差异形成的主要原因是两类学习者的汉语学习性质不同，汉语学习经历或经验不同，汉语言技能的获得过程不同。谢谜（2009）主要研究母语心理词汇和二语心理词汇的性质区别。研究中，他同时使用两组不同水平的被试（初级英语组和高级英语组）进行测试，在将心理词汇的性质分为语音说、语义说和句法说三类的基础上讨论母语心理词汇的性质，探究不同水平的英语学习者心理词汇的性质差异和二语心理词汇的发展模式。研究发现，母语心理词汇的性质是语义性的，而二语心理词汇的性质因二语学习者的水平不同而异，初级英语学习者的二语心理词汇以语音联系为主，而高级英语学习者的二语心理词汇则是"假语义"的，即二语词汇的语义信息不是二语的，而是母语中介的。

2.2　心理词典的影响因素

高立群、孟凌、刘兆静（2003）考察了第二语言熟练度与母语和目的语的语言相似性这两个因素对双语者心理词典表征结构的影响，并对双语者的三种心理词典表征结构模型——词汇联结模型、语义中介模型、多通路模型进行了分析比较。该文还分析了日汉两种语言的特殊关系——既相似（日文汉字和汉字）又不相似（日文假名和汉字）——在日汉双语者心理词典表征中的作用。冯丽萍（2009）对外国学生词素形、音、义信息的表征与加工方式进行了研究，并指出外国留学生汉语心理词典的构建模式与词汇加工中词素的形、音、义作用方式为：在外国学生的汉语心理词典中，存在着形、音、义三个层次及词素与整词两种单元的表征，各层次之间及各表征单元之间存在着联结，一个节点信息的激活会扩散至相关的节点。在这一基本框架之下，许多环节因多种因素的影响而存在着不同的形式。形层次表征位于心理词典的底层，最高层是意义表征层。吴思娜（2017）在探究韩国学生汉语心理词典的组成结构的基础上，考察了词汇特性对心理词典结构的影响，发现组合反应在韩国学生汉语心理词典中占绝对优势。词性对韩国学生的反应类型有明显影响，主要表现在名词比动词引发了更多的聚合反应，但是动词并没有比名词引发更多的组合反应。

2.3　心理词典的发展

张舸（2006）探究了留学生在构建心理词典时选录词语的过程和影响因素，发现初级阶段留学生词语输入的途径首先是课堂情景下的输入，其次是自然情景下的输入；教学输入是帮助学生收录词语的主要手段，交际输入是辅助手段，两者结合可以有效帮助学生扩充和巩固其个性心理词典。谢谜（2009）认为，二语心理词汇的性质因学习者二语（英语）水平的不同而异。初级英语学习者的二语心理词汇以语音联系为主，高级英语学习者的二语心理词汇的语义信息不是二语的，而是母语中介的；二语心理词汇性质的发展模式是从二语语音关联发展到母语语义关联。王志军、郝瑜鑫（2014）从学习者母语与目的语单音节多义形容词词义对比的角度切入，考察了母语环境下美国汉语学习者心理词汇发展的状况：两种语言（母语与目的语）中的共有义项较早为学习者习得；中级阶段的学习者开始对目的语特有义项有所认识但仍逊色于母语者，同时母语特有义项开始干扰二语心理词汇的发展；最后，高级阶段的学习者逐步建立起较为完善的二语心理词库。该研究对母语与目的语的心理词汇的状态描述生动形象。吴思娜（2017）发现，构词方式影响韩国学生的聚合反应，偏正式名词比联合式名词诱发了更多的聚合反应，但这种影响只存在于学习的前两个阶段。

2.4　心理词典的教学应用

冯丽萍（2009）认为，应从以下几方面训练二语者的词素意识：（1）充分利用汉字的形音信息来提取意义；（2）进行合成词中词素分解与组合的操作；（3）理解词素组合方式与整词意义的关系；（4）以词素为线索形成合成词家族意识，并利用家族成员的关系来进一步提取和利用词素意义；（5）加强形近字词、同音同义字词、多义字词的区分，以及字词形、音、义之间的相互联系等，提高学生汉语心理词典各单元表征及其相关联结之间的清晰性、条理性、稳定性；（6）对于拼音文字背景的学习者来说，引导他们建立并加强字形和字音的联系，能够有效利用字词的形音信息来促进意义的学习与记忆。吴思娜（2017）基于研究结果，提出如下教学启示：（1）要加强韩国学生词汇的联想学习；（2）要重视板块教学；（3）要注重语素教学。

3.　研究方法

本节的 7 项研究均采用定量研究法。

高立群、孟凌、刘兆静（2003）采用双语 stroop 任务。实验采用三因素混合设计，汉语水平为被试间因素，分为高级水平和初级水平；作业类型因素为被试内因素，分母语命名和第二语言命名两个水平；刺激类型因素为被试内因素，分为色块、汉字、日文汉字和日文假名四个水平。被试是 24 名日本留学生，年龄在 18～25 岁，12 人是高级水平，另外 12 是初级水平。张舸（2006）通过在固定时间对留学生课间自由谈话进行录音和记录的方式搜集了用于研究的口语语料。被试为来自韩国、日本等 11 个国家的 24 位零起点的留学生。冯丽萍（2009）采用启动条件下词汇判断的实验范式，使用 DMDX 程序在认知实验室完成，在电脑屏幕上投放启动词，启动词消失之后呈现目标词，要求被试尽可能迅速准确地按键，以便对该目标词进行真假词判断。被试为在中国学习汉语的 80 名韩国留学生和 76 名欧美留学生，均来自二、三年级。王魁京（2006）搜集了包括分班考试作文、平时课堂作文等书面语料，其研究对象比较复杂，共分为 3 组，多数为大学中文专业本科三年级学生，少数为大学毕业后来华进修汉语的学习者。谢谜（2009）和吴思娜（2017）都采用了"自由联想测试"的方法，即要求被试每看到一个刺激词后，在 20 秒内写出头脑中所出现的第一个英语或汉语单词。前者选取了初级英语学习者和高级英语学习者两组被试，初级英语组被试为 20 名随机抽取的某外国语学院英语专业一年级本科学生，高级英语组被试由某外语学院英语专业一年级的 20 名研究生组成，以考察被试水平对心理词汇的影响。后者选取了韩国某大学汉语专业学生 43 名为研究对象。王志军、郝瑜鑫（2014）使用了实验研究和语料库调查相结合的方法。实验研究要求被试在无指导的条件下，在 10 分钟内选出目的语词所对应的义项，基于语料库的调查是通过搜集语料库里的语料来进行研究。共有 106 名在美国学习汉语的英语母语背景的学习者参加，另外还有 25 名母语为汉语的汉英双语者作为对照组参与测试。

4.　主要结论

高立群、孟凌、刘兆静（2003）用 stroop 范式和颜色命名的研究方法对日本留学生心理词典的表征结构进行了研究，考察了二语熟练度及母语目的语相似性对双语心理词典表征结构的影响，研究发现：（1）由于日语和汉语的复杂关系，日汉双语中既包含相似性因素，又包含不相似性因素。因此，日本留学生两种语言的表征结构具有复杂的模式。（2）目的语熟练程度影响日文汉字和中文汉字的联结关系，低汉语水平的日本留学生采取的是词汇联结模式，高熟练度的学习者采取的是多通路模式。（3）目的语熟练程度对日文假名和中文汉字的联结模式也具有影响，同时由于日文汉字和日文假名在日语内部的非均衡关系，使得低熟练度的日本留学生的日文假名和中文汉字形成以日文汉字为中介的词汇联结模式，高熟练度的日本学生采取语义中介模式。（4）日本留学生在色块命名中，母语的反应时低于汉语，但不同汉语水平的学生之间没有差异。日本留学生在日文汉字的色词干扰量上大于日文假名，表明在日语内部，日文汉字较日文假名具有更强的语义通达优势。

　　王魁京（2006）通过对海外华人学生与非华人韩国、日本留学生书面形式话语中"有问题的字"的分析，发现两类被试的心理词典既有相同性也有差异性，并从学习者的学习性质、汉语学习经历与经验、汉语言技能的获得过程这些角度对差异原因进行了分析。

　　张舸（2006）结合数据对初级阶段留学生词语通达的现象进行了分析，提出了留学生个性心理词典的概念，探讨了留学生个性心理词典构建的理据、个性心理词典的研究角度及对汉语教学的启示。

　　冯丽萍（2009）讨论外国留学生汉语心理词典的建构模式与词汇加工中词素的形、音、义作用方式，发现在外国学生的汉语心理词典中，存在着形、音、义三个层次与词素和整词两种单元的表征，各层次之间、各表征单元之间存在着联结，一个节点信息的激活会扩散至相关的节点。

　　谢谜（2009）的研究发现：（1）母语心理词汇的性质是语义的。（2）二语心理词汇的性质因学习者二语（英语）水平的不同而异。初级英语学习者的二语心理词汇以语音联系为主；高级英语学习者的二语心理词汇的语义信息不是二语的，而是母语中介的。（3）二语心理词汇性质的发展模式是从二语语音关联发展到母语语义关联。

　　王志军、郝瑜鑫（2014）通过实验表明：两种语言中的共有义项较早为学习者掌握；中级阶段，学习者开始对目的语特有义项有所认识，但是与母语者相比仍有很大差距，同时母语特有义项开始干扰二语心理词汇的发展；到了高级阶段，学习者在保持共有义项的同时，习得目的语特有义项，从而逐步建立较为完善的二语心理词库，与母语者接近，同时逐渐摆脱母语特有义项的干扰。研究提出了母语环境下美国汉语学习者二语心理词汇的发展阶段。

　　吴思娜（2017）针对韩国学生汉语心理词典的构成及影响因素，得出了以下结论：（1）组合反应在韩国学生汉语心理词典中占绝对优势，韩国学生汉语心理词典会随着学习时间的变化而变化，具体表现为聚合反应随着时间的增加逐渐减少，而组合反应逐渐增加，且两者差距不断扩大。（2）词性对韩国学生的反应类型有明显影响，主要表现在名词比动词引发了更多的聚合反应，但是动词并没有比名词引发更多的组合反应。（3）构词方式影响韩国学生的聚合反应，偏正式名词比联合式名词诱发了更多的聚合反应，但这种影响只存在于学习的前两个阶段。有关上述结论，作者从名词的特性、母语迁移、词语的激活模式等角度给予了解释，增加了结论的可信度。

5.　评价与展望

本节研究主题突出，特色鲜明，有很多突破，具体表现在以下几点：

第一，研究方法科学。本节所有的研究都采用了定量分析。研究提问合理，实验设计科学，研究者大都考虑到了受试学习水平对词汇习得的影响，有意识地区分了初级阶段、中级阶段、高级阶段的学习者。

第二，体现汉语习得与心理学的学科融合。在有关以汉语为第二语言领域的心理词典研究中，研究者充分关注汉语的特点，探讨汉语的独特性对心理词典建构的影响，如考虑到词素的形、音、义信息在词汇加工中如何得到激活等。此外，部分实验采用了心理学研究范式，如词启动条件下词汇判断、stroop 范式等。

第三，关注成果应用。与纯心理学研究不同，本节的研究关注成果对汉语教学的应用，大多提出了教学启示，比如，培养学生的词汇联想能力，重视语块教学，注重语素教学，提高学生汉语心理词典中各单元表征及其相关联结之间的清晰性，等等。教学启示的提出使这些研究兼具理论价值和实践价值。

当然，本节研究也存在少量不足。例如，对研究对象相关属性的界定存在差异。在判定被试水平时，大多数研究者都是按照学习时间进行划分的，在不同的实验中，有关初级、中级、高级学习者的学习时长并没有统一标准，这会导致研究结果无法进行横向比较。另外，少部分研究存在样本容量过小的问题，对于心理词典的运用的实证研究也较少。

总之，近年来学者们对心理词典的性质、构建过程、结构特点的探究是比较全面的，具有一定的系统性。未来的研究可重点关注以下几个方面：（1）关注心理词典构建过程的历时研究。目前的研究集中于共时，很难反映心理词典发展的细节变化，纵向研究可以对现有的研究结论加以佐证并发现新的问题。（2）加强国别研究和对比研究。现有研究主要针对英语以及日韩母语者，未来的研究应扩大调查范围，并对比汉字圈和非汉字圈学习者心理词典的构建和发展过程。

（3）考察不同年龄学习者的心理词典。（4）考察语音在心理词典构建中的作用，如冯丽萍（2009）指出自己的局限是"对语音的作用，目前只能根据其反应时结果所表现出的趋势进行一些推测"，未来的研究在这方面可以进行更加深入细致的探讨。

第四节　词汇的伴随性习得研究

1.　概述

词汇学习分为直接学习（intentional vocabulary learning，又叫"刻意词汇学习"）和伴随性词汇习得（incidental vocabulary learning，又叫"间接词汇学习"或"附带词汇学习"）两种类型。伴随性词汇习得指学习者在进行认知活动的过程中伴随性地学到了一定的词语知识，而当时的注意力并未集中在词语学习上，如学习者在阅读、听歌曲、看电视的过程中伴随性地掌握了一些词语的新知识，即新词知识是学习者从事主要认知活动时获得的副产品。这是扩大词汇最有效的途径（干红梅、何清强，2015）。

已有研究（Nation & Waring，1997）发现，英语母语的儿童 4～5 岁时的词汇量大约是 4000 到 5000，并以平均每年 1000 的速度增加，大学毕业时词汇量可超过 20000。但事实上，课堂教学时间有限，学习者不可能学习到如此大量的词汇。因而，学者们认为大部分词语可能是通过伴随性习得学到的。据此，Nagy，Herman & Anderson（1985）通过大量实证性研究，提出了伴随性词汇习得假说。它包括 4 个过程：首先学习者遇到生词时，会注意到这个词；然后会用某些技能猜测它的意义；当学习者猜到其意义后，就会在一定程度上记住它；最后，一次出现不足以让学习者记住它，但只要阅读足够量的文本，学习者就可以逐步学会这个词语，从而扩大词汇量。这 4 个过程分别称为"注意"假设、"猜测"假设、"猜测—记忆"假设、"累积获得"假设。

伴随性词汇习得假说的提出基于一些语言学和心理学理论。输入假说和互动假说可以看作其语言学基础。Krashen 的输入假说认为，当人们的注意力集中在输入的内容上，而不是语言形式上时，才能获得语言知识。从这个意义上来说，伴随性词汇习得才是真正意义上的习得。Long 的互动假说认为，学习过程是相互调整的互动过程。阅读过程正是读者与作者之间语言和思想的互动过程，读者在互动中可以自然地学会一些生词。任务投入量假说和深加工理论可以看作其心理学基础。任务投入量假说认为，加工词语时的投入量决定生词的学习效果。投入量越大，词汇伴随性习得的效果越好。投入量从需要、查找、评估三方面进行量化。"需要"是动机层面的，即为了完成阅读任务有弄懂这个生词的需求；"查找"指通过查词典或咨询权威（如问教师）寻找生词意义；"评估"指学习者对多个解释进行权衡以判断正确词义，或根据语境来推测正确词义。深加工理论认为，认知加工有两个层次：形式加工（浅层加工）和语义加工（深层加工）。新信息能否进入长时记忆在于最初加工的深浅，加工层次越深，学习效果越好（干红梅、何清强，2015）。

2. 主要内容

伴随性词汇习得假说自 20 世纪 80 年代提出以来，已成为词汇习得研究的一个热门话题，国内心理学界、外语界先后对其进行了有益的探索。21 世纪开始，国内汉语二语习得领域也开始关注这一问题。钱旭菁（2003）是较早的汉语作为第二语言的伴随性词汇习得研究，文章探讨了学习汉语的日本学习者是否能通过阅读伴随习得词语。结果显示，学生通过阅读确实能够成功猜测出某些文章中出现的生词，并在一段时间后能有所保持。此外，该研究发现，学习者的语言水平、词汇量、词语出现的次数及词语所处语境的特点也会影响伴随性词汇习得。之后的研究焦点便集中在伴随性词汇习得的影响因素上。

2.1 学习者相关的因素

第一，学习者的语言水平影响伴随性词汇习得。干红梅（2008a）通过一次真实的阅读课堂教学分析中级阅读课堂的词汇习得情况，分析了学习者的汉语水平与词汇学习效果的关系。第二，学习策略影响伴随性词汇习得。钱旭菁（2005）对一个日本留学生阅读过程中的词义猜测活动进行了个案分析。

2.2　词汇本身的因素

第一，词汇语义透明度的影响。语义透明度是指合成词的整词语义从其构词语素的语义推知程度。干红梅（2008b）采用实证性研究探讨了汉语作为第二语言的阅读活动中，语义透明度和语境对词汇学习的影响。第二，词语结构的影响。干红梅（2009）采用纸笔测试和问卷调查的方法，考察了词语结构对阅读中词汇学习的影响。第三，词性的影响。干红梅（2010）通过纸笔测试考察词性及其识别程度对中级汉语学习者伴随性词汇习得的影响。

2.3　语境因素

朱勇、崔华山（2005）研究了目标词和语境线索的位置关系、语境线索与目标词在句中的相对位置关系对伴随性词汇学习的影响。干红梅（2011）考察了自然阅读情况下词汇学习的语境效应。干红梅（2014）借助眼动技术探讨了在控制条件下的语境位置和语境的语义类型对汉语词汇学习的影响。

2.4　词汇呈现手段、教学方法等因素

朱勇（2004）针对伴随性学习的缺点，如学习过程缓慢、容易出错（猜错词义等等）、理解易受挫（语义线索不够等）、不利于长时记忆等，提出输入调整是一个使文本变得可理解、易理解的重要途径。据此，他研究了使用边注和查词典这两种学习者阅读时常用的输入调整方式对伴随性学习的作用。

干红梅（2008a）将阅读课中学习的词语分为三种类型：直接学习的词语（教师直接讲解的词语）、附带学习的词语（教师没有直接讲解的词语）、既有附带学习又有直接学习的词语（学生在阅读文章中自己尝试学习过，并且教师也讲解过的词语），并比较了三者的优劣。

孙晓明（2012）也发现了伴随性词汇学习效率并不高的事实，认为任务强化在伴随性词汇学习中具有非常重要的意义。他考察了词汇相关度、宣布词汇测试以及词汇训练作业等三种任务强化手段对留学生汉语伴随性词汇学习的影响。

邵晶、李彬（2019）通过调查韩国初、中级留学生在阅读中加工生词的方式，试图揭示汉语伴随性词汇习得的过程，并调查了不同的词汇加工方式对词汇学习的影响。

除了词汇伴随性习得的影响因素研究，也有研究聚焦于伴随性习得的优势。

吴门吉、陈令颖（2012）比较了伴随性学习与刻意学习两种词汇习得模式。

3.　研究方法

3.1　学习者相关因素的研究

朱勇、崔华山（2005）对北京大学对外汉语教育学院 19 名中级以上水平的留学生做了有关伴随性词汇学习的调查。程序如下：首先进行阅读前测试，向学生出示 10 个被测词，每个词下面有 4 个选项（A. 没见过；B. 见过，但不知道意思；C. 我多少了解一点儿；D. 我知道，它的意思是 ___ ）。无论学生选择的是哪一项，都请其说说该词的意思（不会的可以猜）。得分以后者为准，前者用来判断被试猜测与否。然后阅读文章，请被试用自己习惯的方式（默读或朗读等）读《预防中风》一文，简单说出文章的大意。测试员没有告诉学生刚才的词语就出自这篇文章，这样做主要是想让学生把注意力放在对文章意思的理解上。对于文章的大意，只要求被试说出一些就行，测试员不对被试说出的内容做任何评论，目的是尽量使学生处于伴随性学习状态中。进而进行阅读后测试，出示有标记（在 10 个被测词下画线）的《预防中风》一文，请被试再次解释 10 个目标词的意思。最后转写录音并评分。

干红梅（2008a）的实验被试为中山大学国际交流学院两个中级班的 22 名学生。实验分为 4 个步骤：首先进行阅读前词汇测试，得出被试的未知生词；然后进行课堂教学，材料为中级阅读课教材的一课，共 4 篇阅读，每篇包括文章、练习、注释 3 个部分，学生未学过。根据学生习得词语的途径，把 42 个目标词语分成直接学习的词语（教师直接讲解的词语）、附带学习的词语（教师没有直接讲解的词语）和既有附带学习又有直接学习的词语（学生在阅读文章中自己尝试学习过，并且教师也讲解过的词语）。进而进行即时测试，4 周后进行延时测试。

钱旭菁（2005）采用访谈的方法，让一名日本留学生在阅读文章的同时，标出所有不认识的词语，然后猜测部分他不认识的词语，并说明做出该猜测的依据。

3.2　词汇本身因素的研究

干红梅（2008b）的实验一采用双因素混合设计（3×2）。因素一为被试间因素，根据语言背景分为有汉字背景的日韩组、无汉字背景的欧美组、有方言背景但无汉字背景的华裔组 3 个水平，各 30 人；因素二为被试内因素，根据词语的语义透明度，分为透明度高、透明度低两个水平。实验材料均为双音节合成词。经过母语者语义透明度评分，确定 24 个词为测试目标词，并将每个词语造一个句子。要求学生在无教师指导的条件下，阅读随机排列的 30 个句子（包括含有目标词的 24 个句子和 6 个干扰句），选择正确的释义。句子的长度控制在 13 字以内，并控制句中其他词语都是学生学过的，以保证句子难度基本一致。该实验考察了语义透明度对新词习得的影响以及语义透明度对不同语言背景学习者的影响情况。

实验二考察在不同的语境条件下，透明度的影响是否相同。实验采用双因素混合设计（3×2）。被试间因素为语境，分为强语境、弱语境、无语境 3 个水平；被试内因素为词语的语义透明度，分为透明度高、透明度低两个水平。选定 20 词为测试目标词（透明词、不透明词各 10 个）。根据 3 种语境，研究设计了 3 套测试题目，即每个目标词都在强、弱、无 3 种语境出现，3 套试题的选择项完全一样。例如：

强语境：他是出色的钢琴家，钢琴弹得非常好。

弱语境：他是出色的钢琴家。

无语境：出色

选择项都是：A. 漂亮   B. 颜色好看   C. 优秀   D. 聪明

要求被试在无教师指导的情况下，阅读随机排列的 25 个句子（包括含有目标词的 20 个句子和 5 个干扰句子），然后选择正确的释义。

干红梅（2009）的实验采用双因素混合设计（2×2）。因素一为被试间因素，根据语言背景分为有汉字背景的日韩组（30 人）和无汉字背景的欧美组（30 人）；因素二为被试内因素，分为联合结构和偏正结构。根据词语结构统计的比例，从《汉语水平词汇与汉字等级大纲》丁级词中选出联合结构和偏正结构的词语 10 个。控制两组词语在笔画数上无差异，都为透明度较高的词语，词语所在句子长度在 11 字以内；控制句中其他词语都是学生学过的，以保证句子难度基本一致。实验过程要求学生在无教师指导的条件下，阅读随机排列的含有目标词的

26个句子，判断目标词的结构，并用汉语或母语解释其意思。最后进行成绩评估。

干红梅（2010）的实验采用双因素混合设计（2×3）。因素一为被试间因素，中级水平学习者80人参加，有、无汉字背景的日韩组和欧美组各40人；因素二为被试内因素，根据词性分为名、动、形3类，每类各9个。实验从《汉语水平词汇与汉字等级大纲》的丁级词语中选取27个词语（名词、动词、形容词每类各9个）作为目标词，控制3组词语在笔画数上无差异，都为透明度较高的词语，每个目标词生成一个句子，控制句子长度在13字以内，控制句中其他词语都是学生学过的，以保证句子难度基本一致。要求学生在无教师指导的条件下，阅读随机排列的33个句子（包括含有目标词的27个句子和6个干扰句子），判断目标词的词性，写出拼音，并用汉语或母语解释其意思。

3.3　语境因素的研究

干红梅（2011）采用读后"口头报告"和"录音转写"的方式，对20名学习者在自然阅读条件下的词汇学习情况进行了调查。具体过程是：由学习者按自己的习惯自由阅读文章，阅读过程中标注出不认识的生词，之后完成相关理解题，最后报告标出的生词可能是什么意思，并报告猜词依据。

干红梅（2014）的实验一采用2×2两因素混合方差设计。被试间变量为语言背景，分为有汉字背景的日韩组和无汉字背景的欧美组；被试内变量为语境位置，分为前语境和后语境。因变量是目标词区及整句的首次注视时间和总注视时间。被试是中山大学国际交流学院中级（上）欧美学习者和日韩学习者各16人。实验材料是10个语义透明度较低且笔画数无差异的目标词。每个目标词生成一个包含两个分句的句子，目标词和语境分别在不同小句。变化目标词分句和语境分句的位置，使每个目标词生成2个变体句（前、后语境各1句），每个被试阅读10个句子（前、后语境各5句），每个句子后附一个与句义相关的判断题以保证学习者的阅读目的为理解句子。

实验二采用2×2×2三因素混合方差设计，被试间变量为语言背景，分为两个水平：有汉字背景的日韩组和无汉字背景的欧美组。被试内因素一为语境位置，分为两个水平：前语境和后语境。被试内因素二为语境的语义类型，分为两个水平：同义词语境和反义词语境。实验选出语义透明度低、笔画数无差异且能配对出难度低的同义词和反义词各一个的词语 20 个作为目标词。每一个词语生成一个包含两个分句的句子，目标词和语境提示词分别在不同小句。变化目标词分句和语境分句的位置，使每个目标词生成 4 个变体句（前同义词语境、后同义词语境、前反义词语境、后反义词语境各 1 句）。实验时每个被试阅读 20 个句子（4 种语境的句子各 5 句）。每个句子后附一个与句义相关的判断题以保证学习者的阅读目的为理解句子。

3.4　词汇呈现手段、教学方法等因素的研究

朱勇（2004）的被试为北京师范大学汉语文化学院中级水平的 201 报刊课 3 个平行班的留学生，使用的阅读材料是一篇题为《漂流瓶的作用》的 400 字左右的短文。整个实验过程历时 6 周。首先进行先行测试，请学生用汉语或母语书面解释预先选定的生词及干扰词，选出 5 个得分率非常低的词作为后面测试用的目标词；然后请被试阅读文章。先行测试 1 周后，请 3 组被试分别阅读文章（边注条件、查词典条件和无条件），写出文章大意，以保证学生的注意力集中在对文章大意的理解上并获得学生对文章的理解程度，进而进行阅读后即时测试。另列出目标词及干扰词，请被试在规定时间内完成测试题（包括释义和注音，要求不看文章完成）。测试中有一项是请学生判断阅读时是否见过该词，据此了解学生是否注意过该目标词，这是设置干扰词的目的；最后是阅读完 1 周后进行保持测试，测试内容为词汇释义。

孙晓明（2012）的被试为中央民族大学和北京语言大学的 60 名留学生，实验中随机将被试分为 4 组，每组 15 人。实验自变量为任务强化水平，分为 4 个水平：零任务强化、宣布词汇测试、提供词汇训练、设计与目标词相关的阅读问题。因变量为被试的词汇测试成绩。干预过程中，每个被试需要完成四种作业，之后进行词汇测试。作业一要求被试阅读文章之后，回答 10 道阅读理解题。文章中包括 10 个加黑的目标词，与被试要回答的问题无关，主试不告诉被试在阅读理解作业后要完成词汇测试。作业二任务与作业一相同，但主试告诉被试在阅读理解作业后要完成词汇测试。作业三任务与作业一相同，主试没有告诉被试在阅读理解作业后要完成词汇测试，但在阅读作业完成后让被试参加一个词汇训练作业。作业四要求被试阅读文章之后，回答 10 道阅读理解题。文章中包括 10 个

加黑的目标词，这 10 个词与被试要回答的问题有关。4 项作业完成以后，收回测试试卷，同时对需要参加词汇训练作业组进行词汇训练。之后，发给被试另一张试卷，要求从 4 个答案中选出目标词词义的正确答案。同时，他们要标出在完成这项作业以前是否认识目标词。

邵晶、李彬（2019）的被试为在大学就读的 6 名韩国留学生，汉语水平为准中级，学习汉语的时间为两个学期。实验材料是 8 篇阅读理解文章。每篇文章后均配有阅读理解问题。实验流程是每名被试每周单独与研究人员面谈一次，完成文章阅读理解（单数周）和词汇测试（双数周），共计 8 周完成所有阅读和测试任务，每位受试共接受面谈 16 次。每次单数周，被试阅读完文章并回答问题。之后，研究员请被试报告其阅读中遇到的生词。具体做法为：研究员询问并记录受试是否遇到生词，每个生词又是如何处理的：忽略、查词典还是猜测词义。研究员会引导被试尽量回忆处理生词的详细过程。访谈全程录音并转写成文字材料。随后一周即双数周再次面谈（即延时测试），测试词汇保持情况，用以对比分析阅读遇到生词时的处理方式对词义保持的影响。测试词汇均来自受试前一周汇报的生词，挑选时兼顾词汇处理方式。由于每个被试报告的生词不同，使用的加工方式也不同，因此在延时测试中，每个被试的生词条目和数量都不同。在延时测试中，所有生词均列印在纸上，被试需要写出词义，研究员随后再沟通确认。每次词汇测试后，研究员会逐词询问被试本星期内是否在课堂或者其他场合接触或者学习过所测生词。所有被试都明确表示并未在研究之外的场合或者通过其他途径再次接触或者学习所测生词。

3.5 元分析

前四部分的研究主要是通过实证研究进行定量分析得出结论。近 20 年以来，汉语二语习得领域已积累了一定数量的关于附带习得效果的实证研究，但结果并不一致。侯晓明（2018）创新运用元分析方法系统分析了 2000—2017 年的有关实证研究结果。元分析是指全面搜集与研究问题相同或相似的实证研究，将独立的研究结果进行定量整合、综合评价的方法。该项研究通过合并 21 个独立样本的习得率，将相关实证研究的效应量进行合并，估算出合并效应量，并对这些效应量与研究特征之间的协变关系进行分析。

4. 主要结论

4.1   学习者相关因素的研究

朱勇、崔华山（2005）的研究显示，汉语水平高一些的留学生伴随性词汇学习的效果更好。

干红梅（2008a）根据 HSK 成绩和阅读半期考试成绩把被试分为汉语水平中级偏高和中级偏低两个组，发现高水平学习者的学习效果显著高于低水平学习者。可能由于汉语水平高的学生词汇量大，阅读速度快，能在规定的时间内提前完成阅读和练习，完成阅读后有一定的时间看生词表、查阅字典，对教师的讲解内容吸收多，因此每节课习得的词语数量多，保持效果也好。

钱旭菁（2005）发现，学生在阅读中遇到不认识的词语时，留学生主要采用两种加工方式进行猜测：提取词语和归纳词义。提取词语就是用学习者已知的某个词语的意思来确定目标词的意思。学习者看到目标词的文字形式或听到它的语音形式时，就会激活心理词典中某个和目标词相关联的 L1 或 L2 词语。归纳词义是指学习者根据上下文语境提供的线索归纳推断出目标词的意义。这种加工方式的自动化程度没有那么高，是一种有意识的加工。在猜测时，学习者主要运用了三类五种已有的知识：语内知识（句法知识、构词知识、词语知识）、语际知识（学习者的母语或掌握的其他语言的知识）以及超语言知识（语言以外的有关世界的一般性知识）。文章最后讨论了由前词汇加工到后词汇加工的猜测过程。

4.2   词汇本身因素的研究

干红梅（2008b）发现，透明度影响词语学习难度，阅读中伴随性习得的新词以透明词为主。汉语学习者在学习词汇时跟汉语为母语的儿童具有相似的发展过程。把不透明词当透明词来分析理解是学习过程中的必经阶段。语素义项的熟悉度、词语结构、句子语境会影响语素策略。不少学习者已经意识到用语素推出的整词义可能是错误的，开始有了反透明化的意识。语境的影响效果显著，随着语境丰富程度的增加，词汇学习的正确率提高。语境对不透明词的学习有显著的促进作用，对透明词的促进作用则不显著。

干红梅（2009）发现，词语结构影响词语学习效果，与母语为汉语的儿童学习情况一致，学习者对偏正结构的词语学习效果显著好于联合结构。中级阶段的学习者已经有了初步的词语结构意识，但结构识别正确率仅为 50% 左右。词语结构识别会影响词语学习，但其影响力远远小于语素因素的影响力。构词语素的性质影响学习者的结构识别。大部分学习者认为，知道一个词的词语结构对词语学习有很大或一定帮助，但在阅读中主动利用词语结构来学习新词的比例很低，绝大多数学习者先猜词义再猜结构。

干红梅（2010）发现，词性影响汉语作为二语的伴随性词汇学习，表现为正确的词性识别会带来正确的词语释义，而错误的识别常常导致错误的解释。名词、动词的学习效果较好，形容词的学习效果次之。词性识别的影响力小于语素因素的影响力。学习者在学习新词时常常采用透明词策略，即直接把构词语素的语义整合为词义，无论词性识别正确与否，学习者更主要的是通过语素意义来猜测词义的，词性对词语学习有一定的影响力，但是小于语素义的作用力。大多数中级水平的学习者已经具有较强的词性意识，在阅读中也会主动利用词性信息来促进新词的学习。

此外，朱勇、崔华山（2005）发现，是否认识汉字等因素对伴随性词汇学习的效果也有一定的影响，生字对学生在阅读前猜测生词有重大影响。调查还发现，对于中级以上水平的学生来说，很多学生已经有意识地运用字形分析来帮助他们理解汉字的意思。

4.3　语境因素的研究

朱勇、崔华山（2005）认为，目标词和语境线索的位置关系、语境线索与目标词在句中的相对位置关系对伴随性词汇学习有一定影响，语境线索在后面的目标词比语境线索在前面的目标词更容易被学习者猜测，但语境在猜测中也可能存在一定的消极作用。

干红梅（2011）发现，语境的丰富程度影响目标词的学习效果。双语境目标词的语境线索最丰富，学习效果最好。前语境对目标词的学习具有提示作用，为随后出现的目标词做好了语义理解上的铺垫，因此学习起来相对容易一些。强语境能使学习者避免望文生义，使透明度低的词语也具有被成功学习的可能性。近语境目标词的学习效果好于远语境目标词，学习者对近语境的关注远远高于远语境。

干红梅（2014）发现，语境位置的变化对词语的学习有较为显著的影响，前语境句子的整句总注视时间较明显地短于后语境句子。此外，有无汉字背景也影响词汇学习，日韩学习者的整句总注视时间明显短于欧美学习者。语境位置和语义类型对词语学习有显著影响：前语境和同义语境更利于目标词学习，语义类型的影响较语境位置更为突出。日韩学习者的注视时间显著短于欧美学习者。含有明确语义提示词的语境比释义小句语境更利于目标词学习。语境的作用发生在词语学习的晚期。

4.4　词汇呈现手段、教学方法等因素的研究

朱勇（2004）发现，边注的效果要好于查词典和猜测，查词典和猜测对伴随性词汇学习的效果差异不显著，但边注和查词典各有优缺点。边注能够增强阅读信心，保证输入的正确性，缩短阅读的停顿时间，更加方便灵活，但边注的主要缺点是加工浅。查词典的主要优势是能促进词汇加工深度，还可以培养学生的自学能力，缺点是费时、麻烦，停顿过多会导致学生无法很好地从总体上把握文章。此外，该文还讨论了一些相关问题，总结出关于编写教材时加词语边注的问题：第一，教材编写时，加边注要注意控制词语的难度，要想办法降低释义的抽象性；第二，边注的语言究竟使用母语还是汉语，首先应考虑词汇的性质和学生的语言水平，还要考虑学生的喜好；第三，边注的学习效率优于生词表。研究总结出的关于词典的结论为：第一，查词数和理解得分显著负相关，可能是水平高的学生查词数少，停顿少，对全文的理解反而好；水平低的学生碰到生词就查，停顿过多，理解差；第二，查词数和词汇得分相关性不明显；第三，建议分别编写初阶、中阶和高阶等适合不同水平汉语学习者使用的词典，这样有助于提高输入的可理解性。

干红梅（2008a）研究发现，在即时测试中，附带习得与另两种途径的习得效果有显著差异。在延时测试中，三种途径的保持量都下降，保持效果无差异，遗忘因素影响大。从即时和延时测试的百分比来看，都是直接学习加附带习得的效果最好，直接学习次之，附带习得比率最低。虽然附带习得比率低，但基数最

大，所以附带习得的词数最多。因此，她认为附带习得是阅读课堂中扩大词汇量的最重要途径。

孙晓明（2012）的实验结果表明，三种任务强化手段都会对留学生的伴随性词汇学习产生影响。其中，词汇与阅读任务的相关度对词汇习得的影响最大。如果目标词与阅读理解问题相关，为了回答问题，学生会有意识地通过查找等方式获得目标词的语义信息，并进一步在此基础上建立词汇形式与语义之间的映射关系，实现词汇的精加工。提供词汇训练是一种非常有效的任务强化手段，它在一定程度上将阅读活动中的伴随性词汇学习变为以词汇为中心的学习活动。它对于无关词习得的作用更大。因为学生在阅读活动中没有关注到那些与阅读任务无关的词汇，词汇训练作业会帮助学生注意并查找这些词汇，这样可增加无关词汇的相关度。宣布词汇测试也是一种有效的任务强化手段，它使伴随性词汇学习这一无意识的词汇学习行为中增加了有意识的要素。主试在阅读前宣布阅读活动后会伴有词汇测试，被试会有意识地注意到不认识的词汇并通过查字典等方式获得词汇的语义。

吴门吉、陈令颖（2012）发现伴随性学习在开始阶段受到"伴随性"影响，容易忽略测试词，词汇学习成绩较差。由于学习开始阶段的基础没有打牢，学习者容易将词语混淆；但是伴随性学习是一个循序渐进的过程，其优势会在之后慢慢显现出来，不但使学习者有机会认识词义较抽象的词语，还能帮助学习者创造性地输出词语。伴随性学习能保证学习者良好的学习兴趣，使得词汇学习后劲十足。

邵晶、李彬（2019）发现，尽管查词典学习生词有明显的不足，但查词典的优势在于词义理解的完全正确率（66%）比推测词义（37%）高出很多。研究数据表明推测词义和查词典各有优缺点，两者结合即先推测词义再查词典确定，既能保证词义正确也能有效提高词义保持度。推测词义是能产性策略，学习者主动关注语言输入，认知加工的程度深，有利于生词习得，而之后的查词典能够纠正或者部分纠正推测后不确定的词义，更有利于理解和学习。该文调查测试了初、中级韩国留学生在汉语阅读中的生词学习情况，受试报告遇到六百多个非词表内的生词，使用了多种方式策略处理。这表明，韩国受试学习汉语时会遇到大量大纲以外的词语，如何处理这些生词会影响阅读成效和整体习得。作者进一步分析了受试最常用的汉语生词加工方式，即推测词义。推测词义包括两种子方法：词语识别（L1词语识别，L2词语识别）和归纳词义。该研究中，归纳词义的使用频率高于词语识别，但是前者的词义理解正确率和词汇知识保持率都低于后者。韩国汉语学习者在阅读中遇到生词的时候，多数情况下会先使用推测词义的策略。他们较常借助上下文语境提取词义，其次是通过心理词典中的关联项来理解词义，后者的正确率和保持度更高。另外，韩国学生在词语识别方面具有一定母语优势。韩语中的汉字因词形相同对词义判断影响明显，这种影响可能辅助也可能干扰理解，关键在于学习者能否意识到并辨别出语言间的细微差别。此外，少数受试还利用了语音相似性来激活关联词。

4.5　元分析方法

侯晓明（2018）发现：（1）自然阅读中，成人汉语二语学习者词汇附带习得的合并习得率为33.9%，这一结果有力地证明了通过阅读进行词汇附带习得的可行性和有效性。这也提醒汉语教师应重视培养学习者汉语阅读的兴趣，鼓励学习者增加阅读量、扩大阅读面，以增大其词汇量。（2）未经前测的学习者可能已具备个别目标词的知识，由此导致在后测中的成绩普遍偏高。因此，实验者的主观判断并不足以保证目标词对学习者来说是完全陌生的，学习者极有可能在日常语言使用中接触到远高于自己当前水平的词汇。研究者应摒弃主观判断，在确定目标词时，要么设计包含干扰项的前测，要么使用假词。就后测方式的亚组分析结果来看，测试方式的不同并未造成组间的显著差异。（3）就阅读材料因素对习得效果的影响，作者进行了三个亚组分析。文本生词率以2%为分界点，将生词率分为两组。作为文字输入增强的方式之一，标注目标词并不能显著提高词汇附带习得的效果。提供生词释义并不能促进词汇附带习得。（4）作者进行了定性探讨，认为母语背景和汉语水平这两个因素在词汇附带习得中的重要性不言而喻。

5.　评价与展望

汉语词汇伴随性习得研究在国内经历了近20年的发展，取得了不少共识：如伴随性词汇学习是一种有效的词汇习得手段，学习者的母语背景、语言水平、词汇结构、词性、词汇语义透明度等内部因素以及词汇的语境、出现次数等外部因素都影响伴随性习得。词汇伴随性习得研究的内容也从最初纯粹的重复性验证发展到结合汉语特点进行考察。这些研究丰富了汉语词汇习得研究的内容，也为伴随性习得研究提供了汉语的证据。

随着学科的融合、研究方法手段的升级和研究问题的深入，目前的研究还存在一些有待进一步加强之处，具体表现在以下三点：

第一，开展针对各个等级的大规模纵向研究。以往的研究多为小规模的横向研究，对象多为某一等级，所得结论的解释力囿于一定范围之内。目前，我们仍不清楚伴随性词汇习得在初、中、高各个等级的学习中有何特点，更适用于哪个等级，习得效果的保持率如何。因此，在每个等级开展系列的纵向研究将有效地回答这些问题。

第二，关注伴随性学习的应用问题，研发适合伴随性词汇学习的教学法和教材。目前的研究主要关注伴随性词汇习得的影响因素，得出了很多有针对性的结论，但这些结论未能很好地运用到教学中。未来的研究应关注相关教学方法、模式以及配套教材的研发并进行实证研究，以期高效服务教学。

第三，运用心理学技术手段，探索伴随性习得的心理机制。二语词汇习得问题一直是语言学界、心理学界关心的问题。目前，随着学科融合，心理学的研究方法被越来越多地运用到语言习得问题的研究上来。干红梅（2014）采用眼动手段研究语境对汉语阅读中词汇学习的影响，收集到了一手的词汇加工在线数据，这是一次很好的创新。汉语二语词汇伴随性习得属于词汇学习中的一个跨学科课题，不仅涉及语言要素的习得，也涉及词汇加工的心理过程。对这一问题的多视角研究，有助于我们更好地了解汉语二语词汇伴随性习得的过程与机制。

第五节　本章小结

本章对关于汉语二语词汇加工与发展等问题的研究进行了介绍。根据研究内容，分为四个部分。第一部分的研究从心理学视角展开，这些研究对二语词汇习得理论、词汇习得的影响因素、词汇习得的认知机制、语言能力以及水平与词汇习得的关系、学习者词汇特征与发展等问题进行了细致的探讨，主题丰富，为汉语词汇习得研究提供了许多新视角。第二部分主要研究二语者词汇发展的变化特点和二语者词汇加工心理，讨论汉语二语者如何对词汇心理表征与加工。第三部分研究了汉语二语者心理词典问题，着重探讨了心理词典的影响因素、原因。第四部分的主题是汉语词汇伴随性习得问题，从学习者、词汇本身、语境、词汇呈现手段、教学方法等方面研究了伴随性习得的影响因素。

上述研究多为定量分析，很多都是首次将国外二语习得的理论方法用于汉语词汇习得研究，将词汇习得研究从语言本身拓展到学习者的心理层面，极大地拓展了汉语二语词汇习得的研究内涵和研究视角。但是，要想使西方的理论方法更好地服务汉语研究，体现汉语词汇习得的学科特色，未来的研究还需关注如下问题：

第一，具有坚实的汉语词汇"本体"知识基础。语言学研究的目的在于科学的解释，科学的解释需要语言学词汇、语法的本体理论和本体知识，加强论文的科学性需要本体知识的支持。

第二，研究成果应在实践中进行检验。研究总结出的词汇习得的影响因素应该如何评价，它们持续的时间和作用如何，哪些作为习得规律并已有对应的教学方法应用在具体的教学之中了，哪些是新发现的，是不是值得推广，有什么地方需要改进的，等等，都需要在实践中进行检验。

第三，不同母语的汉语二语者词汇习得的机制是否相同？母语经验的影响体现在何处？类型学的研究对词汇习得提出了要求。我们需要更多分国别的词汇习得的数据，这方面的研究应该加强。

第四，应考虑词汇习得与语法习得的接口问题。从词汇习得和语法习得的互动看，语法习得管的是大语法的问题，词汇习得管的是具体词语的小用法问题，二者在语言层面存在共性。那么汉语词汇与语法习得的机制是否存在共性与互动，也是汉语二语词汇习得面临的一个问题。

第四章　词汇习得的外部影响因素

第二语言学习者在学习目的语的过程中，必须掌握语言的各项基本要素。词汇作为语言要素之一，是第二语言习得的核心内容，因为词汇习得贯穿整个语言习得的全过程。Wilkins（1972）强调，没有语法，很多东西无法表达；没有词汇，什么东西也无法表达。国外一些学者认为，词汇知识的习得不仅是言语理解（阅读理解和听力理解）的关键，而且也是言语产出的动力（Levelt，1989；Marslen-Wilson，Tyler，Wakter et al.，1994）。国内一些专家也认为，汉语的最小造句单位是"词"而不是"字"，对外汉语教学中应该以"词"为基本单位进行。"在整个对外汉语教学中，词语教学自始至终都应该放在语言要素的中心位置。"（胡明扬，1997；任瑚琏，2002）可见，词汇知识在二语习得与教学中占有十分重要的地位。

随着第二语言习得研究的不断深入，研究者越来越清楚地认识到二语词汇知识在言语理解和言语产出过程中的重要作用。目前，学界关于影响词汇习得因素的研究大多是针对理解性词汇习得展开的。在过去的 20 多年里，二语教师及学习者普遍认为，词汇知识习得是二语习得过程中亟须解决的问题（Nation，2010），词汇量、词汇丰富性以及词汇深度知识的不足，已经成为制约初中级汉语学习者向高级水平汉语学习者跃进的最大障碍之一。根据以往的研究可知，影响词汇习得的因素较多。就各种影响因素与词汇之间的关系来看，可以分为外部因素与内部因素两大类。本章专门评介近 20 年来影响汉语作为第二语言词汇习得的外部影响因素的相关研究成果。

二语词汇习得的外部影响因素内容广泛，一般指除词汇内部因素之外的其他一切因素，大致分为三种类型：（1）学习者因素，内容涉及母语背景、学习水平、学习动机和学习策略等等；（2）语言因素，内容涉及语言输入频率和语境等；（3）外部环境因素，内容涉及社会环境、教学法和教师教育等。

第一节　学习者因素研究

国内外有关第二语言习得和外语教学的研究表明，学习者自身因素对第二语言习得有着直接影响，从而可能决定学习成功与否。因此，二语习得研究越来越重视学生这一角色的中心地位，这与其他教育领域的观点是高度一致的。很明显，语言教学过程中，无论方法和技巧在理论上多么完美，很多时候都无法产生有效的习得结果。要抓住产生这一现象的症结所在，就必须研究学习者。基于此，学习者因素已经成为近年来国际二语习得研究的热点问题之一，具体内容包括母语背景、语言水平、年龄、性别、动机、语言学能、学习策略、学习风格等等。

1.　学习者因素的研究内容和理论背景

综观近 20 年汉语二语词汇习得的研究成果，涉及学习者因素的并不多，且大多研究是在讨论词汇习得的其他问题时顺带提及，鲜有文章专门对学习者因素进行专题研究。检索《世界汉语教学》《语言教学与研究》《语言文字应用》《汉语学习》《华文教学与研究》和《云南师范大学学报（对外汉语教学与研究版）》等期刊，其中从汉语二语词汇习得角度出发讨论学习者因素的文章共 18 篇，研究内容主要涉及母语背景、学习策略和学习动机 3 个方面。

1.1　有关母语背景的研究

第二语言习得与第一语言习得的最大差异在于，学习者在学习第二语言之前，已经形成了关于客观世界的非常完善的认知。因此，他们面临的首要问题是如何将母语的语义系统与第二语言里的词汇形式重新设置对应关系，进而建立起二语形式与二语语义的映射关系。所以，在第二语言词汇的习得过程中，母语的影响是不可避免的。研究表明，母语知识在第二语言词汇学习过程中会产生迁移，这就使得许多学者将研究的视角定格在母语背景上。

在我们检索到的近 20 年汉语第二语言词汇习得的论文中，论及母语背景的有 15 篇。值得注意的是，这些文献的研究内容往往并非单一主题研究，大多研究是多维度地讨论汉语二语词汇习得的影响因素，即一篇文章可能会涉及两个或两个以上的影响因素（包括内部因素与外部因素）。据此，这 15 篇文献可分为以下 3 类：（1）有关母语背景的专项研究。这类研究较为少见，仅有 3 篇，且均为实证研究，包括史静儿、赵杨（2014），沈禾玲（2015）和林才均（2015）。（2）将学习者的母语背景纳入外部因素中的综合研究。相关文献 7 篇，其中 6 篇是对学习者母语背景和学习策略的综合研究，包括孙晓明（2005），张博（2011），洪炜（2011），房艳霞、江新（2012），姜有顺（2017）和刘旭（2018）；而柳燕梅（2002）则涉及了学习者母语背景与重现率两种外部因素。（3）将学习者的母语背景与词汇习得的内部影响因素结合起来的研究。相关文献 5 篇，包括赵杨（2011），李冰（2011），郝美玲、厉玲（2015），王意颖、宋贝贝、洪炜（2018）和罗耀华、段宇翔（2019）。

1.1.1　有关母语背景的专项研究

本部分的 3 篇论文均属于实证研究的范畴，选取的汉语二语词汇习得项目分别为汉语积极词汇、汉语疑问代词的虚指用法和现代汉语的离合词，探讨的学习者母语背景涉及英语（美国学生）和泰语两种，且均为单一母语背景研究。

史静儿、赵杨（2014）通过可接受性判断测试，考察了 65 名母语为泰语的学习者对汉语疑问代词虚指用法的习得情况，发现高级水平学习者在否定词、猜测副词、条件连词和疑问词"吗"作为允准语的 4 类句式上与汉语母语者具有一致的判断倾向性，多数句式达到了汉语母语组水平，但是在句末助词"了"作为允准语的句式上表现出不确定性，从而得出汉语学习者的习得困难可归因于词汇问题，而不是笼统的界面关系的结论。

沈禾玲（2015）考察了美国高年级汉语学习者第一语言语义迁移在汉语二语积极词汇习得中的作用，研究发现，高年级汉语学习者在汉语二语词汇运用过程中仍十分依赖母语。

林才均（2015）基于诱发性语料与自然语料，主要依据准确率标准与正确使用相对频率法，初步探讨了初级阶段泰国大学生现代汉语离合词的习得顺序与特点。研究结果发现，总体上，泰国初级汉语学习者对离合词各结构的习得未达到习得成功的标准。其大体习得顺序为：重叠＞介词搭配＞插入修饰成分＞插入补语＞语素脱落＞V 的重复＞名语素前移＞词性偏误＞插入助词，而这一习得顺序与泰国初级汉语学习者习得离合词的特点密切相关。

1.1.2　将学习者母语背景纳入外部因素中的综合研究

在语言习得理论中，语言学习策略是指学生在发展第二语言或外语技能时，为促进学习进步而使用的具体的行为、步骤或技巧，它被认为可以促进第二语言或外语的内化、存贮、提取或使用。由于学习策略在语言学习过程中的独特地位，愈来愈多的国外学者运用不同的研究方法，从不同的角度，探讨不同背景和不同类型的学习者使用学习策略的情况。近 20 年，汉语二语词汇习得领域也有相关的研究问世，并呈现出不断增多的趋势。

1.1.2.1　对不同母语背景学习者学习策略的探讨

作为学习者因素的重要组成部分，近年来，学习策略的研究在我国越来越受到重视，并已取得了初步的成果。庄智象、束定芳（1994）在总结他人研究的基础上指出，所谓学习策略，实际上就是学习者为了获取学习机会，巩固学习成果，解决学习过程中所遇到的问题而做出的种种反应和采取的策略。文秋芳（1995）认为，学习策略就是为有效学习所采取的措施。她强调，使用策略的目的在于提高学习效率；策略的实质是学习者的行动而不是想法，可以是外部活动，也可以是内部活动。张文鹏（1998）则认为，语言学习策略应被界定为学生有意识地用来改进语言学习的步骤和方法。这些方法有的是可见的、显性的行为，有的是隐性的大脑运作，直接或间接地辅助语言习得。

早期的研究者通过调查，列出了所有的优秀学习者必备的一些策略，如美国语言学家 Rubin（1975）认为，优秀学习者一般具有七个方面的共同点[①]。Stern（1975）在 Rubin 的影响下，把成功者和不成功者使用的策略一一进行对比，列出了成功者必备的十大策略[②]。Bialystok（1978）在她的语言学习模式理论中确认了四大策略，其中前两个学习策略是为了掌握语言规则系统而进行的具体语码练

---

① 　Rubin（1975）提出的七大特点包括：a. 乐于并善于猜测；b. 具有较强的交际欲望并从实际中学习知识；c. 不受第二语言知识的欠缺所约束，不怕出错出丑；d. 注重语言形式的学习；e. 寻找一切机会与本族语者接触，或通过看电影、参加其他文化活动等来进行练习；f. 对自己和他人的言语进行监控；g. 不仅关心语法或言语的表面形式，还注意语言形式在社会环境中的意义。

② 　除一部分策略与 Rubin 的发现有重合外，Stern 主要增补了"个人学习方式""移情""内化"等策略。

习的形式操练和学习者寻找机会使用语言进行交际的功能操练，另外两大策略是分别与形式操练和功能操练有联系的监控策略和推理策略。为使学习策略的分类更为一致、更为全面，弥补大多数研究缺乏社会 / 情感策略的不足。Oxford（1990）提出了一个由六组第二语言学习行为组成的策略系统。她认为学习者应是一个利用智力、社会、情感和肉体等方面资源的完整的人，而不仅仅是一个认知 / 元认知的处理信息的机器，因而这个系统应包括以下几个方面：（1）元认知策略，诸如集中注意力、有意识地寻找练习机会、制订学习计划、自我评价学习的进步以及监控错误等；（2）情感策略，如减低焦虑、自我鼓励等；（3）社会策略，如质疑、与本族语者的合作和文化意识等；（4）记忆策略，如归类和意象等；（5）一般认知策略，如推理、分析、概括和操练等；（6）补偿策略，如根据上下文猜测意义以及迂回表达法等。我们对近 20 年汉语二语词汇习得学习策略相关成果的梳理以 Oxford 构建的六大策略系统为参照，据此，归纳出目前的研究主要涉及了元认知策略、一般认知策略、记忆策略和补偿策略等方面。

　　根据 Oxford 构建的六大策略系统，本部分的 6 篇论文中，属于元认知策略研究范畴的有孙晓明（2005），属于记忆策略研究范畴的有洪炜（2011）、姜有顺（2017）、刘旭（2018），其余 2 项研究则既涉及一般认知策略，又涉及补偿策略，主要有张博（2011），房艳霞、江新（2012）。

　　1.1.2.1.1 不同母语背景学习者元认知策略的探讨

　　Oxford（1990）提出的元认知策略包括集中注意力、有意识地寻找练习机会、制订学习计划、自我评价学习的进步以及监控错误等内容。

　　孙晓明（2005）指出，由于低重现率在外国学生汉语词汇学习过程中的作用是微乎其微的，所以增加词汇重现率，特别是高重现率对于教材编写而言有相当大的难度。这样的操作在造成浪费的同时也对调动学习者的积极性毫无益处；而且从教学的角度看，不仅不利于教学内容的深入，还会造成词汇面过窄的局面。基于此，孙晓明（2005）提出了外国学生汉语词汇学习的高投入策略，以此来弥补词汇低重现率的种种不足。即时测试和后测两个阶段的测试证明，被试在训练作业中的投入水平越高，对词汇的掌握越好，由此可见，学习者的高投入度可以带来更好的词汇记忆效果。研究在讨论高投入策略的同时，还讨论了欧美学生的母语背景对汉语词汇习得的影响，指出投入因素对欧美学生的词汇学习具有特别重要的意义。原因在于欧美学生的母语文字体系和汉字有很大差异，因此，他们对于汉语词汇的视觉记忆能力较差；和日韩学生相比，其学习、记忆汉语词汇的心理压力和困难相对较大。

1.1.2.1.2 不同母语背景学习者记忆策略的讨论

Oxford（1990）提出的记忆策略主要指归纳和意向等。本部分论文中，洪炜（2011）、姜有顺（2017）和刘旭（2018）均属于个案研究，分别讨论了汉语的近义词、有定范畴"们"和名词的句法功能的习得策略，这些研究涉及的策略基本属于记忆策略。

洪炜（2011）在研究语素因素对留学生近义词学习的影响时，主要讨论了以下两个问题：（1）同素近义词是否比异素近义词更容易学习？（2）不同语言背景、不同汉语水平的留学生学习这两类近义词时的表现是否相同？研究选取了117名中山大学国际汉语学院的初、中级水平汉语学习者进行实验，其中包括初级水平被试57名（日韩组28人，欧美组29人）、中级水平被试60人（日韩组30人，欧美组30人）。实验发现，不同语言背景的学习者语素意识的发展过程呈现出不同的特点。

姜有顺（2017）探查了汉语本族语者对"们"的标记规律的语感以及二语学习者对"们"的标记规律的习得情况，指出二语学习者对"们"的标记规律的习得受到汉语表达有定性的语序手段（即有定效应）与母语的有定标记的强制性这两个因素的共同影响。研究涉及以下问题：（1）NP所在的句法位置如何影响汉语本族语者和汉语二语学习者为NP标记"们"的行为？（2）二语者和本族语者相比有何异同？在具体的研究过程中，姜有顺（2017）做了两个大胆的假设，其中第二个假设与母语背景有关，即假设母语的有定标记的强制性影响汉语二语学习者对"们"的标记规律的习得，其原因在于受到母语迁移的影响，英语和泰语母语的学习者在"们"的标记上存在显著差异。

刘旭（2018）以第二语言习得和认知语言学的相关理论为依据，通过建立泰国大学生汉语作文语料库，采用语料库法、实证法、内省法等对泰国大学生汉语名词习得机制展开研究，研究的前提是对汉语和泰语中与名词相关的句法功能进行比较。根据语料库的数据统计，研究发现：（1）泰国大学生汉语作文语料中，名词在句子成分中最常用的是宾语，其次是状语，再次是主语，使用量和使用率均最低的是定语；（2）泰国大学生汉语名词的输出率较高，从数量上反映出其习得情况较好；（3）泰国大学生汉语名词习得偏误的类型中除了遗漏、误加、误代和错序四类外，还有错搭、杂糅等。

1.1.2.1.3 不同母语背景学习者一般认知策略和补偿策略的探讨

Oxford（1990）提出的一般认知策略包括推理、分析、概括和操练等，补偿策略则包括根据上下文猜测意义以及迂回表达法等。

张博（2011）基于英语背景学习者母语词义误推的普遍现象和典型实例，对如何消解母语词类误推问题进行了较为深入的探讨，重点讨论了母语词义误推的类型、第二语言学习者母语词义误推的主要特点和研究母语词义误推的应用价值等问题。首先，基于词义划分的三个层级，母语词义误推可归纳为义位误推、义域误推和语义特征误推三种类型。其次，研究总结出母语词义误推的主要特点：（1）从母语词义的常用度来看，误推的方向是由非常用义向常用义推移；（2）从词义关系来看，意义关系近则易发生母语词义误推；从语义的抽象度来看，意义抽象度高则易发生母语词义误推。研究者在此基础上进一步指出，母语词义误推的特点与第二语言习得研究领域所发现的语言迁移的特点或规律相契合，也可以用有关的语言迁移理论进行解释。最后，研究总结出母语词义误推的应用价值为：（1）理性地探寻二语学习者特异性词语错误的根源；（2）根据不同类型的词义误推对语言表达的影响力来确定纠错的重点和时机；（3）针对词义误推的不同类型采取适宜的预防和消解对策。

房艳霞、江新（2012）主要讨论如何利用语境和构词法信息来猜测词义。研究重点讨论了以下三个问题：（1）以汉语为第二语言的学习者利用语境线索和构词法线索时是否存在个体差异？（2）这种个体差异在不同母语背景的学习者中是否有不同表现？（3）学习者的母语与第二语言的距离（相似性）是否影响生词的猜测？研究考察了36名中级水平的外国学生在只有词、只有语境、有词和语境三种条件下，猜测语义半透明的汉语双音复合词词义的情况，发现以汉语作为第二语言的外国学生在猜测汉语词义时存在很大的个体差异，即学习者猜测词义时存在整合者、语境线索使用者和构词法线索使用者这三种类型的差异，而且三种类型的差异在不同母语背景学生中的表现不同。在非整合者中，欧美学生使用语境线索的较多，日本学生使用构词法线索的较多。

1.1.2.2　母语背景与重现率相结合的研究

柳燕梅（2002）通过两个实验说明生词重现率对欧美学生汉语词汇学习的影响。研究认为，对于欧美学生而言，记忆生词非常难，尤其是生词的形。词汇的高重现率正可以使学生对生词的形更为熟悉，所以对他们学习和掌握词汇更有意义。研究进一步指出，欧美学生和日韩学生已有的关于汉语词汇的知识结构不同，面临的词汇学习任务也不同。在初级阶段，与日韩学生相比，欧美学生在记忆生词、理解词义上常常处于劣势。

1.1.3　将母语背景与词汇习得外部因素结合起来的研究

赵杨（2011）通过调查以韩语为母语的学习者对韩汉同形同义、同形异义、异形同义、近形同义等类别词语的习得情况，发现对学习者习得汉语词语影响最大的因素是母语和目的语词语的相似性与区分度，并从一语迁移、词汇习得模式和频率效应等方面对这一结果进行了解释。

李冰（2011）集中探讨了以下问题：（1）词形对日本学生汉语词汇习得的影响如何？（2）汉日差异大的词形和差异小的词形对学习者习得词汇的影响是否存在显著差异？（3）词形对不同级别学习者的影响是否一致？

郝美玲、厉玲（2015）通过大样本、多变量回归分析的方法，从整词属性和词素属性两个层面综合考察汉语母语者以及不同母语背景的学习者在学习汉语复合词时的加工机制和影响因素。研究发现，与母语者类似，来自拼音文字国家的学生、泰国学生、日韩学生三组被试在加工汉语词语时均受到语义因素的影响，但是影响大小存在组间差异。语义对非汉字圈背景学习者的影响相对较弱，而对日韩学生影响最大。

王意颖、宋贝贝、洪炜（2018）综合使用自主释义和词义选择两种方法相结合的方式，更客观、全面地考察了五种词语结构对中级留学生习得语义透明词的影响。研究发现，日韩学习者对不同词语结构语义透明词的习得效果在总体上明显好于欧美学习者。

罗耀华、段宇翔（2019）基于复杂动态系统理论，从词汇多样性、词汇复杂度、词汇难度、词汇正确率、词汇搭配性知识、词汇意义性知识等六个指标，研究了不同母语文字背景的高级汉语二语者书面产出词汇的复杂性，并与汉语母语者进行比较，检验了现有词汇框架中几个指标计算公式的有效性。

1.2　有关学习策略的专项研究

张金桥（2008a）属于元认知策略的范畴，系统地比较了留学生汉语词汇直接学习方法和间接学习方法在理解性词汇知识和产出性词汇知识的即时（on-line）和延时（off-line）两个时段的学习效果。研究建立在两个划分的基础上：一是将词汇知识划分为理解性词汇知识和产出性词汇知识两类，二是将词汇知识的习得策略分为直接学习与间接学习两种。基于此，论文重点考察了以下问题：（1）直接学习和间接学习两种方法对留学生在理解性词汇知识以及产出性词汇知识的学习效果上有何不同？（2）两种学习方法在理解性词汇知识和产出性词汇知识的即时学习效果和延时学习效果上有何不同？

朱文文、程璐璐、陈天序（2018）兼属一般认知策略和补偿策略的范畴，主要讨论了汉语二语词汇习得中的词义推测问题，重点探讨汉语语素意识中同形语素的次类——同形同音语素意识。通过语素意识测试，文章研究了初级水平汉语学习者的同形语素意识与词义推测能力及阅读理解能力之间的联系，即同形语素意识强的学习者是否在词义推测及阅读理解方面存在明显的优势。测试包括四项内容：（1）语素测试1，主要考察学习者是否有能力辨别同形的个体语素与词内语素的意义；（2）语素测试2，主要考察学习者对同形语素意义的区分能力，即是否有能力识别相同字形的语素在不同词语中所表达的不同意义；（3）词义推测，主要考察学习者利用词内及句内信息猜测新词意义的能力；（4）阅读理解测试，主要考察学习者的综合阅读能力以及对篇章的理解能力。测试结果显示，初级阶段的汉语学习者的同形语素意识存在一定的差异，而这种语素意识上的差异又反映在他们词义推测及阅读理解的表现上。

1.3　有关学习动机的专项研究

目前关于汉语作为第二语言词汇习得的内部影响因素的研究成果数量较多，

且涉及面较广，而对于外部因素的研究数量较少。国内外二语习得相关研究表明，外部因素即学习者因素对学习效果起着决定性的作用，而在影响二语学习效果的诸多因素中，起关键作用的是学习者的学习动机（Lewis，1993；秦晓晴，2007）。学习动机是激发个体进行学习活动、维持已引发的学习活动，并使学习行为朝向一定目标的内在心理状态（Pintrich & Schunk，2002）。学习动机对学习的影响体现在两方面：一是对学习过程的影响，二是对学习结果的影响。虽然学习动机在影响二语习得的诸多因素中占有极为重要的地位，但对外汉语学界的相关成果却少之又少，目前我们检索到的仅有《泰国学习者汉语词汇学习任务价值与词汇知识关系研究》（李爱萍，2018）一文。

1.3.1 理论基础

在动机理论研究中，运用任务价值研究人们的成就行为可以追溯到20世纪30年代。任务价值及内部结构的界定有多种，概言之，研究者多从代价和积极的效价两方面定义任务价值，即把任务价值视为对任务的趣味性、重要性、助人意义、效用、外在影响和代价的感知。Eccles & Wigfield（1992）认为，较高的任务价值可以激发学习者的努力和投入，可以通过运用认知和元认知调节策略来激发学习者的认知投入。Pintrich & Schrauben（1992）认为，较高的任务价值也可以通过促进个体进行批判性思考来提升学业成就。学习者对语言任务赋予不同价值的现象也较为普遍，因此，越来越多的二语研究者开始重视研究任务价值在语言学习中的作用。Elley（1989）发现，二语学习者词汇学习兴趣的增强有助于他们更好地习得二语词汇。秦晓晴（2007）在中国大学生外语学习动机研究中将英语学习价效作为一个重要的动机成分进行了考察，结果发现英语学习效价高的学习者有较大的学习动力。综上，当前国内教育心理学界已经对任务价值对学业成就的影响进行了较为广泛的研究，英语作为第二语言教学领域也已关注到任务价值对语言学习的作用，但是目前针对汉语学习者的词汇学习任务价值和词汇知识效果之间关系的研究还非常有限。

1.3.2 研究内容

为了解汉语学习者的汉语词汇学习任务价值对汉语词汇知识习得的影响，从而为促进汉语词汇知识习得效果提供更有针对性的参考依据，李爱萍（2018）对泰国某重点高校的汉语专业本科生进行了问卷调查，回答了以下问题：（1）泰国学习者赋予汉语词汇学习怎样的任务价值？学习者的汉语词汇知识习得现状如何？（2）泰国学习者的汉语词汇学习的任务价值与词汇知识的习得关系如何？（3）任务价值在多大程度上能够预测汉语学习者词汇知识习得结果？借鉴 Eccles & Wigfield（1992）有关动机理论对任务价值的界定及齐越、方平（2005）对任务价值结构五个维度的划分，李爱萍（2018）在自编"汉语词汇学习任务价值量表"的过程中，将泰国学生汉语词汇学习的任务价值分为三个维度：兴趣价值、效用价值与代价，通过详细的量表和严密的统计探索汉语词汇学习任务价值和汉语词汇知识习得之间的关系。

2. 学习者因素研究常用的研究方法

第二语言习得是一个新兴的研究领域，它的研究方法主要是从应用语言学、心理学、教育学、社会学等相关学科借鉴来的。莫丹（2017）通过对 10 年来汉语作为第二语言（CSL）词汇习得研究进行述评，将研究方法归纳为实验方法、语料库方法、综合性方法、调查方法、准实验方法、偏误分析法、微变化研究和个案研究等类型。据此考察本节的 18 篇文献，采用的研究方法主要有以下 3 种类型。

2.1 实验方法

本节的 18 篇论文中有 8 篇采用了实验方法，占比最大。实验研究的目的是在两种现象之间建立因果关系，即探讨一个变量的变化是否引起另一个变量的变化。实验研究的一个独有特征是，研究者直接对自变量进行操纵。由此可见，学者们对实验环节的设计与其研究目的息息相关。因此，本节的 8 篇论文在变量的设置上有单因、双因和三因的区别。

2.1.1 单因素设计

柳燕梅（2002）重点考察了生词重现率对欧美学生汉语词汇学习的影响。实验采用单因素被试内设计。自变量为词的重现率，分为高重现率、中重现率和低重现率 3 个水平；因变量为被试的词汇测验成绩。孙晓明（2005）考察了 65 名欧美学生在汉语第二语言词汇学习过程中投入水平与词汇学习效果的关系。实验采用单因素被试间设计，自变量为学习词汇时的投入程度，分为高投入、中投入、低投入、零投入4个水平。罗耀华、段宇翔（2019）考察了54名不同母语文字背景的高级水平汉语学习者的书面语词汇表现。实验采用单因素组间设计，自变量为母语文字背景（汉字文化圈和非汉字文化圈），因变量为词汇复杂性（6个指标），主要借助单因素方差分析法，同时结合差误分析法、定性研究法。

2.1.2　双因素设计

李冰（2011）采用纸笔测试的方法，考察了词形对日本学生词汇习得的影响。具体设计为双因素（2×3）混合设计，其中被试汉语水平因素为被试间变量，分为初级、中高级两个水平；词形因素为被试内因素，分为同形同义词、繁简同义词、细差同义词3个水平。房艳霞、江新（2012）考察了36名中级水平的外国学生在只有词、只有语境、有词和语境3种条件下，猜测语义半透明的汉语双音复合词词义的情况。实验采用双因素（3×2）混合设计，自变量为猜测词义的条件，分为只有词没有语境、只有语境没有词、有词和语境3个水平；国别分为欧美和日本两个水平。王意颖、宋贝贝、洪炜（2018）通过两项实验考察了词语结构对不同母语背景中级水平留学生习得汉语语义透明词的影响。两项实验均采用双因素（5×2）混合设计，被试内因素为词语结构，分为联合、偏正、动宾、动补、主谓5种类型；被试间因素为语言背景，分为有汉字背景的日韩组和无汉字背景的欧美组两个组别。

2.1.3　三因素设计

张金桥（2008a）系统地比较了留学生汉语词汇直接学习方法和间接学习方法在理解性词汇知识和产出性词汇知识的即时和延时两个时段的学习效果。实验采用三因素（2×3）混合设计，自变量学习方法是被试间因素，分为词表背诵法、文本阅读法和控制组3种水平；测试时段为被试内因素，分为即时和延时测试两种水平；因变量是被试理解性词汇知识和产出性词汇知识的成绩。实验分组进行；组1为直接学习组，要求留学生背诵附有中文和英语释义的汉语词汇表；组2为间接学习组，要求留学生阅读小短文后完成阅读理解题；组3为控制组，留学生不进行词汇学习。洪炜（2011）考察了语素因素对不同母语背景留学生近义词学习的影响。实验采用三因素（2×2×2）混合设计，其中词语类型是被试内因素，分为同素近义词和异素近义词两个水平；语言背景和汉语水平是被试间因素，语言背景分为有汉字背景的日韩组和无汉字背景的欧美组两个水平，汉语水平分为初级和中级两个水平。

2.2 调查方法

调查是通过对样本的直接研究来了解总体特点的研究方法，通过采用标准化的资料收集方式研究大量被试的某些变量。调查的目的不是深入了解每个个案的详细信息，而是探讨大量个体的一个或多个变量。调查是一个标准化的观察程序，所有的被试都面临相同的调查问卷，有相同的指导语，在相同的条件下进行。本节的 18 篇论文中，有 6 篇采用了调查方法。

赵杨（2011）采用多项选择测试手段，考察了韩国学生对韩汉同形同义、同形异义、异形同义、近形同义等类别的汉语词语的习得情况，发现韩汉词语之间的相似性和区分度是影响习得的主要因素。史静儿、赵杨（2014）通过句子可接受性判断测试，选择 5 类允准语，分别是否定词、猜测副词、条件连词、疑问词"吗"和句末助词"了"，考察了 65 名母语为泰语的学习者对汉语疑问代词虚指用法的习得情况。郝美玲、厉玲（2015）的研究采用大样本、多变量回归分析的方法，实验选取 60 名学生，将其分为日韩学生（19 人）、泰国学生（19 人）和来自拼音文字国家的学生（22 人）3 组，考察影响各组被试汉语复合词词汇判断反应时各因素的作用大小。数据分析包括两大部分：第一部分将各变量都放入回归方程，以考察各个具体变量对不同组被试的影响；第二部分先对各变量进行因子分析，抽取独立的因子成分，进一步考察不同维度上的因子对不同组被试的作用。姜有顺（2017）的实验采取图片诱导下的句子完形填空的形式，使用图片诱导的目的是给被试提供明确的事件情境，测试句中作为目标词的 NP 的指称对象在这个情境中既是复数的也是有定的。测试句的目标词都是"学生"，分别出现在主语、介宾、兼语、宾语和存现句宾语 5 个句法位置。每个句法位置各制作两个测试句，一共制成 10 个测试句。目标词后面用一个下划线表示"们"的位置，并提供 3 个备选项。被试观察图片，阅读测试句，并从 3 个选项中选出一项。李爱萍（2018）通过统计探索了汉语词汇学习任务价值和汉语词汇知识习得之间的关系。研究的测量工具包括"汉语词汇学习任务价值量表"（量表将汉语词汇学习的任务价值分为兴趣价值、效用价值和代价 3 个维度）和"汉语词汇知识测试卷"（由理解性词汇测试卷、控制性产出词汇测试卷和词汇深度知识测试卷 3 部分组成）两种，采用相关分析和回归分析的方法对收集到的数据进行分析，以此为基础解释汉语词汇学习任务价值与词汇知识习得之间的关系。

2.3　语料库方法

利用语料库分析学习者的语言主要有基于语料库和语料库驱动两种方法，前者利用语料验证假设，后者量化分析收集的语料。基于语料库的研究方法又可分为计算机辅助的错误分析和中介语对比分析。本节的 18 篇论文中，有 4 篇采用了语料库方法。

张博（2011）采用基于语料库的偏误分析法对英语背景学习者母语词义误推的普遍现象和典型实例进行了分析，归纳出母语词义误推的类型和特点，进一步认识了第二语言词汇学习的特点和规律，并为对外汉语词汇教学及教材、工具书的编纂提供了有益的参考。林才均（2015）基于诱发性语料与自然语料，主要依据准确率标准与正确使用相对频率法，初步探讨了初级阶段泰国大学生现代汉语离合词的习得顺序与特点。刘旭（2018）通过泰国大学生汉语作文语料库，对泰国大学生汉语名词及其习得情况进行了统计分析。为从真实语料出发考察泰国大学生汉语习得情况，研究者专门建立了泰国大学生汉语作文语料库。该语料库共收集泰国 75 所高校 778 名学生的 946 篇汉语作文，合计 241479 字，其中既有中文专业学生，也有非中文专业学生，收集的语料样本覆盖全泰开设汉语课程的高校。朱文文、程璐璐、陈天序（2018）以 40 名北京语言大学初级汉语学习者为研究对象，通过 4 项阅读能力测试（2 项语素意识、1 项词义推测、1 项阅读理解），运用相关分析、聚类分析、回归分析等统计方法，重点考察了被试的同形语素意识与汉语词义推测能力、阅读理解的关系。

2.4　研究方法小结

第二语言习得的研究任务和具体研究内容决定了其研究方法。从研究目的来看，第二语言习得一般采用描述性研究和解释性研究两种方法。无论是描述性研究还是解释性研究，往往都采用实证的研究方法。实证研究又分为定量研究和定性研究两种。一般认为，定性研究的主要特征是：（1）随着研究的进展逐渐形成假设，（2）通过自然的观察和访谈收集资料，（3）资料来源于自然情境，（4）对资料进行叙述、描述，（5）研究一个或少数几个案例。定量研究的主要特征是：（1）研究开始时就有精确的假设，（2）通过有控制的观测收集资料，（3）将资料简化成数字进行分析，（4）研究一定数量的被试。基于这样的认识，我们追踪到的研究学习者因素的 18 篇文献所采用的 3 种研究方法，均属于实证研究。值得注意的是，根据上述特征和学界的观点，调查研究法（即"问卷调查法"，我们之所以未采用这一术语，是因为现在的调查研究已经发生了巨大的改变，不再是仅仅局限于纸质问卷一种形式的调查）往往被认为属于定性研究的范畴。

　　Larsen-Freeman & Long（2000）认为，定量研究与定性研究形成了一个以这两种研究方法为两极的连续体，而且，大部分研究一般既有定量研究的特点，又有定性研究的特征。因此，我们认为，调查研究并不是真正意义上的定性研究，就目前汉语二语习得研究所采用的调查研究方法来看，其定量特征越来越明显，甚至于可以纳入定量研究的范畴当中。具体原因在于，第一，目前汉语二语习得研究中所采用的调查研究往往具有如下特点：（1）调查的目的不是深入了解每个个案的详细信息，而是探讨大量个体的一个或多个变量；（2）调查是一个标准化的观察程序，所有的被试都面临相同的调查问卷，有相同的指导语，在相同的条件下进行。第二，目前汉语二语习得研究中所采用的调查研究常常包括如下阶段：（1）确定研究的目的，并根据研究目的编写调查工具；（2）调查工具或问卷设计好之后，进行取样调查；（3）对资料进行收集、分析和解释。第三，在目前的汉语二语习得研究中，调查采用的问题有两种形式：（1）开放式问题，允许被试用自己的语言来回答问题；（2）封闭式问题，要求被试从规定的几种反应中选择一种。封闭式问题可以获得定量资料，容易整理、分析；开放式问题可以获得定性资料，有助于在被试反应中发现新的变量。总之，一个成功的调查研究具有诸多优点。其中最突出的就是能够快速地收集大量被试的许多变量的信息，可以研究一个大的样本。更重要的是，调查的外部效度比较高，因为调查研究涉及的问题通常与真实生活情景有关，与日常生活关系密切，常常是被试感兴趣的，它可以解决许多重要的问题。

3.　学习者因素研究的主要结论

学习者因素已经成为近年来国际二语习得研究的热点问题之一，其具体内容包括母语背景、语言水平、年龄、性别、动机、语言学能、学习策略、学习风格等等。但是通过检索有关汉语二语词汇习得的研究文献，我们发现，目前学界关注的因素较为集中，主要涉及母语背景、学习策略和学习动机三个方面。

3.1　学习者母语背景研究的主要结论

我们对近 20 年来汉语二语词汇习得研究的文献进行了搜索，结果表明，在学习者因素中，最受关注、文献量最多的主要集中在学习者母语背景方面。对本节的 18 篇文献进行分析，我们发现其中涉及母语背景的有 15 篇之多，其研究内容涉及语言迁移、信号竞争、句法语义界面、认知结构、词义猜测、词语结构意识、词语多样性和复杂度等多个领域。

张博（2011）从语言本体角度观察、分析出来的母语词义误推的特点，与第二语言习得研究领域所发现的语言迁移特点或规律相契合，也可以用有关的语言迁移理论进行解释。具体结论包括：第一，在二语学习中，由于与母语词中的多义词常用义相对应的目的语词先习得，而与非常用义相对应的目的语词尚未学到或虽已学过而印象不深，出于目的语理解或表达的需要，学习者有可能采用迁移策略，把母语多义词非常用义推移到与常用义相对应的那个目的语词上。因此，"非常用义→常用义"的词义误推方向符合语言迁移的条件，多是学习者为弥补目的语词汇不足而采用的认知手段。第二，母语多义词不同义位的语义关系远，学习者对其间的意义联系就含糊不清，从而成为他们心理词库中"有标记的"语言特征，制约着他们不会把无关的义位或语义关系较远的义位推移到同一个目的语词上。这可以反过来解释，为什么母语多义词义位之间的语义关系近则容易发生向目的语词的推移。

李冰（2011）指出，学生在初级阶段由于没有充分地利用正迁移，所以写对日语而写不出汉语的现象非常严重。从信号竞争理论来看，学生开始往往依赖日语心理词典中的信号去理解汉语，所以把汉语写成其母语形式的偏误所占比例较大。只有让学生充分意识到两种语言的信号不一致、不协调时，学习者才可以转而接受汉语的信号。语言输入提供的语言信号的可靠性及其强度影响它在语言信息处理中的作用。同形的词形刺激总能与其相同的母语对应起来，其词形信号具有较大强度，繁简和细差的词形信号在加工中会和母语发生冲突。随着语言水平的提高，学生会不断调整语言处理的内在机制。

史静儿、赵杨（2014）认为，母语影响可以解释接近母语者在习得"吗"和"了"时产生的差异。如果某个词素在学习者母语里可以起到连接句法语义界面的作用，那么它的二语相应词素也较容易作为句法语义界面的连接成分。相反，如果某个词素在学习者的母语里不存在，那么它可能永远无法起到连接界面的作用。汉语"吗"和"了"的差别就在于，前者拥有对应的泰语词素 mai，且该词素可以作为疑问代词虚指用法的允准语，而后者没有对应的泰语词素。

孙晓明（2005）指出，投入因素对欧美学生的词汇学习具有特别重要的意义。欧美学生的母语文字体系和汉字有很大差异，因此对于汉语词汇的视觉记忆能力较差；和日韩学生相比，学习记忆汉语词汇的心理压力和困难相对较大。

柳燕梅（2002）的实验研究表明，欧美学生在词汇习得时，提高重现率可能是一个比较有效的方法。通过提高词汇的重现率，学生可以较快地熟悉所学词汇，从而弥补他们原有母语认知结构与汉语差异较大的不足。

洪炜（2011）认为，学习者语素意识发展的不同步性与其母语背景紧密相关。日韩学习者所具有的汉字背景使他们在语素策略的运用上具有天然的优势。因为在日语、韩语中存在大量汉源词、词素，这使日韩学习者大脑中具备了一定的汉语语素意识，所以在汉语学习的初始阶段就能够运用语素策略学习新词。但对于缺乏汉字背景的欧美组学习者来说，汉语语素意识需要经历从无到有的过程。只有经过一段较长时间的学习和训练后，这种语素意识才逐渐形成。尽管到了中级阶段，日韩学习者和欧美学习者都能通过语素策略进行近义词学习，但从整体而言，日韩学习者对共同语素的依赖程度仍要高于欧美学习者。由此可见，共同语素对日韩学习者词义判断的影响力更大，作用更显著。当学习同素近义词时，语素策略能够更好地帮助日韩学习者学习新词；但当遇到同素非近义词时，这种语素策略造成的干扰也可能会更强。

房艳霞、江新（2012）的测试有一个重大的发现，即欧美和日本非整合者表现出很大的差异：欧美非整合者中语境线索的使用者较多，构词法线索的使用者较少；而日本非整合者中构词法线索的使用者较多，语境线索的使用者却较少。研究认为，导致这一结果的原因是学习者的母语和汉语在文字系统、构词法等方面的距离（或相似性）不同。日语与汉语都使用汉字，日语汉字词的构词法与汉语的构词法比较相似，因此日本学习者在猜测词义时更倾向于使用其熟悉的汉字和构词法信息；而欧美学习者由于使用拼音文字，因此对汉字和汉语构词法相对陌生，在阅读中遇到生词时被迫放弃母语加工策略（构词法策略）而更倾向于根据语境线索进行猜测，从语境中寻找更多有用的信息帮助他们理解生词的意思。由此可见，学习者的母语与第二语言在文字系统、构词法上的距离可能是影响第二语言阅读中词义猜测策略的重要因素之一。

王意颖、宋贝贝、洪炜（2018）认为，日韩学习者的词语结构意识要优于同水平的欧美学习者，其原因在于学习者词语结构意识发展的不同步与其母语背景紧密相关。以英语为代表的印欧语系语言多由词根和词根复合或者词根加词缀派生而成，欧美学习者对母语词语的习得通常是整体习得单纯词或者只通过掌握词根就可以习得词义，且英语单纯词的比例较大。因此，欧美学习者习得汉语语义透明词时，可能较少调用词语结构知识进行加工。相反，由于日语、韩语中存在大量汉源词、词素，日韩学习者对汉源词的词语结构比较熟悉，因此，在习得新的汉语语义透明词时，他们容易调动已有的词汇结构知识去猜测。

郝美玲、厉玲（2015）发现，与母语者类似，来自拼音文字国家的学生、泰国学生、日韩学生三组被试在加工汉语词语时均受到语义因素的影响，但是影响大小存在组间差异。语义对非汉字圈背景学习者的影响相对较弱，而对日韩学生影响最大。其原因可能与母语文字的正字法特征、母语文字和汉语文字的相似程度以及受汉语影响程度的不同有关。非汉字圈背景的学习者在加工汉语复合词的时候，在正字法加工阶段可能花费更多的时间，从而导致自上而下的语义因素起的作用有限。对于非汉字圈背景的留学生，复合词的加工主要受到整词频率、词语的视觉复杂度和具体性的影响，在加工过程中主要倾向于整词加工，词素的意识较弱；而日韩留学生和泰国留学生在加工汉语复合词时，既受到整词因素的影响，也受到词素层面因素的影响。

罗耀华、段宇翔（2019）从表层和深层考察 CSL 学习者的词汇能力，结果发现：CSL$_{汉圈}$学习者和 CSL$_{非汉圈}$学习者的词汇多样性较为接近，词汇复杂度差异显著；高级汉语学习者的词汇难度尚未达到母语者水平；除了熟练使用基础词汇之外，他们逐渐表现出使用低频词语的倾向性和用词意识，其中 CSL$_{汉圈}$学习者因与汉语文化的地缘关系更近，更擅用高级词语；关于词汇正确率，CSL$_{汉圈}$学习者在汉字书写方面存在更多问题，而 CSL$_{非汉圈}$学习者则在词汇运用方面略显弱势；CSL$_{汉圈}$学习者的词语理解性错误较为明显，而 CSL$_{非汉圈}$学习者的近义词词义辨析能力存在明显不足；前者的韵律意识高于后者；虽然二者在实词和虚词使用上的正确率普遍偏高，但依然不能跟汉语母语者相提并论。

姜有顺（2017）在假设与预测的基础上，通过对英语母语和泰语母语学习者的测试，得出如下结论：学习者对有定标记"们"的习得主要受到母语迁移的影响。与母语有强制性有定标记的学习者相比，母语没有强制性有定标记的学习者较早习得"们"的标记规则。英语的有定标记是强制性的，受母语影响，英语母语者（ENS）倾向（为谓语后位的 NP）过度标记"们"。泰语的有定标记不具有强制性，受母语影响，汉语高级水平的泰语母语者（TNS）更敢于不加"们"。不过，TNS 会因此不恰当地（为谓语前位的 NP）失标"们"。可见，这样的结论与姜有顺（2017）的预测是一致的。

3.2　学习者学习策略研究的主要结论

相对于对母语背景的高度关注，近 20 年来汉语二语词汇习得研究对学习策略的关注度偏低，研究成果相对不够丰富，相关文献共 8 篇。研究内容涉及高投入策略、直接学习与间接学习策略、母语词义误推的预防与消解策略、词义猜测策略（其中包括语境线索、构词法线索和语素线索）和针对个别词汇习得项目（主要有汉语有定范畴和名词的句法功能习得）的具体学习策略等方面。

经过实证研究，孙晓明（2005）得出如下结论：第一，投入水平因素是影响学生词汇学习的一个关键变量。学习者在词汇学习过程中的投入水平越高，则学习效果越好。第二，处于初级阶段的学习者，由于尚未建立一套新的与处理母语文字不同的心理机制，突破词汇记忆难关是他们面临的一个重要问题，基于此，学习词汇时的高投入可以提高词汇学习效果。

张金桥（2008a）的研究结论包括：第一，即时学习阶段，两种学习方法都有助于留学生理解性词汇知识和产出性词汇知识的学习，直接学习比间接学习更能促进留学生汉语理解性词汇知识的学习，间接学习比直接学习更能促进留学生汉语产出性词汇知识的学习。第二，延时学习阶段，两种学习方法对理解性词汇知识的学习效果不明显，间接学习方法能促进留学生汉语产出性词汇知识的学习，而直接学习方法对留学生汉语产出性词汇知识的学习没有促进作用。

张博（2011）针对母语词义误推的三种类型，提出了相应的预防或消解策略：第一，预防母语词的义位误推，关键在于不要用母语多义词单独释义；纠正源于母语义位误推的词语误用时，应明确告诉学习者，该词有 A 义，但没有 B 义，在这一点上与母语对应词不同，以便帮助学习者消除第二语言词语和母语对应词词义对等的误解。第二，预防义域误推，关键是要让学习者明了目的语词的语义范围和搭配限制，而且，最好让学习者及时获知该词的搭配限制在目的语中是如何予以补偿的。第三，对于语义特征误推，则没有必要加以预防。那些高发性的源于语义特征误推的用词不当，可在高级教学阶段通过目的语词与母语词使用的语境或语体对比，揭示其细微的意义差别，使学习者更清楚地了解汉语的表达习惯，更贴切地使用汉语词语。

房艳霞、江新（2012）考察了外国学生在猜测汉语双音复合词词义过程中使用语境线索和构词法线索的个体差异。结果显示：第一，第二语言学习者猜测词义时存在很大的个体差异，有的学习者能整合信息（整合者），有的学习者不能整合信息，而是过多地依赖语境线索（语境线索使用者）或者构词法线索（构词法线索使用者）。第二，外国学生猜测词义的个体差异在不同国别的学生中有不同表现，欧美非整合者使用语境线索的较多，而日本非整合者中使用构词法线索的较多。

朱文文、程璐璐、陈天序（2018）认为，同形语素意识作为一种元语言能力，在多个层面都有利于学习者的汉语学习。具体表现为：第一，同形语素意识有助于减轻学习者的词汇记忆负担，提高学习效率，有助于长期的、可持续性的学习。第二，同形语素意识的培养有助于学生变被动地接受知识为主动地内化知识。第三，同形语素意识可在一定程度上帮助学习者完成课堂学习的延伸，提高课外自主学习的效率。

洪炜（2011）表明：第一，同素近义词的学习成绩显著高于异素近义词的学习成绩，这说明共同语素对近义词学习具有积极意义。第二，不同语言背景的学习者语素意识的发展过程呈现出不同的特点，具体来说，日韩学习者语素意识的发展要明显早于欧美学习者。第三，以汉语作为第二语言习得的留学生的心理词典组织可能与汉语母语者有所差别。留学生在构建汉语心理词典过程中更依赖语素的作用，他们更倾向于通过共同语素来组织、建立近义关系，这种组织策略与汉语近义词的特点有关。

刘旭（2018）发现，泰国大学生汉语名词句法功能习得偏误的内在生成规律与其语言能力和认知经验有关，受其母语正负迁移影响较大。母语负迁移现象又分为显性和隐性两类：显性的偏误类型有错序、误加、遗漏和杂糅，泰国大学生在习得与认知过程中对这四类偏误类型的自纠与认知能力较强，因此它们在语料中的偏误出现率较低；隐性的偏误类型有误代和错搭，这两种偏误类型是泰国大学生习得与认知汉语名词句法规则及功能过程中的难点，习得者自纠与认知能力较弱，因此偏误率较高。通过深入分析泰国大学生汉语名词句法偏误的生成规律，研究将习得机制的制约因素分为外在与内在两类。其中，习得机制的内在因素包括：（1）母语正负迁移，（2）目的语规则泛化，（3）词性转换运用障碍。外部因素则包括：（1）词汇在教材中的重现率不够，（2）句法规则采取的教学法针对性不强，（3）习得者学习汉语时间不充足。据此，研究提出，要提升泰国大学生对汉语名词句法功能的习得能力和汉语水平，提高泰国大学的汉语教学水平和效果，就要做到教与学的里应外合。也就是说，要结合泰国大学生的内在习得规律，帮助他们消除母语负迁移的影响，构建系统的汉语语法规则体系，使其具备灵活运用词性转换的能力。

3.3　学习者学习动机研究的主要结论

与学习者母语背景和学习策略的研究成果相比，汉语二语词汇习得研究对学习动机的研究最为薄弱，目前仅搜集到 1 篇文献，主要是针对汉语学习者的汉语词汇学习任务价值对汉语词汇知识习得的影响的研究。

李爱萍（2018）主要得出如下结论：第一，汉语理解性词汇量和产出性词汇量与汉语词汇学习的兴趣价值呈显著正相关，汉语词汇深度知识与汉语词汇学习的兴趣价值呈显著正相关，与效用价值呈显著负相关。第二，兴趣价值对汉语理解性词汇量具有显著预测作用，对汉语产出性词汇量没有显著预测作用，效用价值对汉语理解性词汇量和产出性词汇量没有显著预测作用。基于此，研究指出，未来可以通过设置汉语词汇课程、提高课程内容的趣味性、积极向学生说明词汇学习的价值和重要性来提高泰国学习者汉语词汇知识的习得效果。

4. 评价与展望

二语习得是一个复杂的过程，常常不是线性发展和具有明显因果关系的。影响二语习得的因素纷繁复杂，且第二语言习得过程涉及学习主体、学习客体和学习环境等因素，又包括语言的输入、加工和输出等环节。第二语言习得研究的目的就是透过这一复杂过程，发现其一般规律。那么这样的研究就不可能是单一主题的探讨，每一项研究往往都会涉及二语习得的多个因素与环节。本节有关汉语二语词汇习得学习者因素的研究成果恰恰证明了二语习得研究的这一特点，18篇文献中，研究对象为单一因素的仅有 3 篇，其余 15 篇论文均对影响汉语二语词汇习得的因素进行了多维度的讨论，研究的具体内容包括母语背景、学习策略和学习动机三个方面。

4.1 有关学习者母语背景研究的评价与展望

通过对 2000 年以来国内汉语二语词汇习得研究中关于学习者母语背景的研究进行评析，我们归纳出如下特点：

第一，对外汉语学界鲜有专门讨论母语背景的研究成果，相关研究所具有的共同特点是论文主题同时涉及汉语二语词汇习得的其他因素。据此，本部分论文可分为 3 类：（1）有关母语背景的专项研究，包括沈禾玲（2015），史静儿、赵杨（2014），林才均（2015）。（2）将学习者的母语背景因素纳入外部因素进行综合研究，其中 6 篇是对学习者母语背景和学习策略的综合研究，包括孙晓明（2005），张博（2011），洪炜（2011），房艳霞、江新（2012），姜有顺（2017）和刘旭（2018）；而柳燕梅（2002）则涉及了学习者母语背景与重现率两种外部因素。（3）将学习者的母语背景因素与词汇习得的内部影响因素结合起来进行考察，包括赵杨（2011），李冰（2011），郝美玲、厉玲（2015），王意颖、宋贝贝、洪炜（2018）和罗耀华、段宇翔（2019）。

第二，15篇探讨母语背景的论文中，就其研究所涉及的母语背景的种类而言，大致可以分为3类：（1）单一母语背景分析，主要有张博（2011），赵杨（2011），李冰（2011），史静儿、赵杨（2014），林才均（2015），沈禾玲（2015）和刘旭（2018）。（2）对不同母语背景的对比研究，该类研究又有两种不同的情况：一种是对汉字文化圈与非汉字文化圈母语背景的比较研究，主要有柳燕梅（2002），孙晓明（2005），房艳霞、江新（2012），洪炜（2011），郝美玲、厉玲（2015）和王意颖、宋贝贝、洪炜（2018）；另一种则是对学习者母语与目的语的比较研究，主要有罗耀华、段宇翔（2019）。（3）针对3种不同母语背景的比较，仅有1篇，即姜有顺（2017）。

第三，该部分论文在论及母语背景对汉语第二语言词汇习得的影响时，其思路往往是根据实验或语料分析得出结论，然后用已有的理论对这一结论进行解释，且使用的理论往往来源于国外。如张博（2011）在分析出母语词义误推的特点后，分别用语言迁移理论和有标记语言特征理论对其分析结果进行了解释。李冰（2011）指出，在初级阶段由于没有充分地利用正迁移，所以学习者可以写对日语而写不出汉语，这种现象非常严重，并引用信号竞争理论进行了解释。房艳霞、江新（2012）发现，欧美非整合者中语境线索的使用者较多，构词法线索的使用者较少；而日本非整合者中构词法线索的使用者较多，语境线索的使用者却较少，并用语言距离（或相似性）理论对这一现象进行了解释。史静儿、赵杨（2014）用句法语义界面理论分析出母语影响可以解释接近母语者在习得"吗"和"了"上产生的差异。

第四，由于母语背景与学习策略、语言水平同属于影响二语词汇习得的学习者因素，因此学者们在论及母语背景时，往往会结合学习策略和语言水平进行考察。如孙晓明（2005）主要讨论汉语二语词汇习得的高投入策略，同时论及母语背景；洪炜（2011）将语素意识发展的不同步性与母语背景结合在一起进行讨论；房艳霞、江新（2012）分别涉及了构词法线索和语境线索；郝美玲、厉玲（2015）的研究则涉及了母语文字的正字法特征、相似程度和受汉语影响的程度等因素；王意颖、宋贝贝、洪炜（2018）认为学习者词语结构意识发展的不同步与其母语背景紧密相关。

综上所述，不难看出近20年来对外汉语学界在汉语第二语言词汇习得研究中对学习者因素的母语背景关注度较高，这主要表现在涉及此主题的论文篇数较多，且研究视角丰富多样；但同时我们也注意到，相关研究主题不够突出，学者们对母语背景的研究常常是在研究其他课题时顺带提及的，或是将其作为实验的变量因素之一来讨论的，并非专门的研究。

4.2　有关学习策略研究的评价与展望

通过对2000年以来国内汉语二语词汇习得研究中关于学习策略研究进行追踪和简评，我们可以发现本部分的8篇文献虽然研究的内容各不相同，且方法各异，但总体而言呈现出以下3个方面的特点。

第一，本部分论文均在前人研究的基础上对相关领域的研究做了适当提升与扩充，主要表现在以下5个方面。

（1）国外第二语言学习领域关于投入水平与词汇学习的研究成果相当丰富，包括Hulstijn（1992），Luppescu & Day（1993），Knight（1994），Newton（1995），Hulstijn，Hollander & Greidanus（1996）和Paribakht & Wesche（1997）等；而国内学者对于投入水平与词汇学习效果的关注远远滞后于国外二语学习的研究成果，孙晓明（2005）填补了这一领域的空白。

（2）直接学习和间接学习是词汇习得的两种主要途径，学界对二者的学习效果及特点的研究成果较为丰富，国外学者的研究对二者均有涉及，而国内学者则偏重于对间接学习策略的研究，如刘颂浩（2001），钱旭菁（2003、2005），朱勇、崔华山（2005）等。就以往的研究来看，学者们分别探讨了直接学习和间接学习在词汇学习方面的效果，但没有对这两种学习方法的效果进行比较；一些研究只是探讨了两种学习方法在理解性词汇知识方面产生的效果，没有考察在产出性词汇知识方面的学习效果；大部分研究探讨即时时段的学习效果，较少考察延时时段的学习效果。张金桥（2008a）则另辟蹊径，系统地比较了留学生汉语词汇直接学习方法和间接学习方法在理解性词汇知识和产出性词汇知识的即时和延时两个时段的学习效果，研究涉及面广，理论丰富，手段多样。

（3）语言学界的共识是相对于语言形式层面的研究，语义研究所面临的困难更多。而母语词义推移关涉两种语言的意义关系及学习者的语义习得规律，复杂程度更高。张博（2011）就此问题进行了专项讨论，划分了母语词义误推的类型，概括了母语词义误推的特点，并进一步总结了其应用价值，具有较高的理论价值和实践意义。

（4）对外汉语学界很早就针对词汇教学提出了语素教学法，并进行了与语素知识相关的习得研究；但多数研究关注语素自身的属性及其与词汇教学、习得效果之间的关系，虽然从不同角度说明了汉语语素及学习者语素知识对汉语作为第二语言词汇、阅读学习的积极意义，但均未把学习者的语素意识作为一种阅读分项能力进行直接测量。目前从学习者汉语语素意识角度出发探讨汉语第二语言词汇习得的研究较为有限，许多问题尚未涉及。针对这一现象，朱文文、程璐璐、陈天序（2018）专门探讨了以下问题：作为一项分层次技能，语素意识应该如何测量？不同层次的语素意识是否对词语推测、阅读理解有不同影响？对于缺少足够语言知识的初级阶段学习者，语素意识对于他们进行词语推测以及阅读理解是否有所帮助？这样的研究填补了相关领域的空白。

（5）姜有顺（2017）从以下两个方面深化和拓展了以往研究：一是采用实验方法验证了以往研究通过语料归纳或语感内省得出的本族语者标记"们"的规律，验证了汉语有定效应的相关研究的部分结论；二是通过考察高级二语者对"们"的标记规则的习得，初步探讨了汉语作为二语的有定范畴习得的一般规律。

第二，本部分论文在研究的过程中将学习策略与教学原则有机结合，针对不同的学习策略提出了相应的汉语二语词汇教学的具体操作方法，具有较高的实用价值。

孙晓明（2005）从学习者角度出发，研究欧美学生在汉语二语词汇习得过程中的高投入策略，指出学习者在词汇学习过程中的投入水平越高，学习效果则越好。研究将学习策略与教学原则相结合，提出了在汉语二语词汇教学中的一系列方法：（1）采取提高训练作业的投入水平的方法，来促进学生对词汇的学习。（2）在教学环节中设计投入水平较高的词汇训练作业，借此加深学习者的词汇加工水平，从而弥补他们词汇理解和记忆方面的不足。（3）根据词汇的使用频率和性质将词汇分为三类进行教学。第一类是使用频率较高的交际性词汇，可以设计课文复述、情景对话、写作练习等训练指导学生学习这类生词；第二类是使用频率较高的理解性词汇和使用频率不太高的交际性词汇，可以设计词汇填空练习、用所给词汇完成句子等训练指导学生学习这类生词；第三类是使用频率较低的理解性词汇，可以设计课文提问、要求学生用所给词语回答问题等训练方式指导学生学习这类生词。

张金桥（2008a）带给我们的教学启发是，要重视汉语词汇的直接学习和间接学习，针对不同的学习途径设计不同的教学环节。对于学生记忆过的单词，应安排一定时间复习与记忆，并加以测试，对间接学习的词汇也应及时测试及矫正。这样，学习过的生词会因及时得到了强化而不易被遗忘。

房艳霞、江新（2012）指出，了解汉语作为第二语言学习者在词义猜测时利用构词法和语境线索的个体差异，并认识这种差异在不同国别或母语背景学生中的具体表现，对汉语词汇和阅读教学是非常有意义的。因此，教师在教学中要积极地分析学生的学习特点。首先要了解、尊重学生的个体差异，允许学生使用各自擅长的策略进行猜词；然后在此基础上有针对性地指导学生整合语境和构词法等各种线索，灵活地使用各种猜词策略，正确猜测词义。

洪炜（2011）指出，留学生在汉语二语心理词典的构建过程中，试图通过共同语素来组织建立近义关系，这种构建策略对近义词学习具有双重效应。从积极方面而言，由于在共同语素的帮助下，同素近义词的学习难度小于异素近义词；从消极方面而言，共同语素也会产生干扰作用，容易造成词义误解，但这种干扰作用对不同语言背景的影响力并不相同，日韩学习者受到的干扰要强于欧美学习者。因此，在词汇教学中，教师应对两种类型的近义词区别用力。

第三，本部分论文虽然讨论的是与实践相关的学习策略问题，但理论性强，研究都是以一定的语言学和二语习得理论为基础的。

孙晓明（2005）提出的高投入策略是以 Craik & Lockhart（1972）的加工深度假说和 Laufer & Hulstijn（2001）的投入负担假说（Involvement Load Hypothesis）为基础的。Craik & Lockhart（1972）认为，新的信息是否可以进入长时记忆的关键并不在于在短时记忆中储存的时间，而在于加工的深度。Laufer & Hulstijn

（2001）则进一步构建了一个"动机—认知"过程，指出投入负担具有三个组成因素，即一个动机——需要因素，以及两个认知因素——查找（search）因素和评价（evaluation）因素。

　　张金桥（2008a）是建立在以下两个划分的基础上的。第一，将词汇知识分为理解性词汇和产出性词汇。Nation（1990）和 Laufer（1998）将词汇知识分为理解性词汇知识和产出性词汇知识两类。Wesche & Paribakht（1996）和 Laufer（1998）则进一步对上述概念做出了界定，指出理解性词汇知识是指学习者感觉一个词时能理解它的意思，如看见一个词能正确说出或写出它的意思；产出性词汇知识是指学习者正确使用和表达该词，如综合测试作业中能从几个备用选项中正确选择某词语，或使用该词语正确地造一个句子。第二，将词汇习得的途径划分为直接学习和间接学习两种。直接学习，也称为外显的有意识学习，指学习者的注意力集中在词汇方面的学习活动和练习，从而获得词汇的意义，如背词汇表、构词练习以及词汇游戏等（Nation，1990）。间接学习，也称为内隐的无意识学习或词汇附带习得，指学习者不直接进行词汇学习，而是在进行其他语言学习活动的同时无意识地附带地获得词汇的意义，如阅读和言语交际活动等（Nagy，Herman & Anderson，1985；Ellis，1994；Laufer & Hulstijn，2001）。

　　朱文文、程璐璐、陈天序（2018）是以 Carr & levy（1990）和 Koda（2005）提出的"元语言意识"为基础的。元语言意识是构成学习者阅读能力的分技能之一，是一种识别、分析及处理抽象语言结构的能力，这种能力使得语言学习者能够切分词语的语音和语素成分（Koda，2007），主要包括语音意识和语素意识。其中，语素意识被定义为学习者为了理解词语意义对词内语素结构进行有意识剖析的能力（Carlisle，1995）。语素意识不仅在阅读理解中发挥着重要作用，同样，对词义推测也有着重要的积极影响。

　　姜有顺（2017）借鉴了国内本体研究的相关理论，指出"们"的标记主要受到 NP 及其修饰语的词汇语义、句法位置和语篇衔接三个层面因素的综合制约。"有定"既是 NP 固有的词汇语义属性，也可以通过句法位置和语篇手段实现。在 NP 标记"们"的现象背后起制约作用的是一套句法—语义接口规则，是词汇语义、句法位置和语篇衔接等多个层面的规则综合作用的结果。

　　综观本部分的 8 篇论文，我们应该看到近 20 年来汉语二语词汇习得学习策略的研究取得了较为可观的成就，但也存在明显的不足，主要表现在：第一，就目前的研究而言，涉及的学习策略还相当有限。Oxford（1990）提出了一个由 6 组第二语言学习行为组成的策略系统，而我们的研究仅仅涉及了其中的 4 组，还有 2 组根本没有涉及；即便是已经研究到的策略系统，也是仅仅研究了其中的一两项内容，还有大量的学习策略需要我们的进一步挖掘。第二，目前学界有关词汇学习策略的研究，其理论基础基本上源于国外，很少有本土的原创性理论的支持，仅在某些专项研究中借鉴了汉语本体研究的一些理论与成果，这是今后的研究需要加强的，要针对汉语二语习得的特点提出一些典型性的策略理论。

4.3　有关学习动机研究的评价与展望

　　本节的 18 篇文献中，研究学习动机的仅有李爱萍（2018）一项成果。近 20 年汉语二语词汇习得的研究成果之所以较少涉及学习动机，是因为：第一，自 20 世纪 50 年代末 Lambert 和 Gardner 展开对第二语言学习动机的研究以来，有关学习动机的定义缺乏一致性。由此带来的一个后果是，相同的关于"动机"的术语却可能有不同的所指，这样就使得研究者无从下手。第二，动机本身具有复杂性。这主要表现在动机涉及的因素众多，且各因素之间的关系错综复杂，动机的性质和根本特征难以描述，从而使得研究者在具体研究的过程中缺乏抓手。第三，二语学习动机研究的视角过于单一。目前学界对学习动机的研究主要采用社会心理学的视角进行，社会心理学把二语习得看作一个社会心理现象，因此特别强调学习环境和态度对学习者行为的影响，从而使得二语习得的动机研究仅仅关心群体环境和目的语文化环境中的个体，研究的重点往往是能体现个体与群体之间关系的溶入型动机。基于以上认识，我们预测未来的研究趋势为：随着二语习得学习动机理论研究的不断深入，研究者应对不同动机因素进行合理的归类，并建立起它们之间的秩序，从而使得学者们在二语学习动机的理解上分歧逐渐缩小，研究视角渐次增多，汉语二语习得领域也会将关注视角更多地集中到与词汇习得相关的学习动机上来。

第二节　语言因素研究

　　词汇学习是获得语言能力的最基本的途径，在语言习得中具有极其重要的作用。长期以来，词汇习得及其相关研究受到了国内外二语教学界的重视。二语词汇习得过程不仅仅是一个简单的会与不会的过程，而且是一个词汇知识逐渐丰富的过程，也是一个逐渐接近目的语词汇知识的过程。这个过程是很漫长的，需要很长时间的积累。

　　Sternberg（1987）提出，词汇习得的实现需要满足三个条件：第一，生词能引起学习者的兴趣并具有可学性；第二，充分的语境信息使词汇可以完全被理解；第三，词汇加工达到一定的水平。不难看出这主要讨论的是影响学习者词汇习得的词频因素、投入因素和语境因素，前两者是影响学习者词汇加工水平的因素，而语境因素则是 Sternberg 提出的词汇习得得以实现的第二个条件。据此，我们将影响二语词汇习得的语言因素归纳为两种，即语言输入频率与语境。

1.　语言输入频率

　　第二语言习得领域的知名期刊 *Studies in Second Language Acquisition*（《第二语言习得研究》）曾于 2002 年出版了一期题为 "语言加工中的频率效应"（Frequency Effects in Language Processing）的专刊。英国学者 Ellis 在对有关研究进行综述后指出，语言加工的所有方面，包括语音、词汇、语法的加工和语言的理解、产出，都受输入频率的影响，即所谓的频率效应；语言学习者对于输入频率的敏感性，可以解释许多语言习得现象。他认为频率可以成为联结不同语言习得理论流派的一个中介因素。通过梳理近 20 年汉语二语词汇习得的研究成果，我们发现，涉及输入频率的文章不多，仅有两篇，分别讨论了字、词的复现率问题。

1.1　概述

　　Nation（1990）指出，学习者对词的形式越熟悉，学习的负担越轻。同时，生词的重现率会影响学习者对词汇的熟悉度。大多数研究认为，词汇出现的频率越高，学习者的记忆负担越小，对该词汇掌握得越好。近 20 年汉语二语词汇习得的研究成果中，涉及输入频率的是柳燕梅（2002）和江新（2005）。

1.2   主要内容

柳燕梅（2002）重点考察了以下两个问题：（1）如果把词在汉语教材中出现次数的多少（即教材词频）用词的重现率来表示，那么，重现率的高低是否会影响外国学生对汉语词的认知加工和学习？（2）由于教材受体例、内容、课文安排等因素的影响，有时生词的重现次数不会很多，那么在教材里某些词只重现一两次时，是否会有积极的意义？

江新（2005）主要讨论如下问题：（1）词的复现率（词语在教材课文中出现的频率）对非汉字圈学生的双字词学习是否有影响？（2）字的复现率（构成双字词的字在教材课文中出现的频率）对非汉字圈学生的双字词学习是否有影响？

1.3   研究方法

柳燕梅（2002）通过两个实验来研究生词重现率对外国学生汉语词汇学习的影响。实验 1 的主要目的是检验"生词重现率高的词是否比重现率低的词学习得好"，实验采用单因素被试内设计。自变量为词的重现率，分为高重现率、中重现率和低重现率三个水平；因变量为被试的词汇测验成绩。实验 2 主要考察"采用提高生词重现率的教学方法是否比不采用此种方法的教学效果好"，实验采用被试间设计。自变量是教学方法，有两个水平，对实验组采用了提高生词重现率的教学方法，对照组则没有采用；因变量为被试的词汇测验成绩。

江新（2005）探讨非汉字圈学生汉语双字词学习中的频率效应。实验以一年级非汉字圈学生为被试，从课本中随机选取 62 个双字词进行测验，并统计了整词和单字在课文中的复现率。

1.4   主要结论

柳燕梅（2002）通过两个实验说明生词重现率对欧美学生汉语词汇学习的影响。实验 1 发现，母语学习中存在的词频效应在欧美学生的汉语词汇学习中也存在，即词的重现率越高，学生掌握得越好。实验 2 表明，采取提高生词重现率的教学方法能够促进学生的词汇学习。两个实验都说明了"生词重现率"是学生学习词汇的一个关键变量，它能增强学生对词汇的熟悉度。

江新（2005）通过测试得出如下结论：第一，词是否在课文中出现过会影响双字词学习的效果，出现过的词的成绩比没出现过的好。第二，当词频、字的笔画数得到控制时，双字词的学习效果随字的频率的增加而提高。也就是说，单字频率影响整词学习的效果。因此，对初级阶段学生来说，提高字的频率能够有效促进双字词的学习，特别是当字频比较低时。第三，解释频率效应的心理机制的理论模型有以下几种：（1）平行分布加工模型。基于此，高频字的形义之间的联结比较强，读者能够见形而迅速知义；而低频字的形义之间的联结强度不足以使读者见形而迅速知义，所以低频字需要较多时间来激活语音之后才能通达语义。（2）终生练习模型。该模型认为，虽然人们在听说读写时不去有意识地计算某个单词出现、使用的次数，但是每接触一次，加工时间就会减少一点。（3）纯粹接触效应模型。指一个外在刺激仅仅因为呈现的次数越多，导致个体接触到该刺激的机会越多（并不需要刻意引起注意和有意识地强化），个体对该刺激就会越喜欢。

1.5　评价与展望

本小节的两篇论文虽然都是以语言输入频率的视角研究汉语二语词汇习得的影响因素，但是两项研究的差异非常明显，主要表现在：首先，二者的关注点各不相同。柳燕梅（2002）关注的重点是生词重现率对欧美学生汉语词汇学习的影响，而江新（2005）的关注点则是汉语双字词中字的重现率对词汇学习的影响。其次，柳燕梅（2002）在延续传统词频研究的基础上，结合了教学效果的考察；而江新（2005）则另辟蹊径，从字的重现率考察汉语双字词的学习效果，这是以往的研究尚未涉及的领域。最后，两项研究的落脚点各不相同。柳燕梅（2002）将研究成果与教学方法相结合，指出在对欧美学生的词汇教学中，教师应采取提高生词重现率的方法，来促进学生对词汇的记忆；而江新（2005）则将落脚点放在了教材编写上，指出由于双字词学习的词频效应，在编写对外汉语教材时，编写者要尽可能使所有双字词都在课文中出现过。只要使双字词在课文中出现过一次，其学习效果就可以得到显著提高（正确率提高约30%）。因为双字词的学习存在着字频效应，所以，无论是"字本位"教材，还是"词本位"教材，选择字词、编写课文时要尽可能兼顾汉字的复现率、词的复现率，以提高字词的学习效果。

同时我们也注意到，这两项研究有一个非常明显的共同点，即研究语言输入频率对汉语二语词汇习得的影响时都考虑到了学习者的母语背景，并将二者结合起来研究。同时，两项研究选择的母语背景也基本一致，柳燕梅（2002）以欧美学生为研究对象，江新（2005）则选择了非汉字圈学生，虽然后者的范围比前者广，事实上二者在一定程度上是重合的。由此可见，目前国内的相关研究对象较为集中。随着该领域研究的不断深入，研究范围应该有所扩大，以便进一步考察汉字圈学生的具体情况。

2.　语境

语境是指词汇呈现的语言环境，如上下文语境、同义词群、反义词群、上下位语义场等等。语境可以帮助学习者加深对词汇的语法特征、典型搭配和语义的理解。一些研究表明，在语境中学习词汇的效果要比在无语境的条件下好。Prince（1996）指出，高水平的学习者比低水平的学习者更善于利用语境信息。Nation（1990）则认为，脱离语境通过词表翻译法学习词汇的方式对初级阶段的词汇学习比较有帮助，语境中的词汇阐释则对进一步的词汇学习非常有利。

2.1　概述

Krashen（1985）指出，语言词汇习得和词汇量的扩大都是通过大量阅读，在上下文语境中猜测词义实现的。桂诗春（1988）也指出，词语的意义只有通过语境才能学到。Koren（1999）证明，与直接通过母语记忆第二语言词汇的词表法相比，语境可以提高词汇的语言加工水平，促进词汇长时记忆和词汇产出能力。Groot（2000）提出了词汇习得的三个阶段：一是注意新词的特征，如形态、音位、句法、语义、搭配等；二是在心理词典中储存这些新词特征；三是利用上下文强化，获得词汇的新的特征，使目标词进入长时记忆。Groot提出的词汇习得阶段告诉我们，语境作为一种语言因素在词汇习得中具有非常重要的意义。下面对近20年汉语二语词汇习得研究中涉及语境因素的成果进行梳理。

2.2　主要内容

本小节的8篇论文中有6篇是建立在传统的语境知识的基础之上，另外2篇中，1篇引进了语块理论研究词汇习得（曹贤文、周明芳，2015），1篇引进了词汇知识框架、搭配和心理词典 3 种理论体系研究词汇习得（邢红兵，2013）。这两种研究视角都与传统语境理论有一定的关联，因此放在一起进行介绍。

2.2.1　以传统语境理论为基础的词汇习得研究

钱旭菁（2003）在实验的基础上，研究学习汉语的日本学习者是否能通过阅读习得词语。具体研究以下几个问题：（1）在阅读文章时，学习者是否能附带地学习汉语词语？（2）语言水平不同对伴随性词语学习有无影响？（3）学习者的词汇量对伴随性词语学习有无影响？（4）目标词在文章中出现的次数对伴随性词语学习有无影响？（5）文章提供的语境线索的丰富程度对伴随性词语学习有无影响？结果显示，影响伴随性学习的因素包括学习者的语言水平、词汇量、词语出现的次数及词语所处语境的特点等。

朱勇、崔华山（2005）在钱旭菁（2003）的基础上，再次使用其调查用的阅读文章对北京大学对外汉语教育学院 19 名中级以上水平的留学生做了有关伴随性词汇学习的调查。研究进一步发现，目标词和语境线索的位置关系、是否认识汉字等因素对伴随性词汇学习的效果也有一定的影响。

张金桥（2008b）采用实时的句子启动技术和词汇判断任务，系统地探讨句子语境在留学生汉语词汇识别中的作用。研究重点关注以下问题：（1）句子语境对外国留学生汉语词汇识别是否有影响作用？（2）解释性语境和推理性语境对外国留学生汉语词汇识别的作用是否有差异？（3）有无语法标记的句子语境对外国留学生汉语词汇识别的作用是否有差异？（4）上述作用在不同年级留学生中表现出什么特点？结果发现，语境类型、语法标记及年级等因素在留学生汉语词汇识别中表现出十分复杂的作用特点。

张金桥、曾毅平（2010）集中讨论了以下问题：（1）语义透明度、句子语境和语言环境对留学生新造词语理解与学习是否产生影响？（2）它们以何种方式发生作用？

干红梅（2011）为了考察真实阅读中上下文语境对词汇学习的影响，采用读后"口头报告"和"录音转写"的方式，对 20 名学习者在自然阅读条件下的词汇学习情况进行了调查。研究涉及的内容有：（1）语境的丰富程度和位置前后与目标词学习的关系；（2）强语境与不透明词学习的关系；（3）语境的距离效应；

（4）语境的语义类型与词汇学习的关系；（5）语境中含否定词的目标词学习。

干红梅（2014）在前人研究的基础上借助眼动技术来探讨在控制条件下的语境位置和语境的语义类型对汉语词汇学习的影响。研究做了两个实验：实验 1 考察当语境为释义小句时，语境位置对词语学习的影响；实验 2 考察语境位置和提示词（同义词、反义词）的语义类型对目标词学习的影响。

2.2.2　引入语块理论的词汇习得研究

近 10 年来，以词块为单位的词汇习得研究改变了传统的词汇教学理念，成为语言教学中日益受到关注的崭新课题。词块也称语块（lexical chunk），最早由美国心理学家于 20 世纪 50 年代提出，用来阐述单个信息集结成块的过程。70 年代以后，由语言大师 Becker 和 Lewis 等引入语言教学领域。他们认为，语言的记忆、存储以及输出并不是以单个词为单位的，语料中那些固定和半固定的模式化了的板块结构才是语言交际的最小单位。词块优于单个词的最大特点是融语法、语用及语篇功能于一身，交际时无须考虑语法规则，快速整存整取，从而大大地提高了语言输出的地道性、流畅性和完整性，避免了二语习得过程中因母语的负迁移而产生的种种语言困惑。

20 世纪 90 年代以来，语块理论和词汇组块学习方法开始兴起（Nattinger & DeCarrico，1992；Lewis，2000；Wray，2002；Schmitt，2004；Simpson-Vlach & Ellis，2010；刘运同，2004；周健，2007；钱旭菁，2008；亓文香，2008；吴勇毅、何所思、吴卸耀，2010；陆俭明，2011；薛小芳、施春宏，2013）。在此背景下，Sökmen（1997）提出将生词与已知单词组合在一起进行学习的设想，因为生词和熟词之间的联系可以帮助学习者更好地将生词组织到心理词库中，而有组织的信息不易遗忘，这一设想已经得到了心理学领域一些实验的证实。由此得出结论，在一个包含已知词汇的语块中学习生词比独立学习一个生词可能更加有效。

曹贤文、周明芳（2015）就是建立在上述理论基础之上的，采用实证方法对汉语"生词＋熟词"组合学习法与生词独立学习法进行对比研究，检验哪一种方法更加有利于词汇的短期记忆和长期记忆，并考察汉语生词中所含生字的数量对这两种学习方式的学习效果具有怎样的影响。

2.2.3 "搭配知识"与词汇习得研究

词语的搭配一直是研究者们进行词汇知识研究所关注的重要内容（张寿康，1985，1988；Nation，1990；林杏光，1994；胡明扬，1997）。在第二语言词汇习得研究中，二语者心理词典中词汇知识的构成及其发展过程一直受到研究者的关注，有研究者认为词语在目的语中的正确运用是第二语言词汇习得的最关键阶段（Jiang，2000；邢红兵，2009）。在第二语言词汇习得过程中，学习者习得目的语词语的关键是以目标词在目的语言中的使用情况为核心的动态词汇知识体系的形成（邢红兵，2009；刘慧芳，2011；邢红兵，2012）。

基于以上认识，邢红兵（2013）在借鉴词汇知识框架（Richards，1976；Nation，1990；Schmitt & Meara，1997）、搭配（Firth，1957；Halliday，1985；Palmer，1976）和心理词典三种理论体系的基础上提出词语"搭配知识"这样一个概念，希望将词语及词语之间的搭配关系看成是词汇知识的重要组成部分，并利用词汇搭配知识体系进行第二语言词汇习得研究。邢红兵（2013）指出，母语的词汇习得实际上是一个从用法到意义的过程，母语者的词汇特征是在母语学习的过程中逐渐提取和积累的，最后在心理词典中形成词汇知识；而二语习得则是一个相反的过程，因为学习者已经通过母语建立了较为完备的语义知识体系，并且具备了完备的认知功能，因此，二语词汇知识的获得实际上是从意义到用法的一个过程。基于此，词语搭配知识是指，词语在使用过程中和能够与其形成一定搭配关系的词语组成的词语关系体系在学习者心理词典中的存储和表征。

邢红兵（2013）从不同角度考察中介语词语搭配知识的状态，分析和目的语之间的差异：（1）通过中介语词语搭配的错误率观察搭配的难点；（2）通过丰富度观察中介语搭配知识的范围；（3）通过匹配度观察搭配知识和目的语的差异；（4）通过搭配率观察词语搭配的频度分布。研究探讨了基于语料库的词语搭配知识提取及其在汉语教学中的应用，强调基于目的语语料库的搭配知识在二语词汇习得过程中的重要作用。

2.3　研究方法

本小节的 8 篇论文中，张金桥、曾毅平（2010）采用了调查法，邢红兵（2013）采用语料库方法，余下 6 篇均采用综合法进行研究。可见，研究方法综合化是本小节论文的一个非常明显的特点，下面分别加以介绍。

2.3.1　单一研究法

张金桥、曾毅平（2010）采用调查法，系统地探讨了语义透明度、句子语境和语言环境三个因素对中级水平留学生新造词语理解与学习的影响。根据留学生语言环境情况和研究目的，编制语言环境状况调查问卷。

邢红兵（2013）研究探讨了基于语料库的词语搭配知识提取及其在汉语教学中的应用，文章强调基于目的语语料库的搭配知识在二语词汇习得过程中的重要作用。

2.3.2　综合研究法

钱旭菁（2003）分别进行了语言水平、阅读、词汇量、词汇知识四种测试。

朱勇、崔华山（2005）在钱旭菁（2003）的基础上通过"有声思维"（think aloud）的方法（请留学生说出自己猜测词义的具体过程），再次使用她实验用的阅读文章，对留学生做了有关伴随性词汇学习的调查。

张金桥（2008b）采用实时的句子启动技术和词汇判断任务，系统地探讨句子语境在留学生汉语词汇识别中的作用。实验采用 3×5 混合设计。年级为组间变量，包括低年级、中年级、高年级三种水平。语境类型为组内变量，包括中性语境、无语法标记解释性语境、有语法标记解释性语境、无语法标记推理性语境和有语法标记推理性语境等五种。

干红梅（2011）采用读后"口头报告"和"录音转写"的方式，对 20 名学习者在自然阅读条件下的词汇学习情况进行了调查。具体操作程序为：由学习者按自己的习惯自由阅读文章，阅读过程中标注出不认识的生词，之后完成相关理解题，最后报告标出的生词可能是什么意思，并报告猜词依据。

干红梅（2014）在前人研究的基础上借助眼动技术来探讨在控制条件下的语境位置和语境的语义类型对汉语词汇学习的影响。眼动技术是以视觉形式呈现阅读材料，通过眼动仪记录阅读者对词句的注视时间、注视位置和顺序等眼球运动的时间、空间信息来考察阅读加工过程的实验方法。

曹贤文、周明芳（2015）采用实验方法对汉语"生词＋熟词"组合学习法与生词独立学习法进行对比研究，并考察汉语生词中所含生字的数量对于这两种学习方法及其学习效果的影响。具体实施环节为：实验组和对照组的学习和后测分开进行，实验组采用双词组合学习法，对照组采用生词独立学习法，实验组的学习和后测材料为词组表和词组测试卷，对照组的学习和后测材料为词汇表和词语测试卷。

2.4　主要结论

钱旭菁（2003）得出如下结论：首先，从提供猜测线索的语境来看，词语的意思具有高度概括性，而一旦出现在语境中，词语意义就被具体化了，因此很多语境都很难反映词语的完整意义。如果语境本身只提供了词语的部分意义，却要让学习者准确猜测出词语的完整意思，猜测成功率自然就会低。其次，从学生猜测的过程来看，即使语境提供了足够明确的线索，学习者也常常未必能发现目标词和语境线索之间的关系。

朱勇、崔华山（2005）的研究结论包括：第一，语境线索有直接和间接、有和无的区分，直接语境线索、间接语境线索以及无语境线索对词语猜测的影响并不相同，难度依次递增。第二，语境线索在后面的目标词比语境线索在前面的目标词更容易猜测。第三，语境也可能存在一定的消极作用（既包括对即时词语猜测的负面影响，也包括对长远词语学习的负面影响），这一点不容忽视。

张金桥（2008b）得出如下结论：第一，推理性语境（包括有、无语法标记两种）和有语法标记解释性语境在所有年级留学生的汉语词汇识别中均起促进作用；无语法标记解释性语境只有在高年级留学生的汉语词汇识别中产生促进作用。第二，与无语法标记解释性语境相比，无语法标记推理性语境更能促进所有年级留学生的汉语词汇识别；与有语法标记解释性语境相比，有语法标记推理性语境更能促进留学生的汉语词汇识别，但这种促进作用只表现在低年级和中年级留学生中。第三，语法标记有助于解释性语境在所有年级留学生的汉语词汇识别，语法标记只有助于推理性语境在低年级、中年级留学生的汉语词汇识别。

张金桥、曾毅平（2010）最终得出如下研究结论：第一，语义透明度越高，中级水平留学生汉语新造词语理解的成绩越好；第二，与无语境相比，句子语境能促进中级水平留学生汉语新造词语的理解；第三，句子语境信息越丰富，中级水平留学生汉语新造词语理解的成绩越好；第四，语言环境越丰富，中级汉语水平水平留学生新造词语理解的成绩越好；第五，语义透明度、句子语境和语言环境共同影响着中级水平留学生汉语新造词语的理解。

干红梅（2011）的结论研究有：第一，语境的丰富程度影响目标词的学习效果，双语境目标词的语境线索最丰富，学习效果最好；前语境对目标词的学习具有提示作用，为随后出现的目标词做好了语义理解上的铺垫，因此学习起来相对容易一些。第二，强语境能使学习者避免望文生义，使透明度低的词语也具有成功学习的可能性。第三，近语境目标词的学习效果好于远语境目标词，学习者对近语境的关注度远远高于远语境，大多数中级学习者不具有主动搜寻远语境的意识。第四，自然阅读条件下不同语义类型的语境影响十分复杂。第五，当句子含有"不、没"时，句义理解并不困难，但目标词的语义容易猜反，尤其是当目标词为透明度低的词语时。

干红梅（2014）得出如下研究结论：第一，学习者利用语境来学习透明度低的词语。第二，前语境和同义语境更利于目标词学习，语义类型的影响较语境位置更为突出。第三，含有明确语义提示词的语境比释义小句语境更利于目标词学习。第四，有汉字背景的日韩学习者的生词学习效果好于无汉字背景的欧美学习者。第五，语境的作用发生在词语学习的晚期。

曹贤文、周明芳（2015）得出以下两个结论：第一，"生词＋熟词"组合学习法对于生词的短期和长期记忆均具有明显的促进作用。第二，汉语生词中的生字数在"生词＋熟词"组合学习和生词独立学习两种不同记忆方法下对于词义记忆效果具有不同的影响，"生词＋熟词"组合学习法可以有效减轻生词中的生字对词汇记忆的阻碍。这样的结果从实证层面证实了语块学习理论的观点，即利用"熟词"与"生词"所组成的稳定的、常用的词组语块可以促进生词的记忆和加工，从而使得生词学习变得更加容易而有效。由此可见，研究从词组语块或配选式语块层面验证了"利用人类信息记忆及处理规律进行组块教学"这一语言学习原则的合理性和有效性。

邢红兵（2013）得出如下结论：第一，词语搭配知识是词汇知识的重要组成部分，同时也是二语学习者目的语词汇知识的核心，是二语学习者学习目的语词汇的难点所在。第二，搭配知识是句法信息、语义关系、使用频度信息在心理词典中的反映，因此搭配知识更应该是一种知识表征体系，具有心理现实性。第三，二语词汇学习的过程，实际上是二语学习者目的语词语搭配知识逐渐丰富的过程，这个过程包括搭配词语的数量增加、搭配类型丰富、同类词语的搭配范围的区分，并在此基础上形成目的语的词汇知识系统。

2.5　评价与展望

第一，研究视角不同。综观学界对语境与词汇习得的研究，主要有两大视角。一是从心理语言学的角度进行研究，主要成果有鲁忠义、熊伟（2003），李俏、张必隐（2003），考察的重点是句子语境对汉语词语理解与识别的影响。二是从二语习得的角度进行研究，相关研究成果较为丰富，在这些研究中，学者们的侧重点各有不同：有的侧重于词汇的伴随性学习，如钱旭菁（2003），朱勇、崔华山（2005），干红梅（2011，2014）；有的侧重于对词汇的识别，如张金桥（2008b）；还有的侧重于新造词语的理解，如张金桥、曾毅平（2010）。

第二，研究根据需要对语境进行了不同的类型划分。钱旭菁（2003）借鉴了前人对局部语境和综合语境的区分。朱勇、崔华山（2005）将语境线索分为直接语境线索与间接语境线索两类，同时关注语境线索与目标词在句中的位置关系。张金桥（2008b）指出，词汇识别中的语境包括词语境、句子语境和课文语境三种类型，其中句子语境又可以分为解释性语境和推理性语境两种重要的类型。张金桥、曾毅平（2010）将句子语境分为无语境、弱语境和强语境三种。干红梅（2011）根据语境线索与目标词的相对位置，把语境分为前语境、后语境、双语境三种情况，又从语义场的角度把语境分为同义语境和反义语境两类。由此可见，语境的类型相当丰富，这也使得语境研究的不确定因素增多，难以把握。

第三，研究引进了一些新的理论方法。曹贤文、周明芳（2015）引进了语块理论，采用实证方法对汉语"生词＋熟词"组合学习法与生词独立学习法进行了对比研究，检验哪一种方法更加有利于词汇的短期记忆和长期记忆，并考察了汉语生词中所含生字的数量对这两种学习方式的学习效果具有怎样的影响。邢红兵（2013）分别借鉴了词汇知识框架、搭配和心理词典三种理论体系，在此基础上定义了"搭配知识"，并且分析了词语搭配的类型和特点。

第四，研究采用了一些先进的技术手段。如张金桥（2008b）采用了实时的句子启动技术，即运用 E-Prine 实验程序在专用的语言认知实验室完成，所有实验软件及外周设备均与清华同方电脑相连。干红梅（2014）借助了眼动技术，即以视觉形式呈现阅读材料，通过眼动仪记录阅读者对词句的注视时间、注视位置和顺序等眼球运动的时间、空间信息来考察阅读加工过程的实验方法。这些先进的技术手段的引入，使得二语词汇学界对语境研究的定性分析和定量分析的能力不断加强，从而增强了相关研究的可信度。

综观以上研究成果，不难发现近 20 年来有关汉语二语词汇习得研究中语境因素的研究已经取得了相当丰富的成果，但是由于语境自身的一些特点，也造成了目前的研究还存在许多不足。这主要表现在：首先，真实语料中的语境情况非常复杂，几乎无法做到相关条件的完全控制，单一语境极少出现，而更常见的是多类语境同时并存，现有研究手段还无法将某一语境类型单独分离出来。其次，虽然研究成果颇为丰富，但是尚未建立一个能准确、全面反映语境线索特点的描写框架。最后，到目前为止还有许多问题尚未解决，较为突出的如，如何解决学生阅读时受语境的负面影响猜错词汇现象？如何解决学生实际猜测结果不正确或不完全正确，而学生却自以为是、多次强化而造成的"化石化"问题？

第三节　外部环境因素研究

第二语言习得研究在早期时，不考虑学习者的年龄、母语背景和学习环境等个体差异，主要研究语言普遍性特征，先后进行了对比分析、偏误分析、中介语以及语言普遍性研究，并产生了一些重要理论，如中介语理论、普遍语法理论等。后来，随着社会认知理论的引入，第二语言习得开始研究学习者因素、习得的心理认知过程以及习得的外部环境等。近 20 年，二语习得研究领域中探讨外部环境对习得过程影响的文献数量明显增加，有成为新的研究热点的可能，研究范围主要涉及社会环境、教学法、教师教育等内容。

1.　概述

综观近 20 年汉语二语词汇习得的研究成果，涉及外部环境的并不多。检索《世界汉语教学》《语言教学与研究》《语言文字应用》《汉语学习》《华文教学与研究》和《云南师范大学学报（对外汉语教学与研究版）》等期刊，其中从汉语二语词汇习得角度出发讨论外部环境因素的文章共 3 篇，研究内容仅仅涉及教学方法一项。

外语教学已有两千多年的历史，现代外语教学的发展距今也有一百多年。胡宜平（2005）指出，各个不同时期外语教学法的产生与应用都取决于当时的社会所求和其倡导者所赞赏的教学观、语言观，同时这些观点在不同程度上也反映了当时的语言习得理论所处的社会发展状况和外语教学的发展轨迹。外语教学法是一门以研究语言教学规律为主要内容的科学，并涵盖了外语教学的理论元素、外语教学模式和教学中具体使用的技巧等内容。

本节的 3 项研究中，田靓（2010）、赵玮（2018）和洪炜、刘欣慰（2019）分别针对汉语二语词汇教学中所使用的翻译法、语素法以及图文双模态释义法进行了研究。

2.　主要内容

作为第二语言教学中的常用方法，交际教学法鼓励教师和学习者直接使用目的语开展第二语言教与学的活动。近年来，一些研究者认为，翻译教学对于第二语言词汇习得有着不可替代的重要作用。田靓（2010）通过教学实验，考察了采用翻译策略习得词汇对于初级汉语学习者在新词学习过程中的影响。研究主要探讨了两个问题：（1）借助翻译学习新词，是否有助于提高初级汉语学习者对词汇的记忆效果？（2）通过翻译学习新词，是否有助于初级汉语学习者正确使用这些新词？

语素法是二语词汇教学中最常用的方法之一。汉语多由词根复合构成新词，且可以作为词根的语素数量极为丰富，而不知道语素义也就难以推断词义。因此，汉语二语教学中，语素法较多地应用于具体词语的讲授，主要优势在于提高词义记忆效率，巩固所学词语和扩大词汇。赵玮（2018）在前人研究的基础上，通过实验考察，主要讨论了以下问题：（1）利用语素法教授生词的过程中，教师会扩展一定数量的新词，学生能否记住这些词语，即语素法是否有助于词汇扩展？（2）仅使用语素法讲授词义的情况下，学习者能否获得词语使用的相关知识？（3）语素法的教学及词义猜测策略的讲练，能否提高学习者的词义猜测能力？

随着认知科学的发展和学科的融合，二语词汇教学越来越注意吸收心理学、教育学的成果。例如，图片作为直观性教学材料被广泛运用于二语教学当中，这种教学手段的背后是双编码理论的支持。该理论认为，人的大脑中存在两个独立又相互联系的认知加工系统：一个负责加工言语信息，如文字等；另一个负责处理非言语信息，如视觉图像等。同时，通过言语信息和图像信息即图文双模态进行编码，信息可以得到更有效的整合。洪炜、刘欣慰（2019）以初级和中级汉语水平的泰国留学生为被试，考察在刻意词汇学习条件下提供图文双模态释义是否比文字单模态释义更有助于汉语二语词汇学习。研究回答了三个问题：（1）图文双模态释义下的词汇学习成绩与文字单模态释义下的词汇学习成绩有何不同？（2）相较于文字单模态释义，图文双模态释义对具体词和抽象词的学习影响如何？（3）相较于文字单模态释义，图文双模态释义对不同语言水平学习者的汉语词汇学习有什么影响？

3.　研究方法

本节的 3 项研究都采用了教学实验的方法。

田靓（2010）的被试接受过 4 个月左右的汉语密集型培训，完成了基础阶段的语法学习。虽然他们母语背景有差异，但都通晓英语，可以使用英语无障碍地进行交流。被试分为实验组和对照组，每组 10 人。被试均被告知实验目的。首先进行前测，以确保实验材料的内容对被试而言均为新词。对照组的实验材料使用汉语简单句解释新词，所提供的汉语简单句在句法和其他词汇理解上满足被试理解新词意义的要求。实验组的实验材料使用英语翻译解释新词，并配有汉语例句。对照组采用隐性词汇教学模式，被试主要通过汉语释义学习新词；实验组采用对比翻译直接指导词汇的模式，被试通过翻译获得词义学习新词。整个实验所需时间为 7 天，具体安排如下：第一天（第一次）学习新词；第二天（第二次）练习一；第四天（第三次）完成练习二；第七天（第四次）测试。

赵玮（2018）的被试分为两组，实验组采用语素法授课，对照组采用句子语境或情景语境讲授词语（语境法）。36 人的成绩计入实验结果。其中，初级语素班 9 人、语境班 10 人，准中级语素班 8 人、语境班 9 人。被试来自韩国、印度尼西亚、泰国、德国、法国、西班牙等国家。初级班实验持续 8 周，每周 2 课时；准中级班实验持续 12 周，每周 4 课时。教师每次教授 3～4 个实验词语，实验组和对照组分别采用语素法和语境法。在授课过程中，教师对学生的词汇扩展能力、词语使用知识和词义猜测能力进行测试。考虑到语素意识和学生利用语素或语境线索猜测词义能力的培养所需的时间，测试在初级班授课第 5 周、准中级班授课第 7 周之后进行。语素班和语境班都包含两方面教学内容：具体词语的教学和词义猜测策略的教学。语素班具体词语的教学步骤为：教授语素义、利用语素义猜测词义、展示词义、扩展词语。语境班具体词语的教学步骤为：展示句子或情景、学生齐读句子、利用语境线索猜测词义、展示词义。语素班词义猜测策略的教学包括两方面内容：利用语素猜测词义的具体步骤和构词法的相关知识。语境班猜测词义的步骤不涉及构词法。策略讲解完毕后，两班都设计一定量的练习，同时被试还可以通过具体词语讲解中的词义猜测步骤进行练习。研究利用汉字组词测试考察被试的扩展词语记忆情况，利用搭配和填空测试考察被试的词语使用能力，利用词义猜测测试考察被试的词义猜测能力。除了客观测试，作者还对出勤率达到 60% 以上的学生进行了问卷调查，以考察学生对语素法和语境法的直观感受和接受度。

洪炜、刘欣慰（2019）的被试为在华学习汉语的 56 名泰国留学生。实验程序包括 5 个阶段：前测、教学处理、即时测、延后测、问卷调查。测量工具均为两套结构相同的测试题，分别用于即时测和延后测。每套题包括词汇理解测试和词汇产出测试两部分。前测测量学习者对实验目标词的掌握情况，以确定每名学习者不认识的词语。教学处理阶段，被试分别学习 32 个实验目标词，共 4 类，即图文释义－具体词、图文释义－抽象词、文字释义－具体词、文字释义－抽象词，每类 8 个词。为抵消词汇差异及释义模态的呈现顺序可能对实验结果造成的影响，研究者将实验材料编制成 4 个交叉平衡的版本。实验时，首先同时在电脑屏幕上呈现词语的词形、拼音和泰语翻译。每名被试共进行两轮学习。在被试学习完目标词后，立即进行第一次词汇测试，第二天进行延后测，测试内容与即时测一致，但为了减少练习效应，每部分的词语顺序进行了调整。最后，请被试完成简单的问卷调查，考察其对不同释义方式的主观感受。

4. 主要结论

田靓（2010）的实验结果表明：第一，从整体表现上看，实验组在新词学习反馈作业中的正确率高于对照组。采用对比翻译直接指导的词汇教学模式获得了更好的学习效果。第二，虽然实验数据绝对值显示实验组各项平均成绩大多高于对照组，但通过统计分析发现，在不同类型的作业上，有的差别具有统计意义，有的差别并不具有统计意义。总的看来，在练习二和测试中的"造句"这一项作业上，两组表现基本无差别；而在练习一的"填空""选择"，练习二的"词语排序"以及测试的"词语排序""选词填空"等作业中，两组表现差别显著。据此，作者认为在第二语言词汇习得过程中，使用翻译直接指导词汇学习的策略对学习者在言语理解和言语生成两种能力发展上的影响有一定差别。第三，对于测验的"注音"作业而言，两组被试表现基本一致。第四，通过时间间隔的方式，研究者们考察了两种不同学习策略对被试记忆保持的影响。在练习过程中，两组的遗忘情况基本一致。由于每次练习后，被试都有获知练习答案借此复习的机会，在测试（第七天）中，实验组的表现显著优于对照组。结果在一定程度上说明，翻译策略对初级学习者在词汇记忆和保持上有较好的促进和巩固作用。从理论上推断，这将有助于词汇进入学习者的长时记忆。但是就本研究而言，实验没有能力提供与长时记忆相关的证据，因此有待深入研究。第五，从基础数据对比上看，无论实验组还是对照组，被试对"具体"意义词汇的掌握情况比"抽象"意义词汇要好。总体而言，翻译策略对初级汉语学习者而言是一种较为有效的词汇教学模式和词汇习得策略，但它在词汇记忆和词汇应用上的影响作用是不平衡的，其优势主要体现在提高了学习者词汇记忆的效果。

赵玮（2018）发现：第一，接受语素法教学的被试更善于利用语素提取生词，说明语素法有助于学生建立语素和词之间以及同素词语之间的联系，特别是那些学生熟悉度较低的课堂生词，这对于学习者尽快构建同素词语网络是非常有利的。第二，初、中级语素班搭配及填空测试的平均成绩均低于语境班，显示出仅提供定义知识而不提供语境知识的情况下，学习者对实验词语的常用搭配、使用情境的掌握情况确实有所欠缺。第三，单独呈现测试词时，无论初级还是准中级，语素班被试的成绩都优于语境班；只提供语境时，语境班被试的成绩优于语素班；同时提供词和语境时，语境班被试的成绩也高于语素班。

洪炜、刘欣慰（2019）发现：第一，对于初级学习者，图文双模态释义下的词汇理解和产出成绩均显著优于文字单模态释义下的成绩；对于中级学习者，图文双模态释义和文字单模态释义下的词汇产出成绩差异不显著，但图文双模态释义下的词汇理解成绩显著优于文字单模态释义下的理解成绩。此外，多数学习者主观上认同图片在词汇学习中的积极作用。整体而言，图文双模态释义比文字单模态释义更有助于汉语二语者的词汇学习。研究证实，图文双模态释义的促学优势既存在于伴随性词汇学习中，也存在于刻意词汇学习中；既存在于拼音文字语言的二语学习中，也存在于汉语这类表意文字语言的二语学习中；既存在于初级水平二语者的词汇学习中，也存在于中级水平二语者的词汇学习中。作者认为，图文双模态释义的促学优势可从以下几方面进行解释：（1）根据双编码理论，文字释义信息和图片释义信息通过不同的加工系统进行加工，而这两个加工系统又是相互连接的。因此，当进行图文双模态释义时，学习者可以在两个加工系统的信息之间建立联系并进行整合，进而提高对目标词的理解和记忆。（2）利用图片进行词汇教学有助于学习者在词语与概念之间直接建立联系，减少母语语义的干扰。（3）图片能够增加课堂教学趣味性。第二，词语属性和语言水平两个变量共同调节图文双模态释义的效果。具体而言，对于初级学习者，无论是学习抽象词还是具体词，图文双模态释义下的词语学习成绩均显著好于文字单模态释义下的词语学习成绩。而对于中级学习者，学习具体词时，图文双模态释义和文字单模态释义下的学习成绩没有显著差异；但在学习抽象词时，图文双模态释义下的词汇理解成绩要显著好于文字单模态释义下的理解成绩。第三，多数初、中级水平学习者主观上认同图片在词汇学习中的积极作用，但初级水平学习者的主观认同度高于中级水平学习者。

5.　评价与展望

第二语言词汇习得主要是从"学"的角度研究学习者对汉语词汇的掌握情况，而本节的 3 篇文献则将"教"和"学"联系起来，研究教学方法对汉语二语词汇习得的影响。以往国内的教学研究常常是各种经验的总结，而较少对这些经验的效果进行定量研究，本节的 3 项研究则从实验研究的角度验证了以往的经验对习得的影响。这些研究选题及时，实验设计科学，结论合理，解答了一线教师迫切关心的问题，以较为客观的数据为我们带来了一些新认识。

第一，田靓（2010）的实验研究证实了教学中不必刻意求新求变，老方法对习得同样具有不可替代的效果。目前，随着认知功能教学流派的盛行，一线教师广泛应用交际法、任务法，但这些方法是不是对各级别的学习者同样有效仍有争议。田靓（2010）的实验结果表明，翻译法对初级汉语学习者而言是一种较为有效的词汇教学模式和词汇习得策略，它的优势在于可以提高学习者词汇记忆的效果，而入门水平的学习者受语言水平的限制，若教师一味地追求时髦，可能会影响教学效果。

第二，关注语言本体的词汇教学更有助于词的习得。赵玮（2018）的研究结论告诉我们，语素法可以帮助学习者习得一些扩展词语。实验中的一些测试数据还表明，语素法能够加强学生对常用度较高的不自由语素的关注，促进汉字学习。

第三，词汇教学宜采用多模态教学法，图句结合的方式利于习得。洪炜、刘欣慰（2019）的研究结果说明，教师在初级阶段的词汇教学中应多采用图文双模态释义。该阶段的学习者语言能力较弱，图片可以帮助他们在词形和事物概念之间直接建立联系。教师在讲解抽象词时，图片和例句语境如能紧密结合，图片就能辅助传达抽象词语的意义，促进学习者对抽象词语语义的理解。

在看到量化的词汇习得研究对教学的指导作用的同时，我们也应看到这类研究的不足。实验研究讲求严格的变量控制，必须排除一切干扰变量，这样才能揭示自变量和因变量的关系。但是我们知道，人的学习过程是一个包含着各种因素的信息处理加工的过程。有时，习得的效果可能体现为几种因素结合产生的增强效益。此外，人处在现实社会中，并不像实验室研究那样，可以将各种干扰变量排除干净。因此实验研究的结论还有待不断重复，不断在课堂教学中加以验证。就教学实验对词汇习得的影响而言，未来的研究还可以关注以下方面：

第一，不同教学法对习得的作用是否受语言水平影响。例如田靓（2010）仅就初级汉语学习者而言，对于中级以上的学习者是否同样适用，还需要进一步深入的研究探讨。语素法、语境法是否受使用水平影响？对于高级学习者，图文双模态释义是否一定比单模态释义好？这些都需要进一步的研究探讨。

第二，不同教学法对习得的作用是否受课型影响。语素法、语境法是否适合所有课型？在听力课上进行词汇教学，更适合使用语素法还是语境？是否应该开设专门针对中高级学习者的语素法专题课？

第三，这些教学方法怎样操作才最有利于习得，具体教学方法的使用过程还需要进行研究。例如在使用语素法教学时，为学生提供多少例句合适？什么样的例句才是有效的例句？又如洪炜、刘欣慰（2019）所言，在图文双模态释义时，哪种图片表达方法能更好地促进词义的习得？图片和文字如何结合才能达到更好的教学效果？这些问题都值得进行深入细致的考察。

第四节　本章小结

本章主要就近 20 年来影响汉语二语词汇习得的外部因素的相关研究成果进行追踪与评介，并在二语词汇习得理论的基础上，将相关研究成果分为学习者因素（包括母语背景、学习策略、学习动机）、语言因素（包括输入频率和语境）和外部环境因素三项内容展开介绍。

1.　本章研究的主要内容

二语词汇习得的外部影响因素内容广泛，一般指除词汇内部因素之外的其他一切因素，主要包括学习者因素、语言因素和外部环境因素三部分。

1.1　学习者因素研究的主要内容

通过文献检索，我们从设定的六大期刊中共追踪到涉及学习者因素的汉语二语词汇习得文献 18 篇，在对该类文献进行评介的过程中主要探讨了如下问题。

1.1.1　母语背景

第一，有关学习者因素研究的 18 篇文献中，有 15 篇涉及学习者的母语背景，占第一节评介论文总数的 80% 以上。足见在过去的 20 年中，汉语二语习得研究对影响词汇学习的学习者的母语背景给予了高度的重视。学者们之所以会高度重视母语背景，大致与其研究对象——词汇习得有关。因为就二语学习者而言，在学习第二语言之前已经形成了关于客观世界的非常完善的认知。那么在学习过程中，他们所要面临的首要任务就是如何将母语的语义系统与第二语言里的词汇形式重新设置对应关系，进而建立起二语形式与二语语义的映射关系。基于此，在第二语言词汇的习得过程中，母语的影响是不可避免的。研究表明，母语知识在第二语言词汇学习过程中会产生迁移，于是，学者们就将关注的焦点集中在了母语背景上。

第二，学习者因素已经成为近年来汉语二语习得研究的热点问题之一，其具体内容包括母语背景、语言水平、年龄、性别、动机、语言学能、学习策略、学习风格等等。众所周知，二语习得是一个复杂的过程，其中包含不同的因素和环节，那么在研究汉语二语词汇习得的过程中，不可能仅仅讨论其中的某一种影响因素或某一个学习环节。很多情况下，二语习得能取得什么样的效果往往是多种因素共同作用的结果。基于此，对于母语背景的研究也不是单一主题的。因此，涉及母语背景的 15 篇文献均为多维度研究，我们在进行评介的过程中，根据其涉及的主题不同分三类展开讨论。

第三，对于母语背景的研究，不可能就理论谈理论，往往是以一定的语言习得项目的考察为基础的。基于此，本部分的 15 篇文献涉及的词汇习得项目主要有：积极词汇、离合词、疑问代词（虚指用法）、双音复合词、近义词、有定范畴"们"、名词（句法功能）、汉源韩语词、语义透明词、语义半透明词和书面语词汇等等。由此可见，研究涉及的词汇习得项目非常丰富，且这些项目又各具特色，主要表现在：有些项目与语义联系密切，如积极词汇、近义词、语义透明词、语义半透明词和书面语词；有些项目与词形密切联系，如离合词、双音复合词和汉源韩语词；还有一些项目则与语法联系紧密，如疑问代词的虚指用法、有定范畴"们"和名词的句法功能。

1.1.2　学习策略

第一，有关学习者因素研究的 18 篇文献，8 篇涉及学习策略，占该节评介论文总数的 44.4%。由此可见，在过去的 20 年中，学习策略是汉语二语词汇习得研究较为重视的外部因素。在语言习得理论中，语言学习策略是指学生在发展第二语言或外语技能的过程中，为促进学习进步而使用的具体的行为、步骤或技巧，可以促进第二语言或外语的内化、存储、提取或使用。我们以 Oxford（1990）提出的由 6 组第二语言学习行为组成的策略系统为基础，将学习策略分为元认知策略、记忆策略、兼顾一般认知策略和补偿策略三种类型，进行文献的评介。

第二，根据庄智象、束定芳（1994），学习策略实际上就是学习者对在获取学习机会、巩固学习成果、解决学习过程中所遇到的问题做出的种种反应和采取的策略。那么有关汉语二语词汇习得学习策略的讨论，其目的往往是为了解决习得过程中出现的实际问题。本部分的 8 篇文献讨论的问题包括：（1）孙晓明（2005）针对低重现率在外国学生汉语词汇学习过程中的作用是微乎其微的，而增加词汇重现率，特别是高重现率对于教材编写而言有相当大的难度这一问题，提出了外国学生汉语词汇学习的高投入策略。（2）张博（2011）基于英语背景学习者母语词义误推的普遍现象和典型实例，对如何消解母语词类误推问题进行了较为深入的探讨，提出了母语词义误推的消解策略。（3）房艳霞、江新（2012），洪炜（2011），朱文文、程璐璐、陈天序（2018）针对汉语二语词汇习得中的词义推测问题分别提出了基于语境、构词法和语素意识等三种不同线索的汉语二语词汇习得的词义猜测策略。（4）张金桥（2008a）针对理解性词汇知识以及产出性词汇知识在即时学习和延时学习效果上的差异，提出了直接学习策略和间接学习策略。

第三，根据张文鹏（1998），语言学习策略应被界定为学生有意识地用来改进语言学习的步骤和方法。这些方法有的是可见的、显性的行为，有的是隐性的大脑运作，直接或间接地辅助语言习得。据此，本部分 8 篇文献论及的高投入策略、直接学习和间接学习策略属于可见的、显性的行为；而母语词义误推的消解策略、词义猜测策略、汉语有定范畴的习得策略和汉语名词语法功能的习得策略则属于隐性的大脑运作。

1.1.3　学习动机

第一，有关学习者因素研究的 18 篇文献中，仅有 1 篇涉及学习者的学习动机，占该节评介论文总数的 6%。由此可见，在过去的 20 年中，汉语二语词汇习得研究对学习动机的关注度极低。虽然学界普遍认为，在影响二语学习效果的诸多因素中，起关键作用的是学习者的学习动机（Lewis，1993；秦晓晴，2007），但是由于学习动机的定义缺乏一致性，动机本身具有复杂性和二语学习动机研究视角过于单一等原因，汉语二语词汇习得的研究者没有勇气挑战这一课题，从而造成研究成果极少的局面。

第二，正是由于近 20 年学界对汉语二语词汇的研究鲜少有人涉及学习动机，那么仅有的 1 篇文献就显得极其重要。李爱萍（2018）的研究目的是了解汉语学习者的汉语词汇学习任务价值对汉语词汇知识习得的影响，从而为促进汉语词汇知识习得效果提供更有针对性的参考依据。

1.2　语言因素研究的主要内容

通过文献检索，我们从设定的六大期刊中共追踪到涉及语言因素的汉语二语词汇习得的文献 10 篇，在对这些文献进行评介的过程中主要探讨了语言输入频率和语境这两个问题。

1.2.1　语言输入频率

第一，有关语言因素研究的 10 篇文献中，仅有 2 篇涉及语言输入频率，占第二节评介论文总数的 20%。由此可见，在过去的 20 年中，汉语二语词汇习得研究对语言输入频率的关注度并不高。出现这种情况的原因在于，大多数研究都认为，词汇出现的频率越高，学习者的记忆负担越小，对该词汇掌握得越好。有了这样的共识，该领域的研究空间就显得非常有限，因此也很难引起学界的关注。

第二，在提高生词重现率有助于学生记忆生词已经成为词汇习得研究者的共识的基础上，柳燕梅（2002）将研究的视角放在"生词重现率高的词是否比重现率低的词学习得好"和"采用提高生词重现率的教学方法是否比不采用此种方法的教学效果好"这两个问题上，从而使得研究目的更明确，内容更具体。

第三，与柳燕梅（2002）的研究视角不同，江新（2005）更注重汉语词汇教学的特点和汉语词汇本身的特质，将词汇重现率与母语背景结合起来研究，重点考察了"词的复现率对非汉字圈学生双字词学习的影响"和"字的复现率对非汉字圈学生双字词学习的影响"这两个问题。研究充分考虑了汉语词汇的自身特点，这种以汉语的语言特点为基点，结合构词法的理论讨论汉语二语词汇习得问题的研究是值得提倡的。

1.2.2　语境

第一，有关语言因素研究的 10 篇文献中，有 8 篇论及语境因素，占该节评介论文总数的 80%。由此可见，在过去的 20 年中，汉语二语词汇习得研究对语境的关注度要远远高于输入频率。出现这种情况的原因在于，在很长一段时间里，汉语二语词汇学习的侧重点都是理解性词汇的习得，因此，语境因素显得尤为重要。

第二，该小节的 8 篇文献中，有 6 篇是建立在传统的语境知识基础之上的，另外两篇，一篇引进了语块理论研究词汇习得（曹贤文、周明芳，2015），一篇引进了词汇知识框架、搭配和心理词典三种理论体系研究词汇习得（邢红兵，2013）。由此可见，随着学界对语境理解的不断完善及新理论的不断出现，有关汉语二语词汇习得中语境因素的研究成果越来越丰富，视角越来越开阔，方法越来越新颖。

第三，就建立在传统的语境知识基础之上的研究成果来看，其研究内容主要涉及以下方面：（1）学习者能否通过阅读习得词语，（2）目标词和语境线索的位置关系，（3）句子语境在汉语词汇识别中的作用，（4）真实阅读中上下文语境对词汇学习的影响，（5）语境的丰富程度和位置前后与目标词学习的关系，（6）强语境与不透明词学习的关系，（7）语境的距离效应，（8）语境的语义类型与词汇学习的关系，（9）语境中含否定词的目标词学习，（10）在控制条件下的语境位置和语境的语义类型对汉语词汇学习的影响。

第四，就引入语块理论的词汇习得研究成果来看，研究主要对汉语"生词＋熟词"组合学习法与生词独立学习法进行了对比研究，以此检验何种方法更加有利于词汇的短期记忆和长期记忆。就引入"搭配知识"的词汇习得研究成果来看，研究从不同角度考察中介语词语搭配知识的状态，并与目的语进行对比。

1.3　外部环境因素研究的主要内容

通过文献检索，我们从设定的六大期刊中共追踪到涉及外部环境因素的汉语二语词汇习得的文献3篇。值得注意的是，3项研究都将研究的视角放在了教学法上。

在第二语言教学中，翻译法是一个概括性的称呼，根据教学的着重点不同，它可具体分为语法翻译法、词汇翻译法、翻译比较法、近代翻译法四种。田靓（2010）的研究对象为词汇翻译法，最后得出翻译策略对初级汉语学习者而言是一种较为有效的词汇教学模式和词汇习得策略的结论。

与英语不同，汉语多由词根复合构成新词，且可以作为词根的语素数量极为丰富，让学习者在短时间内掌握这么多的语素是有难度的，而不知道语素义也就难以推断词义。结合汉语词汇的特点，学界提出了与英语词汇教学所采用的直接教法不同的语素教学法。以往的研究认为，语素法的主要优势在于提高词义记忆效率、巩固所学词语和扩大词汇量。赵玮（2018）将考察的范围拓展到了语素教学法的词汇扩展能力、词汇深度学习能力和词义猜测能力上。

图片作为直观性教学材料被广泛运用于二语教学当中。认知心理学的相关理论为图片的教学辅助作用提供了理论支持。来自德语、英语等拼音文字的语言学习研究结果初步证实图文双模态学习有助于二语词汇习得。李红、李于南（2007）指出，相较于仅提供母语翻译的单模态释义，同时提供母语翻译和图片的双模态释义能显著提高二语词汇学习成绩。基于以上认知，洪炜、刘欣慰（2019）首先对图文双模态释义下的词汇学习成绩与文字单模态释义下的词汇学习成绩进行了对比，然后考察图文双模态释义在具体词和抽象词的学习中是否具有促学优势，最后讨论在不同语言水平学习者的汉语词汇学习中图文双模态释义是否均具有优势。

从20世纪开始，外语教学法就为外语教学提供了有效的教学支持。其中影响较深的外语教学法有语法翻译法、直接法、听说法、情景法、认知法、人文主义教学法、自然法、交际教学法、合作语言学习法、任务型教学法和神经语言程序法等等。赵玮（2018）结合汉语词汇的自身特点完善了有关汉语词汇语素教学法的研究成果。洪炜、刘欣慰（2019）则借鉴了其他语言词汇教学中经常采用的图文双模态释义法，以此来考察其在汉语二语词汇教学中的具体效果。

2.　本章研究的主要不足

2.1　学习者因素研究的不足

第一，不同母语背景的人在汉语词汇习得上出现的各类问题，既有目的语的负迁移，又有母语的负迁移。那么，两种负迁移的表现究竟是什么？为什么会有这样的表现？这应该是研究者普遍关注的问题。然而，就目前追踪到的文献来看，大多数文献对此未有涉及。仅有张博（2011），李冰（2011），房艳霞、江新（2012）和姜有顺（2017）的研究略有提及，但未能展开深入的讨论。值得注意的是，刘旭（2018）在探讨泰国大学生汉语名词句法功能习得偏误的内在生成规律与其语言能力和认知经验有关系时，对母语负迁移的具体表现类型进行了简单的区分，这样的研究为学界开展母语背景对词汇学习影响的研究提供了一条较为可行的道路。

第二，就汉语语言研究而言，无论是语言理论还是语言习得理论大都是"舶来品"。要让引进的理论发挥作用，就应该把运用新理论的立足点放在汉语本体研究已经取得的成果和达成的共识上。然而，目前的研究存在对汉语词汇特点认识不够清楚的问题。大多数研究都是对外国的新理论进行图解式的理解，从而使得文章分析的深度不够，如张博（2011），李冰（2011），史静儿、赵杨（2014）和房艳霞、江新（2012）等。

第三，词汇习得和语法习得关系紧密，甚至难以区分。但是就目前的研究来看，大多数学者对这个问题认识不清，甚至有一些学者还认为词汇习得有自己独立的理论体系，从而导致汉语二语词汇习得研究在分析具体问题时缺乏理论高度。

第四，整体而言，有关学习者因素的研究存在问题意识不强、要达到的研究目标不明确等问题，具体表现为研究设计不够严谨，研究结论缺乏可推导性，就论文而论文的倾向较为明显。

2.2 语言因素研究的不足

第一，影响二语词汇习得的语言因素主要有语言输入频率与语境两种，然而从我们追踪与评介的文献来看，汉语二语词汇习得研究领域在这两个问题的研究上存在着严重的失衡现象。相对于语境因素而言，学界对语言输入频率的研究显然没有足够的重视。

第二，研究内容有限。二语习得理论认为，语境是指词汇呈现的语言环境，包括上下文语境、同义词群、反义词群、上下位语义场等等。而就汉语二语词汇习得的相关研究成果来看，目前的研究重点讨论了上下文语境的问题，至于同义词群、反义词群和上下位语义场的问题，当前研究尚未涉及，还有较大的探讨空间。

第三，研究视角单一。Koren（1999）指出，与直接通过母语记忆第二语言词汇的词表法相比，语境可以提高词汇的语言加工水平，促进词汇长时记忆和词汇产出能力。就我国目前的研究成果来看，学界对语境因素的研究几乎都以理解性词汇为切入点，对产出性词汇习得与语境关系的研究几乎为零。

第四，关联性研究薄弱。学界普遍认为语境可以帮助学习者加深对词汇的语法特征、典型搭配和语义的理解。这为我们研究语境在汉语二语词汇习得中的作用提供了新的方向，即可以对语境的作用涉及的语法特征和典型搭配等问题展开关联性研究，但是目前尚未看到有相关的研究成果。

2.3 外部环境因素研究的不足

第一，外部环境因素作为影响汉语词汇习得的外部因素，其具体内容包括社会环境、教学法和教师教育等内容。但是从我们检索到的文献来看，目前汉语二语词汇习得研究领域对外部环境的研究仅仅涉及教学法这一项内容。这样的研究现状与我们之前提到的二语教学的总趋势存在较大的差异，说明我们的相关研究较为欠缺。

第二，教学法是一个非常复杂和笼统的概念，吴勇毅（2018）指出，语言教学法，上可以指教学理念和信念、教学原则以及教学的整体设计等，中可以包括教学过程安排、教材的编写与使用、教学策略、评估方式与手段等，下可以具体到某种课型、某个语言要素、某种语言技能怎么教，甚至是课堂教学所使用的某个方法、某种技巧等。而近 20 年汉语二语词汇习得有关教学法的研究实际上仅仅涉及上述内容的第三个方面，可见我们的研究视角较为狭隘，研究内容十分有限。

3.　本章研究的展望

3.1　学习者因素研究的展望

第一，语言教学过程中，无论方法和技巧在理论上多么完美，很多时候都无法产生有效的习得结果。要抓住产生这一现象的症结，就必须研究学习者。基于此，学习者因素已经成为近年来国际二语习得研究的热点问题之一，其具体内容包括学习者的母语背景、语言水平、年龄、性别、动机、语言学能、学习策略、学习风格等等。然而就目前学界的研究成果来看，其研究范围仅仅涉及了母语背景、学习策略和学习动机三个方面，且研究成果的分布存在严重的不平衡现象。这说明在汉语二语词汇习得的学习者因素研究领域，还有很多因素是学者尚未涉及的，这就为我们未来的研究留下了较大的空间；但是我们同时也应该认识到，目前研究尚未涉及的领域也有可能恰恰是不易入手的问题，这也为今后的研究提出了巨大的挑战。

第二，为使学习策略的分类更为一致、更为全面，弥补大多数研究缺乏社会策略、情感策略的不足，Oxford（1990）提出了一个由六组第二语言学习行为组成的策略系统。具体内容包括元认知策略、情感策略、社会策略、记忆策略、一般认知策略及补偿策略。就目前的汉语二语词汇习得研究成果来看，其所涉及的策略仅有四种，而尚未涉及的正是 Oxford（1990）补充的情感策略与社会策略。这说明汉语二语习得的研究没有逃脱国外二语习得研究的老路，在引进国外理论的过程中，不仅吸收了优点，也延续了其研究的缺陷。事实上，就学习策略的研究而言，目前尚未涉及的情感策略与社会策略往往是最难把握的部分，也是最能体现汉语词汇特点的部分。因此，在今后的研究中，如果能把这两类研究做好，那么我们的汉语二语词汇习得研究将会取得巨大的进步。

第三，莫雷（2005）指出，学习动机对学习的影响体现在两方面，一是对学习过程的影响，二是对学习结果的影响。由此可见，从心理学的角度看，动机是激发个体进行学习活动，维持已引发的学习活动，并使学习行为朝向一定目标的内在心理状态，对学习的影响是至关重要的，几乎贯穿了学习活动的全过程。然而就是这样一个重要影响因素，却没有引起汉语二语词汇习得研究者的足够重视，我们在相关领域的研究成果少之又少。为了弥补这一研究空白，未来我们需要做的工作包括：（1）深化对二语习得学习动机理论的研究；（2）对不同动机因素进行合理的归类，并建立起它们之间的秩序；（3）缩小对学习动机的理解分歧，扩大学习动机的研究视角；（4）将汉语二语习得研究者的目光吸引到与词汇习得相关的学习动机上来。

3.2 语言因素研究的展望

第一，虽然受到语言输入频率自身特质的影响，有关语言因素的研究方法较为单一，内容比较有限；但是通过对近 20 年来仅有的两篇相关文献的评介不难发现，在这个方面，汉语二语词汇习得研究似乎还有一些新的领域可以开发。具体的操作方法有：（1）把语言输入频率与影响词汇习得的其他因素放到一起进行相关研究，从而弥补汉语二语词汇习得研究中相关研究成果较为匮乏的问题。（2）将语言输入频率的研究建立在汉语词汇自身特点的基础上，充分挖掘汉语词汇的特点以寻找新的研究视角，从而使得汉语二语习得研究与本体研究有机地结合起来。（3）汉语的词汇习得与语法习得之间存在着千丝万缕的联系，那么在对影响词汇习得的语言输入频率进行研究的过程中，可以将词汇习得纳入语法习得的范畴中去，从而解决汉语二语习得研究中长期存在的二者严重脱节的问题。

第二，针对上文提到的有关语境因素的研究所存在的问题，在未来我们可以开辟出有关汉语二语词汇习得语境因素研究的新领域。具体操作方法有：（1）对二语习得研究领域所公认的语境类型进行全方位的考察，拓宽研究范围，加强对同义词群、反义词群和上下位语义场等这些汉语二语词汇习得从未涉及的语境因素的研究，以丰富我们的研究成果。（2）转移研究者的视角，将过去对汉语二语词汇习得语境因素的研究从理解性词汇上转移到产出性词汇上来，扩大语境因素的影响范围，在增加研究视角的基础上丰富相关研究成果。（3）以往我们的研究将关注的重点放在了语境因素的积极作用上，对于其消极作用，虽然有学者提及，如朱勇、崔华山（2005），但未做深入的研究与探讨，这也为我们今后的研究开辟了一条新的道路。

3.3　外部环境因素研究的展望

第一，针对上文提到的汉语二语词汇习得外部环境因素的研究与国际二语教学的研究趋势脱节的问题，在今后的研究中，我们应该将研究的视野放得更为开阔，时刻关注国内外研究的发展趋势，在对汉语二语习得进行研究时，既要有对国外理论的学习借鉴，也要保持自己的特色，坚持走自己的路。

第二，针对上文提到的汉语二语词汇习得有关教学法的研究视角狭隘、内容较为有限的问题，在今后的研究中，我们应该高度关注语言教学方法的内涵与外延，从这两个方面拓宽研究视野，丰富研究内容。

第五章　词汇习得的内部影响因素

Levelt（1989）从心理学的角度指出，词汇是语言产出的动力，是言语理解的关键。Gass & Selinker（2011）指出，第二语言学习者所犯的错误大部分是词汇错误，第二语言学习者和母语者都认为词汇错误是交际中最大的障碍。由此可见，词汇在第二语言习得中即使不是最重要的因素，也是一个非常重要的因素，因为词汇是语言产出的媒介。显然，词汇习得在第二语言习得中占有重要地位。

汉语词汇习得还有其独特的问题，即汉语词汇的独特性增加了汉语词汇习得的难度。这主要表现在：（1）汉语词汇的构成比较复杂，附加法构成的词仅占很少一部分，大部分词都是以合成的方式构成的，构词的方式很难找到规律（且不说还有数量不少的单纯词）；（2）书写方式带来了汉字的干扰，词汇的语义和字义之间没有必然的联系，增加了汉语词汇理解和掌握的难度；（3）汉语是一种历史悠久的语言，同义表达手段很多，同时又由于汉语是由音节文字表达的，在现实中就会存在很多同义词、近义词、同音词、同形词等，汉语词汇的辨析相当困难；（4）汉语的词没有词形变化，主要的三大类实词可以出现在多个句法位置上，词的组合规律常有例外现象出现，不利于二语的习得；（5）汉语的虚词个性明显，用法不一，很难以一些语法规则来说明一类虚词的用法，必须一个个学、一个个记，"词汇"不可能将这一类词全部推到"语法"那里去习得，如何解决汉语虚词的习得问题，是语法习得研究和词汇习得研究都要考虑的。

在第四章中，我们对影响汉语二语词汇习得的外部因素的相关研究成果进行了梳理。在本章中，我们将考察的视角放到影响词汇习得的内部因素上来。这里的内部因素主要是指词汇的自身属性，从大的方面讲，包括词的语音形式、词的结构形式和词的语义内容三个方面。就汉语二语词汇习得的研究成果来看，涉及语音方面的很少，因此下面分别从结构因素和语义因素两个角度进行综述。

第一节　词汇结构对习得的影响

近年来，国内外认知心理学的研究运用行为实验和脑功能成像技术就拼音文字系统、中文等多种不同性质的语言以及双语的词汇表征与加工规律进行了大量研究，主要达成了如下共识：（1）词汇加工方式与词汇所在语言系统的性质有很大关系，同样性质的词汇材料在不同性质语言中的加工方式可能是不同的，词汇加工方式在很大程度上具有语言特定性。（2）词汇加工方式与词汇结构有关，多词素词各成分之间的组合规则在词汇加工中起作用；失语症病人在词汇意义和语音形式无法提取的条件下，对词汇结构组合规则的知识仍然保留。（3）在汉语母语者的心理词典中存在着整词和词素两种单元的表征，在词与词之间、整词与词素之间存在着不同方式、不同性质的联结；词素在中文合成词加工中起重要作用，词素的空间位置和构词功能对词素的作用方式都有影响。上述共识对汉语作为第二语言的词汇习得研究产生了较为深远的影响，很多学者在研究的过程中都将关注的焦点集中在了上述成果所涉及的词的内部结构、语素构成和外部形状三个方面。

1.　从词的内部结构角度展开的研究

在汉语二语习得中，词语结构不同，习得效果也就不同。词语结构会影响留学生对词义的猜测。刘颂浩（2001）、郭胜春（2004）、徐晓羽（2004）、千红梅（2009）、许艳华（2014）等都做过相关研究。以往研究一致认为词的结构类型会影响学习者的词汇习得，但是对具体影响的结果意见不一。

1.1　概述

西方拼音文字语言系统中多数的合成词是由词根加词缀构成的派生词，而汉语词汇系统中占多数的是由词根与词根组合构成的复合词。据《现代汉语频率词典》（1986）的统计，汉语中70%以上的词汇都是由两个或两个以上的语素构成的合成词。虽然合成词包括派生词和复合词两种类型，但是汉语中最多的是复合词，复合词约占合成词总数的96.5%，且大多数复合词的构成都具有一定的理据性，语素与语素根据不同的语义、语法关系构成多种结构，其中联合、偏正、述宾、述补和主谓结构是最基本的结构方式。

1.2　主要内容

我们搜索到了 4 篇研究汉语词汇内部结构对二语词汇习得影响的论文，它们的研究视角有所不同：有的主题专一，专门讨论词汇的内部结构；有的则将词汇的内部结构与语义透明度结合起来考察。

1.2.1　专论内部结构

冯丽萍（2003）通过启动实验研究了中级汉语水平欧美留学生的中文词汇结构意识，重点讨论了以下问题：（1）对于以形态发达的西方语言为母语的外国留学生来说，在他们学习汉语词汇的过程中，词汇结构如何影响其词汇加工过程？（2）他们是否具有中文的词汇结构意识？

干红梅（2009）主要考察以下问题：（1）当留学生学习汉语时，母语与汉语在词语结构方面的差异是否影响其词汇学习效果？（2）汉语词语的不同结构是否影响词汇学习效果？（3）中级汉语学习者有无结构意识？（4）留学生在阅读中遇到生词时，结构识别意识能否促进其生词学习？

1.2.2　将词语结构与语义透明度结合起来考察

许艳华（2014）采用测试和问卷调查的方法，考察了汉语复合词的不同结构类型对汉语作为第二语言学习者猜测词义的影响，将复合词的结构类型扩展为联合、偏正、动宾、动补、主谓五类，探讨了五种结构类型对学习者猜测复合词词义的影响及其原因。

王意颖、宋贝贝、洪炜（2018）综合使用自主释义和词义选择两种方法相结合的方式，更客观、全面地考察了五种词语结构对中级留学生习得语义透明词的影响。通过两种测试，研究发现，词语结构对中级水平汉语学习者语义透明词的习得产生影响，词语结构作为一种潜在的因素存在于学习者心理词典的词汇表征系统中，并影响语义透明词的加工方式。

1.3　研究方法

就研究方法而言，本小节论文呈现出一个非常明显的特点，即研究全部采用综合法。另外，冯丽萍（2003）还引进了心理学的研究手段。

冯丽萍（2003）通过启动实验研究了中级汉语水平欧美留学生的中文词汇结构意识。实验 1 在北京师范大学心理系的认知实验室以 De-master 程序完成，采用前掩蔽条件下的词汇判断任务，这一方法能较好地反映被试词汇加工的心理过程。实验 2 为三因素（2×3）的被试内设计，三个因素分别为启动词的整词频率（分为高、低两种）、启动词的词汇结构（分为联合和偏正两种类型）、目标词相关词素的位置（分为首词素相关和尾词素相关两种）。

干红梅（2009）采用纸笔测试和问卷调查的方法，考察了词语结构对阅读中词汇学习的影响。实验为双因素（2×2）混合设计。因素一为被试间因素，根据语言背景，被试被分为有汉字背景的日韩组（30 人）和无汉字背景的欧美组（30 人）；因素二为被试内因素，根据结构类型，词语被分为联合结构和偏正结构两种。

许艳华（2014）采用测试和问卷调查的方法，考察了汉语复合词的不同结构类型对汉语作为第二语言学习者猜测词义的影响。实验为双因素（2×2）混合设计，自变量为词语结构，因变量为学生对复合词词义猜测的成绩。按照复合词语的语法结构类型，所选复合词被分为联合、偏正、动宾、动补、主谓五类。

王意颖、宋贝贝、洪炜（2018）通过两个实验考察词语结构对不同母语背景中级水平留学生习得汉语语义透明词的影响。实验 1 和实验 2 均采用双因素（5×2）的混合实验设计。被试内因素为词语结构，分为联合、偏正、动宾、动补、主谓五种类型；被试间因素为语言背景，分为有汉字背景的日韩组和无汉字背景的欧美组两个组别。

1.4　主要结论

冯丽萍（2003）得出如下研究结论：第一，中级汉语水平的欧美学生在经过一定时间的汉语学习和一定数量的词汇积累以后已经具有中文合成词词汇结构的意识，并且这种意识影响词汇加工中词素提取的方式。因此，对联合式与偏正式两种词素关系不同的合成词，词素激活方式也不一样。第二，与汉语母语者相比，词汇结构对欧美学生词汇识别的影响只有在词汇熟悉度较高、加工时间充分的条件下才可表现出来。

干红梅（2009）的研究得出如下结论：第一，词语结构影响词语学习效果，与汉语为母语的儿童学习情况一致，学习者对偏正结构的词语学习效果显著好于联合结构。第二，中级阶段的学习者已经有了初步的词语结构意识，但结构识别的正确率仅为 50% 左右。第三，词语结构识别会影响词语学习，但是其影响力远远小于语素的影响力。第四，构词语素的性质影响学习者的结构识别，学习者倾向于把含有名语素的词语判断为偏正结构，把含有动语素的词语判断为动宾结构，把含有形语素的词语判断为联合结构。第五，大部分学习者认为知道一个词的词语结构对词语学习有很大帮助或有一定帮助，但在阅读中主动利用词语结构来学习新词的比例很低，绝大多数学习者会先猜词义再猜结构。

许艳华（2014）的研究结论包括：第一，汉语第二语言学习者的词汇结构意识和对词语结构的熟悉度会影响其汉语词汇学习的效果。中级汉语水平的留学生已具备词语结构意识和知识，并能够运用词语结构知识猜测词义。学习者认为，词语结构对词语的语义会产生影响，先知道词语结构对猜测它的意义有帮助。第二，复合词的结构类型对复合词词义的猜测具有影响，表现在主谓结构对词义猜测的负面影响最小，动宾结构次之，动补结构影响最大。第三，五种结构类型的复合词的易猜顺序为：主谓结构＞动宾结构＞偏正结构＞并列结构＞动补结构。第四，学习者的母语背景影响其对汉语词汇的学习，汉字文化圈的学习者比非汉字文化圈的学习者更容易掌握汉语词汇。

王意颖、宋贝贝、洪炜（2018）得出如下结论：第一，无论是自主释义还是词语选择测试，欧美学习者和日韩学习者对偏正结构语义透明词的习得均好于联合结构，也好于动补结构和主谓结构，但动宾结构在两项测试中的表现存在差异。不同结构透明词的习得效果与学习者对不同结构意识的经验图式的存储程度及语言差异等因素有关。第二，虽然日韩学习者的结构意识整体优于欧美学习者，但两类学习者似乎均未将词语结构识别作为词语加工的主要策略。

1.5　评价与展望

综观本小节的研究，有如下三点值得肯定：第一，以往的研究视角比较单一，往往是就词汇结构研究词汇结构。由于认识到词语结构与语义的关系极为密切，许艳华（2014）和王意颖、宋贝贝、洪炜（2018）都将二者结合起来进行考察。第二，该小节论文在讨论词语结构类型对词汇习得的影响时，选取的词汇类型数量不同，且呈现出不断扩展的趋势。较早的研究，如冯丽萍（2003）和干红梅（2009）都将研究的结构类型设定在了联合与偏正上，区别在于干红梅（2009）在结论部分提及了动宾结构；许艳华（2014）和王意颖、宋贝贝、洪炜（2018）则覆盖了汉语复合词的五种基本结构类型。第三，早期的研究都是以解释或选择的方式来考察词语结构对词汇习得的影响。考察方式的不同，各项研究结果也会存在差异。由于认识到了这一特质，进入 21 世纪以后，研究者大多采用了综合测试的实验方法，有的还引进了其他学科的先进手段，多种测量手段的结合对于准确测量词汇习得水平具有重要意义。

　　本小节论文的不足之处在于：首先，虽然有些研究关注到了语义透明度和词语结构对汉语二语词汇习得的影响，并将二者结合起来进行讨论，但仍存在局限性。这主要表现在很少有研究深入探讨语义透明度和词语结构这两种因素的互动关系。其次，大多数研究一般只考察两到三种词语结构的复合词习得差异，很少涵盖所有的结构类型，仅有两项研究涉及了汉语复合词的五种基本结构类型。

2.　从词的语素构成的角度展开的研究

　　语素是语言中最小的语音和语义结合体。目前，学术界对语素意识的认识还存在分歧。根据大多数心理语言学学者的观点，语素意识是指学习者对词的内在结构的意识以及操纵这种结构的能力（Carlisle，1995，2000；McBride-Chang，Shu，Zhou et al.，2003）。Carlisle（2000）认为，语素意识最基本的方面是将词分解成语素，并通过对语素的重新组合来构建整词的意义。根据 Li，Anderson，Nagy et al.（2002）的定义，汉语的语素意识由三部分组成：第一部分是形旁或声旁意识，即对汉字结构的意识；第二部分是指对词的内部结构的意识；第三部分是指区分同音语素和同形语素的能力。我们检索到的文献只对 Li，Anderson，Nagy et al.（2002）定义中的第二、第三部分进行了讨论。

2.1　概述

　　对外汉语学界很早就针对词汇教学提出了语素教学法，并进行了与语素知识相关的习得研究。但多数研究关注语素自身的属性及其与词汇教学、习得效果之间的关系，虽然从不同角度说明了汉语语素及学习者语素知识对汉语作为第二语言词汇、阅读学习的积极意义，但均未把学习者的语素意识作为一种分项能力进行直接测量。尽管目前从学习者汉语语素意识角度出发探讨汉语第二语言词汇习得的研究较为有限，但已有研究者开始用实证研究方法直接考察汉语语素与词汇学习、词义推测及阅读理解的关系。

2.2   主要内容

高立群、赵媛琳（2008）通过对日本初级学习者、高级学习者和汉语母语者三个水平的被试的测试，考察汉语水平不同的日本被试和中国被试在词汇判断任务中的差异，以考察不同结构类型的汉语双字词中首字频率和末字频率对断定词汇合法性的作用。

郝美玲、厉玲（2015）通过大样本、多变量回归分析的方法，从整词属性和词素属性两个层面来综合考察汉语母语者以及来自不同母语背景的学习者汉语复合词加工的机制和影响因素。整词属性包括整词频率和词语的具体性，词素层面的属性包括词素的累积频率、自由与否、家族数与语义透明度等。测试的结果分析包括三部分内容：（1）汉语母语者回归分析。研究发现，影响汉语母语者复合词加工最主要的因素是整词频率，其次还有首词素频率、首词素家族数、尾词素笔画数、透明度和具体性。因此，可以认为整词属性和词素属性都对汉语母语者复合词的加工存在明显的影响。（2）以汉语为第二语言的学习者的回归分析。研究发现，尾词素在留学生汉语复合词的加工中起比较重要的作用，首词素的作用不明显，且尾词素对于以汉语为第二语言的学习者复合词加工的影响主要表现在偏正结构复合词上。（3）以汉语为第二语言的学习者的因子回归分析。研究发现，整词频率对三组不同语言背景的学习者汉语复合词的词汇判断都有非常显著的作用；语义因子对泰国和日韩被试的作用显著，对非汉字圈背景被试的作用边缘显著；尾词素对泰国和日韩学习者的词汇判断也都有比较显著的影响，而视觉复杂度只对非汉字圈背景学习者的词汇判断有显著影响。其他三个因子如首词素、词汇结构类型以及词类对三组学习者均无显著的作用。

朱文文、程璐璐、陈天序（2018）重点探讨汉语语素意识中同形语素的次类——同形同音语素意识。通过语素意识测试，研究探讨了以下问题：初级水平汉语学习者的同形语素意识与词义推测能力及阅读理解能力之间存在何种联系？即同形语素意识强的学习者是否在词义推测及阅读理解方面存在明显的优势？测试包括四项内容，其中前两项均为语素测试：测试 1 主要考察学习者是否有能力辨别同形的个体语素与词内语素意义是否相同；测试 2 主要考察学习者对同形语素意义的区分能力，即学习者是否有能力识别相同字形的语素在不同词语中所表达的不同意义。结果显示，初级阶段的汉语学习者的同形语素意识存在一定的差异，而这种语素意识上的差异又反映在他们词义推测及阅读理解的表现上。

赵玮（2018）通过实验考察语素法对汉语二语者词汇扩展、词语使用知识的获得及词义猜测能力的影响。研究内容主要涉及：（1）利用语素法教授生词的过程中，教师会扩展一定数量的新词，学生能否记住这些词语，即语素法是否有助于词汇扩展？（2）仅使用语素法讲授词义的情况下，学习者能否获得词语使用的相关知识？（3）语素法的教学及词义猜测策略的讲练能否提高学习者的词义猜词能力？

李冰、古川裕（2020）考察了日语动词、形容词中的单音节语素对中高级日语母语者汉语词汇习得的影响。研究重点考察了以下问题：（1）日语单音节动词、形容词中，有提示词和无提示词对相应汉语词义的习得情况是否存在显著性差异？有提示词的习得效果是否优于无提示词？（2）动词、形容词的词性差异对两类词的习得是否有影响？（3）不同汉语水平的学习者对两类词的习得是否有显著不同？

2.3　研究方法

高立群、赵媛琳（2008）考察了不同结构类型的汉语双字词中首字频率和末字频率对断定词汇合法性的作用。实验采用四因素（3×2×2×2）混合实验设计。被试间因素为汉语水平，分日本初级、高级和汉语母语者三个水平；被试内因素包括汉语双字词的结构类型（分偏正、动宾两个水平）、首字频率（分高频、低频两个水平）及末字频率（分高频、低频两个水平）。

郝美玲、厉玲（2015）通过大样本、多变量回归分析的方法，从整词属性和词素属性两个层面综合考察了汉语母语者以及来自不同母语背景的学习者汉语复合词加工的机制和影响因素。

朱文文、程璐璐、陈天序（2018）以40名北京语言大学初级汉语学习者为研究对象，通过四项阅读能力测试（两项语素意识测试、一项词义推测测试、一项阅读理解测试），运用相关分析、聚类分析、回归分析等统计方法，重点考察被试的同形语素意识与汉语词义推测能力、阅读理解能力的关系。

赵玮（2018）将被试分为两组，实验组采用语素法授课，对照组采用句子语境或情景语境讲授词语（语境法）。研究利用汉字组词测试考察被试的扩展词语记忆情况，利用搭配和填空测试考察被试的词语使用能力，利用词义猜测测试考察被试的词义猜测能力。另外，研究还采用问卷调查法考察了学生对语素法和语境法的直观感受和接受度。

李冰、古川裕（2020）以大阪大学外国语学院41名汉语专业的日语母语者为被试，考察日语动词、形容词中的单音节语素对中高级日语母语者汉语词汇习得的影响。实验采用三因素（2×2×2）混合实验设计，其中词的类型和词性是被试内因素，词的类型分为有提示词和无提示词两个水平，词性分为动词和形容词两个水平；汉语水平是被试间因素，分为中级和高级两个水平。

2.4　主要结论

高立群、赵媛琳（2008）得出如下结论：第一，汉语双字词词汇判断中存在组合类型效应，对于不同复合词构词法类型分别有着不同的词汇判断识别方式和心理机制。第二，再一次验证了词首效应的存在，即首语素是判断和识别汉语双字词的重要指标和信息来源，末语素虽然也起到一定的作用，但作用的大小视双字词组合类型的差异而不同。第三，词素的位置频率是汉语双字复合词的构词法意识的根源。第四，日本初级水平学习者的汉语复合词构词法意识处于萌芽阶段，而高级水平学习者的意识则已趋于完善和成熟。

郝美玲、厉玲（2015）得出如下结论：第一，整词属性和词素属性都影响汉语复合词的心理加工，表明汉语母语者的复合词加工既存在整词加工，也存在词素分解加工。第二，对于初级汉语水平的学习者来说，整词加工和词素加工也同时存在。第三，在汉语复合词加工中，母语者和二语者都同时存在整词加工和词素加工两种方式，但是在词素加工的具体表现上存在区别。即母语者侧重首词素，兼顾尾词素；而二语者（初级汉语水平）首词素作用不明显，只在偏正结构中发现尾词素的影响。第四，对不同母语背景的留学生来说，整词频率是影响他们词汇判断反应时的一个重要因素，词语出现的次数越多，学习者加工的速度越快。

朱文文、程璐璐、陈天序（2018）指出，同形语素意识作为一种元语言能力，在多个层面都有利于学习者的汉语学习。具体表现为：第一，同形语素意识有助于减轻学习者的词汇记忆负担，提高学习效率，有助于长期的、可持续性的学习。第二，同形语素意识的培养有助于学生变被动地接受知识为主动地内化知识。第三，同形语素意识可在一定程度上帮助学习者完成课堂学习的延伸，提高课外自主学习的效率。

赵玮（2018）结合客观测试和问卷调查结果，得出如下结论：第一，语素法可以帮助学习者习得一些扩展词语，能够加强学生对常用度较高的不自由语素的关注，促进汉字学习。第二，虽然学生能够从课文中学到词语的部分用法，但语素法无法向学生提供词语的使用知识，而语境法还能够引起学生对词性、常用搭配和句法信息的注意。第三，教师可利用语素法和语境法提高学习者的词义猜测能力。

李冰、古川裕（2020）的实验结果表明：第一，日语语素有提示词、无提示词两类词的整体习得效果均不理想，但有提示词的习得情况优于无提示词；第二，动词、形容词的词性差异对两类词的习得影响不显著；第三，随着日语母语者汉语水平的提高，两类词的习得成绩并未得到显著提升，出现了一定程度的僵化现象。鉴于此，研究认为，对于语素有提示单音节词，日语母语者主要以日语字形字义作为理解和认知策略，要强调汉日差异；此外，对含有共同语素的汉语词语的辨析也尤为重要。对语素无提示词的教学中，教师应重点帮助学习者尽快建立新的汉日形义联系，以提高其习得效率。

2.5　评价与展望

本小节论文数量不多，但特征明显。主要表现在：

第一，论文研究的主题虽然同为词汇习得中的语素意识，但研究视角各有不同。高立群、赵媛琳（2008）和郝美玲、厉玲（2015）都是从二语词汇加工的角度考察汉语复合词中语素的作用。二者的区别在于考察对象的母语背景不同，前者的考察对象为单一母语背景，即以日本学生为考察对象；后者则为多种母语背景的对比分析，考察的对象涉及非汉字圈、泰国和日韩三种母语背景，并与汉语母语者进行比较。朱文文、程璐璐、陈天序（2018）则从词义推测和阅读理解的角度专项考察初级学习者的同形语素意识。赵玮（2018）将考察的视角放在了语素法与语境法的对比上，并得出将二者结合以提高词义猜测能力的结论。李冰、古川裕（2020）的研究视角更为独特，考察日语动词、形容词中的单音节语素对中高级日语母语者汉语词汇习得的影响。

第二，其中 3 项研究的理论背景各不相同。高立群、赵媛琳（2008）关于构词法意识的考察是基于学习者词汇加工模式存在词素存储水平的理论基础，这项研究源于以下方面的理论支持：（1）词汇通达方式（王春茂、彭聃龄，1999），（2）词素心理水平的存在（王春茂、彭聃龄，2000），（3）词素位置信息对词汇通达的作用（Taft & Forster，1975；Zhang & Peng，1992；陈鹰、彭聃龄，1999；王文斌，2001），（4）词素构词能力影响词素表征（Taft & Forster，1975）。郝美玲、厉玲（2015）涉及的语言学理论有：（1）整词频率与词素累积频率，（2）词素家族数，（3）词素与整词的语义透明度，（4）整词的具体性。朱文文、程璐璐、陈天序（2018）则是建立在阅读成分理论的基础之上的。

第三，研究的落脚点各不相同。郝美玲、厉玲（2015）从整词属性和词素属性两个层面来综合考察汉语母语者以及来自不同母语背景的学习者汉语复合词加工的机制和影响因素，将研究中得到的结论与对外汉语词汇教学相结合，提出了一系列颇具针对性的教学策略与方法。朱文文、程璐璐、陈天序（2018）重点考察被试的同形语素意识与汉语词义推测能力、阅读理解的关系，有针对性地提出了一些对外汉语阅读理解的操练方式与手段。

3.　从词的外部形状角度展开的研究

词汇教学是对外汉语教学的基础和重点，日益受到学者的重视。当前的一些研究表明，汉语词汇的词形和词义因素在留学生汉语词汇习得和教学中具有重要作用。常敬宇（2003）认为，汉语词汇具有网络性特点，词形结构和词义联想是两种重要的网络，教师应根据汉语词汇的网络性特点进行教学。陈绂（1996）发现，形近而失误和义近而失误是留学生汉语词汇习得的两种主要偏误形式。江新

（1997）认为，增加留学生的汉语词汇知识有助于词汇习得，词形知识和词义知识是词汇知识的重要组成部分。

3.1　概述

词的外部形状简称"词形"，是一个中性名称。词是物理上可以定义的单位，即一段书写（有空格做边界）或一段言语（识别较困难，但可借助音韵线索来识别边界，如停顿或音渡特征）。这种含义上的"词"常称作正字法的词（orthographic word）或音系学的词（phonological word），采用中性名称来统指两者叫"词形"。汉语二语习得中研究的词形往往是正字法的词，涉及音系学的较少。近20年来研究词形对汉语二语习得影响的成果不多，我们仅检索到了2篇。

3.2　主要内容

张金桥、吴晓明（2005）将词形与词义因素并行，考察如下问题：留学生在完成汉语词汇多项选择题时，词形因素（画线词与选项的词形相似与否）和词义因素（画线词与选项的词义相似与否）是否会对汉语词汇的选择判断发生作用？对于不同汉语水平的留学生，词形和词义因素的作用是否一样？表现出怎样的特点？结果发现，词形和词义因素在留学生汉语词汇选择题的选择判断中均发生作用，词形因素主要是对中、低汉语水平的留学生起作用，词义因素主要是对高、中汉语水平的留学生起作用。

李冰（2011）的研究目的主要有二：一是探讨词形对日本学生汉语词汇习得的影响，同时了解汉日差异大的词形和差异小的词形对学生习得词汇的影响是否有显著不同；二是了解词形对不同级别学生的影响是否一致。在形式意义基本相同的前提下，研究从词形角度将考察的词划分为三种：（1）同形同义词，指汉日书写形式完全相同的词；（2）繁简同义词，指由于不同简化规则造成的字形有繁简差异的同义词，而且是指差异明显的词；（3）细差同义词，指词形只有很小差别的同义词，大多只是笔画、笔形的差异，有的是断笔与连笔的差异。

3.3　研究方法

张金桥、吴晓明（2005）以高、中、低三种汉语水平共76名外国留学生为被试，采用对判断选项为正确选项可能性的程度进行排序的实验方法，系统地探讨了词形和词义因素在留学生汉语词汇选择题选择判断中的作用。实验为三因素（3×3×3）混合实验设计。自变量是留学生的汉语水平，为被试间因素，分为高、中和低三种水平；词形关系为被试内因素，分为形似、形异两种水平；词义关系为被试内因素，分为义同、义似和义异三种水平；因变量是被试排列顺序的分数。

李冰（2011）采用纸笔测试的方法，考察了词形对日本学生词汇习得的影响。实验采用双因素（2×3）混合设计。其中被试汉语水平因素为被试间变量，分为初级、中高级两个水平；词形因素为被试内因素，分为同形同义词、繁简同义词、细差同义词三个水平。

3.4　主要结论

张金桥、吴晓明（2005）得出如下结论：第一，词形和词义因素在留学生汉语词汇选择题选择判断中都起作用。第二，低汉语水平留学生进行汉语词汇选择判断时，主要是题干画线词与选项的词形关系发生作用，与画线词形似义不同的选项有一定的干扰作用。第三，中汉语水平留学生进行汉语词汇选择判断时，题干画线词与选项的词义关系和词形关系均发生作用，与画线词义似的选项有一定的干扰作用，与画线词形似义不同的选项有较大的干扰作用。第四，高汉语水平的留学生进行汉语词汇选择判断时，主要是题干画线词与选项的词义关系发生作用，与画线词义似的选项有一定的干扰作用。

李冰（2011）得出如下结论：第一，词形显著影响词汇学习。完全同形词的学习难度低，习得效果好；而繁简和细差类词形有相当难度，学习者应采取相应的对策。第二，汉语水平的级别对词形掌握有影响，级别越高，三类词形的掌握越好。初级阶段是词形偏误高发区，因此，教师对词形的教学应该从初级阶段进行强化训练。第三，同形同义词的习得在任何学习阶段都好于繁简和细差类词。教师应该让学生明确同形同义关系，进一步引导学生利用母语正迁移扩大词汇量。

3.5　评价与展望

综上，不难看出研究词形对汉语二语词汇习得影响的成果较少，研究视角较为单一，要么将词形与词义并行研究（张金桥、吴晓明，2005），要么专门探讨词形对某一母语背景学生汉语词汇习得的影响（李冰，2011）。造成这种现象的原因是从正字法的角度出发定义词形涉及的内容比较有限。

第二节　语义因素对习得的影响

　　早在20世纪40年代，Cronbach（1942）在他从事母语词汇测试研究时指出，"懂得一个词"意味着学习者识别和理解一个词需要五种行为[①]，其研究成果被后来的二语研究者广泛地引用和应用。Richards（1976）以当时盛行的描写语言学理论为基础，提出了"词汇能力"的八个假设[②]，此提法对二语词汇习得影响深远，缺陷在于没有区分积极词汇和被动词汇。Nation（1990）将以上词汇知识研究向前推进了一步，提出的词汇知识框架最具代表性。他把Richards的假设和其他因素结合起来，从学习者语言使用角度定义了什么叫"懂得一个词"，进一步阐述了学习者对词汇知识的掌握实际上还存在着接受性知识和产出性知识的差别[③]。Laufer（1997）总结了不同学者的研究并认为，"懂得一个词"包括懂得一个词的一系列的特征：（1）形式（口语和书面语，即拼音和发音）；（2）词汇结构（基本的自由语素及派生形式和屈折形式）；（3）句法形式；（4）意义（指称意义、情感意义、语用意义）；（5）与其他词的关系（同义、反义、上下义）；（6）常用搭配。由此可见，从Laufer的研究视角出发，在词汇知识中，语义占据着相当重要的地位，在他对词的一系列特征的概括中，有三项都与语义有关，分别是意义、与其他词的关系和常用搭配（搭配实际上涉及了语法和语义两个层面）。基于此，不难发现，学者们有关影响汉语二语词汇习得的语言内部因素的研究中，语义因素是另一个关注的焦点。

　　事实上，汉语二语词汇习得主要针对"形近而失误"和"义近而失误"进行讨论，小学中的文字学研究的是汉字的形、音、义三个方面。从目治的角度考虑，"音"的因素干扰较少，主要是"形"和"义"的干扰。"义"的干扰情况相

[①]　Cronbach的五种行为包括目标词的类化（能对目标词进行界定）、目标词的运用（选择适当的用法）、目标词知识的宽度（能说出词的不同意义）、目标词知识的确切性（在所有可能的场合中能确切地使用目标词）及目标词的易联想性（能创造性地使用目标词）。

[②]　Richards的八个假设指完全习得一个词意味着要了解一个词的如下方面：固定的语法能力、口语和书面语程度、使用的语境、句法特征、潜在形式及其派生形式、词的语义网络知识、语义价值及词的不同意义。

[③]　Nation从接受和产出的角度把词汇知识划分为八类：口语形式、书面形式、语法形式、搭配、词频、语境、概念及词汇联想。

当复杂，从合成词看，起码有三种不同的情况：字义＋字义＝词义，字义＋字义≠词义，字义＋字义≈词义。留学生汉语词汇的偏误主要在后面两种，而后面两种细分起来又有很多不同的类型。就最简单的联合词组看，第二种情况就有词义的扩大、词义的缩小和词义的转移等情况出现。经过梳理，这方面的研究主要集中在语义透明度和义项数量两个方面。

1.　语义透明度

"语义透明"较早是由 Ullmann（1962）提出，并认为按照这个概念，词可以分为语义透明的词与语义隐晦的词。后来一些学者又提出了"语义透明度"的概念（Zwitserlood，1994，Schirmeier，Derwing & Libben，2004）。在汉语作为二语的习得研究中，有关语义透明度研究的成果较多。

1.1　概述

汉语词语理解一直是心理语言学和二语习得研究的热点和焦点，学术界对此进行了一系列的研究，其中非常重要的一个角度是考察构词语素对整词理解与识别的影响，主要涉及语义透明度问题。语义透明度是指各构词语素与整词的语义关联度（王春茂、彭聃龄，1999）。语素义与整词义高度相关，词语则为透明词；反之，词语则称为不透明词。王春茂、彭聃龄（1999、2000）表明，透明的语素促进整词的加工，不透明的语素抑制整词的加工。近20年来汉语二语词汇习得领域相关的研究成果共有7篇。

1.2　主要内容

郭胜春（2004）首先做了如下假设，即从语素显义程度的角度，把所有汉语合成词看作一个连续统，位于该连续统一头的是用附加法构成的合成词（其词缀或类词缀表示某种附加的语法意义或词汇意义），位于另一头的则是各构词语素的原有意义在词中已完全失落的合成词。然后，文章对研究对象进行了界定，指出研究关注的是处于中间地带的一部分合成词，它们的意义与其构词语素的意思有着或多或少的关联。基于以上认知，研究集中讨论了以下问题：外国学习者已有的词汇结构和语素义知识能对新词词义的获得起到什么样的作用？对于内部结构方式或语素显义程度不同的复合词，这种作用的程度如何？

干红梅（2008b）通过两个实验讨论了语义透明度对汉语阅读中词汇学习的影响。实验 1 的目的有两个：（1）探讨汉语作为第二语言的阅读中，语义透明度对新词学习有怎样的影响；（2）了解透明度对不同语言背景学习者的影响是否相同。实验 2 探讨了以下问题：（1）在强、弱、无三种语境条件下，语义透明度的影响是否一致？（2）如何提高不透明词在阅读中伴随性习得的效果？

张江丽（2010）的研究以符淮青（1985）概括出的复合式双音词的五种类型[①]作为实验材料的分类依据，从词义猜测的角度探讨汉语第二语言学习者在习得双音复合词的过程中，词义与语素义之间的不同关系对中级水平的汉语第二语言学习者词义猜测的影响。

张金桥、曾毅平（2010）以中级水平学习者为被试，考察语义透明度、句子语境和语言环境等三个因素在留学生新造词语理解中的作用特点及其规律，集中讨论了以下问题：（1）语义透明度、句子语境和语言环境是否对留学生新造词语理解与学习产生影响？（2）它们以何种方式发生作用？

王意颖、宋贝贝、陈琳（2017）主要关注语素义常用度对透明词习得的影响，提出如下假设：语素义常用度影响透明词习得，当语素义常用时，有利于透明词习得，当语素义不常用时，不利于透明词习得。研究采用自主释义和词义选择结合的方式，集中考察了以下问题：（1）语素义常用度如何影响语义透明词的习得？（2）日韩学习者和欧美学习者的习得效果是否有差异？

王意颖、宋贝贝、洪炜（2018）使用自主释义和词义选择两种测试方法相结合的方式，更客观、全面地考察了五种词语结构对中级留学生习得语义透明词的影响。研究发现，词语结构对中级水平汉语学习者语义透明词的习得产生影响，词语结构作为一种潜在的因素存在于学习者心理词典的词汇表征系统中，并影响语义透明词的加工方式。

刘玉倩、孟凯（2019）通过词语释义测试来考察语义关系类型和母语文字背景对二语者反义复合词词义识解的影响，并提供词义识解的难度序列。以杨吉春

[①]　符淮青（1985）概括的五种类型为：（1）语素义直接地完全地表示词义，（2）语素义直接地但部分地表示词义，（3）语素义间接地表示词义，（4）表词义的语素有的失落原义，（5）语素义完全不表示词义。

（2008）为基础，该研究将反义复合词划分为加合型、选择型、偏义型、概括型和引申型五种类型，集中考察了以下问题：（1）五种语义关系类型对二语者反义复合词词义识解是否产生影响？若有影响，有哪些影响？词义识解难度呈现怎样的特点？（2）母语文字背景（汉字圈和非汉字圈）对二语者反义复合词词义识解是否产生影响？若有影响，有哪些影响？（3）若以上两种因素均对二语者反义复合词词义识解有影响，二者是否存在交互作用？若存在，具体情况如何？

1.3　研究方法

本小节的7篇论文中，除郭胜春（2004）和张金桥、曾毅平（2010）采用调查法外，其余均采用实验法，且有3项研究都进行了两个实验。

1.3.1　调查法

郭胜春（2004）以构词语素义与词义存在一定关联的复合词为研究对象，考察学习汉语已满一年的非日韩留学生在缺乏语境的条件下推测新词词义的能力。测试以问卷调查的方式进行，要求学生用自己的母语或熟悉的其他语言说明测试词的意思；测试词中如果有认识的词语，需做出标识。

张金桥、曾毅平（2010）采用问卷调查的方式，选取了106名中级汉语学习者为被试，问卷设计了七个有关汉语学习者语言环境方面的问题，以此来考察语义透明度、句子语境和语言环境等三个因素在留学生新造词语理解中的作用特点及其规律。

1.3.2　实验法

干红梅（2008b）通过两个实验讨论语义透明度对汉语阅读中词汇学习的影响。实验1为双因素（3×2）混合设计，因素一为被试间因素，分为有汉字背景的日韩组、无汉字背景的欧美组、有方言背景但无汉字背景的华裔组三个水平；因素二为被试内因素，词语的语义透明度分为透明度高、透明度低两个水平。实验2为双因素（3×2）混合设计，被试间因素为语境，分为强语境、弱语境、无语境三个水平；被试内因素为词的语义透明度，分为透明度高、透明度低两个水平。

张江丽（2010）的研究测试采用单因素被试内设计。自变量为词义与构成词的语素义之间的关系，因变量为猜测词义的成绩。结果表明，被试在五类词的猜测成绩上存在显著性差异。

王意颖、宋贝贝、陈琳（2017）采用自主释义和词义选择结合的方式，考察语素义常用度对透明词习得的影响。两项实验均采用两因素（3×2）混合设计，被试内因素为语素义的常用度，词语类型分为"常＋常""常＋非／非＋常""非＋非"三种；被试间因素为语言背景，分为有汉字背景的日韩组和无汉字背景的欧美组两个组别。

王意颖、宋贝贝、洪炜（2018）通过两个实验考察词语结构对不同母语背景中级水平留学生习得汉语语义透明词的影响。实验1和实验2均采用两因素（5×2）混合设计，被试内因素为词语结构，分为联合、偏正、动宾、动补、主谓五种类型；被试间因素为语言背景，分为有汉字背景的日韩组和无汉字背景的欧美组两个组别。

刘玉倩、孟凯（2019）的测试为被试内两因素（5×2）混合设计，两个自变量是五种语义关系类型（加合型、选择型、偏义型、概括型和引申型）的反义复合词和学习者的两种母语文字背景（汉字文化圈20人和非汉字文化圈20人），因变量是测试成绩。实验采用纸笔测试的形式进行，要求被试在不询问他人、不查词典的情况下对简单语境下的反义复合词释义。

1.4　主要结论

郭胜春（2004）通过研究归纳出被试在辨识词形及读音时出现的错误类型主要有两种：一是与形体有关的错误，二是与意义有关的错误。而干扰被试猜测词义的因素主要包括字形、词汇的内部结构关系、"一字多素"与"一素多义"、学习者的经验和对世界的认识、语素显义程度等五种。由此，研究得出如下结论：第一，合成词的内部结构方式、构词语素的显义程度及其他一些因素均能影响词义的获得；第二，对于"词义等于语素义直接加合"的加合型生词，学习者"自悟"词义的能力十分有限。

干红梅（2008b）的结论包括两部分。实验1的结果显示：第一，透明度影响词语学习难度，阅读中伴随性习得的新词以透明词为主；第二，中级学生已经具有了语素意识，能够主动运用并泛化；第三，影响语素策略的因素主要有语素义项的熟悉度、词语结构、句子语境、学习者的反透明化策略等，且各因素的影响力不平衡。实验 2 的结果表明：第一，语境对学习不透明词有显著的促进作用；第二，不透明词在强语境下也可以很好地习得。

张江丽（2010）的测试说明词义与语素义之间的关系影响被试猜测词义的效果。主要表现在：第一，词义与语素义之间意义的融合程度越高，被试猜测的难度越大；第二，词义与语素义之间关系的复杂程度越高，被试猜测词义的成绩越差；第三，语素义体现词义的内容越多、越直接，被试猜测词义的成绩越好。

张金桥、曾毅平（2010）表明，中级水平留学生汉语新造词语的词义通达可能通过三种途径来实现，通过语素义通达整词意义是其中之一。透明度高的词的语素促进整词识别，而透明度低的词的语素则抑制整词识别。值得注意的是，对于语义透明度低的新造词语，留学生也会利用语素来理解整词，结果导致对新造词语的错误理解，这类错误占所有错误的 80% 以上，这说明中级水平留学生产生了利用语素理解整词意义的泛化现象。

王意颖、宋贝贝、陈琳（2017）根据两项实验的结果及分析，得出如下结论：第一，语素义常用度对中级水平留学生语义透明词的习得有显著影响。第二，日韩学生的语素意识更强，习得效果显著好于欧美学生。第三，汉语二语者对于不同语素义常用度语义透明词的心理加工过程是通过"语素分解模型"进行的，常用语素义容易提取，所以容易推断整词语义；不常用语素义难以提取，因此难以推断整词语义。综上，语素义常用度是影响语义透明词习得的重要因素。

王意颖、宋贝贝、洪炜（2018）得出如下结论：第一，无论是自主释义还是词语选择测试，欧美学习者和日韩学习者对偏正结构语义透明词的习得均好于联合结构，也好于动补结构和主谓结构，但动宾结构在两项测试中的表现存在差异。不同结构透明词的习得效果与学习者对不同结构意识的经验图式存储程度及语言差异等因素有关。第二，虽然日韩学习者的结构意识整体优于欧美学习者，但两类学习者似乎均未将词语结构识别作为词语加工的主要策略。

刘玉倩、孟凯（2019）的测试结果显示，语义关系类型和母语文字背景都对中级二语者反义复合词的词义识解产生影响。二者之间有一定倾向性的交互作用，即语义关系类型的差异对汉字圈与非汉字圈学习者的词义识解影响显著，但多数语义关系类型并不受汉字圈与非汉字圈差异的影响。研究得出如下结论：第一，直接表义类反义复合词的词义并非都易于识解，加合型较易识解，选择型和偏义型并不易识解；第二，间接表义类反义复合词的词义并非都难以识解，概括型较易识解，引申型则难以识解；第三,五种语义关系类型的反义复合词词义识解难度为：加合型＜概括型＜选择型＜偏义型＜引申型。

1.5　评价与展望

本小节的 7 篇论文呈现出如下特点：

第一，有的论文把研究重点放在理论的构建上，这在汉语二语习得领域的研究中是不多见的。如郭胜春（2004）借鉴了认知语言学的连续统理论，建立了汉语合成词的连续统，指出位于该连续统一头的是用附加法构成的合成词（其词缀或类词缀表示某种附加的语法意义或词汇意义），位于另一头的则是各构词语素原有意义在词中已完全失落的合成词，并以此为基础，界定出处于中间地带的一部分合成词作为研究对象。

第二，个别研究借鉴了国内语言学的原创理论，如张江丽（2010）借鉴了国内本体研究中有关词义与语素义关系类型划分的理论。

第三，大多数研究将理论与实践相结合，把汉语二语词汇习得的研究与教材编写和词汇教学联系起来。如干红梅（2008b）对阅读教材编写和中级阅读教学提出了建议。张金桥、曾毅平（2010）的研究启示主要体现在留学生汉语教材编写和汉语词汇教学两个方面。郭胜春（2004）提出了一种强调"合"的词汇教学思路及相应的教学建议，帮助学生从整体上理解和学习词义，把握语素分析的"度"。张江丽（2010）建议在汉语第二语言词汇教学中注意以下问题：（1）增强学习者的语素意识；（2）加强对复合词内部关系复杂性的认识；（3）重视对词汇、汉字的"深度加工"；（4）重视词的文化意义。刘玉倩、孟凯（2019）提出如下教学启示：（1）反义复合词需根据语义关系类型分类教学；（2）反义复合词的教学顺序宜与二语者词义识解难度匹配。

本小节论文的不足之处主要表现在：第一，虽然有些研究关注到了语义透明度、词语结构对汉语二语词汇习得的影响，将二者联系起来研究，但仍存在一些局限性，主要表现在很少有研究深入探讨语义透明度和词语结构这两种因素的互动关系。第二，由于受调查时间、范围和规模以及实验条件和学习者语言水平等方面的限制，无论是采用调查法，还是采用实验法的研究都存在所涉及的双音词数量有限、实验材料偏少的问题，这可能会对调查和实验结果的稳定性造成一定的影响。

2.　义项数量

词汇是第二语言教学的重要组成部分。判断词汇学习水平的标准主要有两个：一是词汇学习的广度，二是词汇学习的深度。前者主要表现为词汇数量的增加；后者则指对一个词诸多意义的理解和使用，即对一个词形负载的多个词位的认识，对一个多义词不同义项的掌握等。

2.1　概述

20世纪80年代，国外的学者们开始关注词汇习得，关注的重点是词汇学习的广度；直到20世纪90年代中后期，对词汇学习深度的研究才逐渐兴起。在我国，有关词汇学习深度的研究刚刚起步，研究成果也多集中在英语第二语言教学领域。从整体上看，目前国内有关词汇习得深度的理论探讨和实验研究还比较零散，尚未形成体系。针对汉语第二语言习得的研究相对较少，但近十年来有增加的趋势。

2.2　主要内容

王娟、邢红兵（2010）从《汉语水平词汇与汉字等级大纲》数据库中的"单音节语素数据库"随机选取了一些多义语素作为实验材料，来考察多义语素的家族问题。实验包括两部分：实验1考察义项类型和构词能力对留学生习得多义语素的影响。结果发现，留学生对义项类型的习得存在差异，且黏着义项[①]的正确率明显优于自由义项；义项的构词能力之间也存在差异，但构词能力强的义项的正确率却不及构词能力弱的义项。实验2考察义项间的语义相关性对留学生多义语素的影响。结果发现，义项的语义相关性之间不存在显著性差异；在语义相关性弱的义项中，自由义项要比黏着义项更易区别。

高顺全（2011）将考察的视角放在了可否把语法化研究和二语习得研究结合起来，通过语法化顺序预测二语习得顺序上，提出如果根据语法化顺序预测出来的二语习得顺序和实际习得情况基本符合，就可以根据语法化顺序来合理、科学

---

① 该文原文作"粘着义项"，下同。

地安排相关语言点的教学顺序，从而提高教学效率，促进二语习得。研究以多义副词"还"为个案来检验上述思路的合理性。

张江丽、孟德宏、刘卫红（2011）以典型的单音多义词"打"为切入点，调查汉语第二语言学习者单音多义词的习得深度。研究表明，影响多义词词义习得效果的因素主要是意义的常用度和意义引申的透明度。

郝瑜鑫（2013）以"就是"为切入点，探讨汉语作为第二语言多功能词语的深度习得问题。研究首先根据相关成果，将"就是"的功能概括为五种，即加强判断功能、限定功能、情态功能、关联功能和话语标记功能。然后，研究调查了中介语语料库中学习者对"就是"的习得情况，发现外国人对"就是"各功能的习得均与本族语者有显著差异，汉字文化圈学习者和非汉字文化圈学习者对"就是"各主要功能的习得也存在显著差异。最后，研究采用实验设计的方法，调查学习者对"就是"的认知情况，并考察了学习者的汉语水平、母语背景因素对功能词语深度习得的影响。

孟凯、崔言燕（2018）以双音词"可X"在汉语中介语语料库中的使用情况为切入点，对二语学习者的词义结构识解进行考察，采用赋值法对"可X"的掌握程度进行排序。研究发现，"可以X"义的"可₁X"（如"可见、可谓"）语义磨蚀较轻，倾向于"较易掌握"；"值得X"义的"可₂X"语义磨蚀则较重，呈两极化分布：多半"较难/很难掌握"（如"可笑、可怕、可贵"），"容易/较易掌握"的"可₂X"（如"可爱、可惜"）则与兼类词语法功能灵活、高频使用利于整体识记、词汇化程度较高等因素有关。同时，文章对语义磨蚀程度不同的"可X"的教学方法和教学策略也给出一定的建议。

2.3 研究方法

本小节的5篇论文中，除了王娟、邢红兵（2010）采用了实验法之外，其余4篇全部采用综合性的研究方法。

王娟、邢红兵（2010）从《汉语水平词汇与汉字等级大纲》数据库中的"单音节语素数据库"随机选取一些多义语素作为实验材料，来考察多义语素的家族问题。研究包括两项实验：实验1采用三因素混合设计，因素一"义项类型"分自由和黏着两类，因素二"构词能力"分强（构词数15个以上）和弱（构词数

5~10 个）两个水平，因素三"汉语水平"分初级、中级、高级三种；实验 2 采用三因素混合设计，因素一"语义相关性"分强和弱两个等级，因素二为"义项类型"，因素三为"汉语水平"。

高顺全（2011）尝试根据多义副词"还"的语法化顺序构拟其成人二语习得顺序，并通过中介语语料统计进行了对比和验证。研究首先根据目前的辞书释义，对"还"的意义和用法进行了分类；然后根据以往的研究成果梳理了副词"还"的语法化顺序；最后，为了印证其构拟的准确性，对汉语副词"还"的习得情况做了详尽的考察。

张江丽、孟德宏、刘卫红（2011）首先采用实验设计的方法，通过实证研究调查学习者对单音多义词的习得情况，并考察学习者的汉语水平、母语背景以及性别等因素对单音多义词习得情况的影响。为了弥补实验研究的不足，研究者还采用语料库研究的方法，调查了在中介语语料库中学习者对单音多义词"打"的习得情况。

郝瑜鑫（2013）通过语料调查和实验研究考察了功能类型、母语背景、汉语水平因素对外国学生习得汉语多功能词的影响。实验采用三因素（5×2×2）混合设计，其中功能类型为被试内变量，共五个水平；母语背景为被试间变量，分为汉字文化圈和非汉字文化圈两类；汉语水平为被试间变量，分为初、中、高三个等级。

孟凯、崔言燕（2018）在对双音词"可 X"在中介语语料库中具体使用情况进行测查的基础上，总结出了二语学习者"可 X"使用的偏误类型，并对形成偏误的原因进行了分析。基于此，研究进一步采用问卷调查的方式对"可 X"进行词义结构识解测试，重点考察词义磨蚀程度的差异与词义结构识解之间的关系。测试分为"选择词语完成句子"与"选择正确答案"两种类型，测试对象包括北京 4 所大学的 50 名汉语学习者（其汉语水平分布为：初级 11 人，中级 17 人，高级 22 人；母语背景分布为：韩语 21 人，英语 9 人，印尼语 7 人，泰语 5 人，俄语 4 人，孟加拉语 2 人，赞比亚语 1 人，蒙古语 1 人）。

2.4　主要结论

王娟、邢红兵（2010）的两项实验得出如下结论：第一，留学生的语素多义系统会随着汉语水平的提高而逐渐趋于完善。第二，留学生对多义语素不同义项类型的区别有差异，表现在黏着义项的区别较好；但在语义相关性强的义项中，自由义项的区别反而更明显。第三，多义语素义项的不同构词能力也会对留学生义项区别产生影响，构词能力越强，学生受到的干扰越大，区别判断的效果越差。第四，从总体上看，语义相关性对留学生多义语素义项的区别判断没有显著作用，但不同的义项类型有不同的表现：自由义项中语义相关性弱的义项区别较好，黏着义项则没有显著差异。

　　高顺全（2011）将考察的视角放在了可否把语法化研究和二语习得研究结合起来，通过语法化顺序预测二语习得顺序上，提出如果根据语法化顺序预测出来的二语习得顺序和实际习得情况基本符合，就可以根据语法化顺序来合理、科学地安排相关语言点的教学顺序，从而提高教学效率，促进二语习得。研究首先对"还"的意义和用法进行了重新分类，描写了"还"的各个意义和用法的语法化顺序，然后依此构拟了其多个用法的习得顺序，并通过中介语语料库的相关统计分析证明了语法化顺序和习得顺序的一致性。

　　张江丽、孟德宏、刘卫红（2011）的调查发现：第一，《高等学校外国留学生汉语言专业教学大纲》中多义词义项的安排顺序对学习者习得义项的成绩并不产生显著的影响。第二，学习者的汉语水平越高，多义词的习得成绩越好。第三，无论是对所有学习者还是对各个水平的汉语学习者来说，母语者的学习背景对多义词的习得效果均无显著影响。第四，意义的常用度与意义引申的透明度是影响多义词习得效果的最重要的两个因素，前者对多义词习得效果的影响是通过语言的具体使用来起作用的，而后者是通过词义之间的天然联系来影响多义词的习得的。

　　郝瑜鑫（2013）最终得出如下结论：第一，外国学生对词语的不同类型功能的习得效果不同。就"就是"的习得来说，对于出现频度高、意义比较实在、具有凸显性的"加强判断"功能的掌握情况最好，其次是"关联"功能，然后是"限定"功能和"句中情态"功能，最后是"话语标记"功能和"句尾情态"功能。第二，母语背景因素对留学生习得多功能词语有显著影响，汉字文化圈的学习者要普遍好于非汉字文化圈的学习者，这体现在不同语言水平的学习者对各个功能的习得过程中。到了中高级阶段，外国学生习得多功能词语出现了"僵化"现象。第三，要注意根据影响多功能词语习得的因素对学生进行引导，编写大纲和教材，充分运用语言项目的特点开展教学。

孟凯、崔言燕（2018）采用汉语中介语语料库的筛查结果和问卷测试结果赋值的方法对二语学习者"可 X"的掌握程度进行排序，最终得出如下结论：第一，词汇化导致的语义磨蚀程度会影响二语学习者对词汇的掌握程度。第二，语义磨蚀程度不同的"可$_1$X"和"可$_2$X"的词义结构识解度不同，词语使用的正误率也存在明显差别：语义磨蚀较轻的"可$_1$X"倾向于"较易掌握"，语义磨蚀较重的"可$_2$X"呈现出"容易/较易掌握"或"较难/很难掌握"的两极化分布。

2.5　评价与展望

本小节的 5 篇论文各具特色，对汉语作为第二语言词汇习得的深度研究起到了提纲挈领的作用。

第一，总体而言，本小节的 5 篇论文反映了汉语二语词汇习得研究的一个重大转变，即从以往以词汇习得的广度为主的研究发展为目前的兼顾词汇习得广度与深度，甚至更注重深度的研究。这主要表现在有关词汇习得深度研究的成果从无到有，特别是近十年来增加的幅度很大。

第二，现行的对外汉语教学法还只是以词的教学为主，很少涉及语素。尽管有研究（吕文华，2000，王周炎、卿雪华，2004）已经意识到了语素在词汇教学中的作用，但大多是根据自己的教学经验提出的，缺乏从留学生习得角度进行的实证性研究。王娟、邢红兵（2010）填补了这一空白，将研究的触角深入到语素的意义内部——义项上，更加凸显了语素"多义"这一特征。

第三，同是对词汇习得深度的研究，但是视角各不相同。王娟、邢红兵（2010）关注的重点是单音节多义语素，内容涉及留学生的语素多义系统、留学生对多义语素不同义项类型的区别、多义语素义项的不同构词能力等，填补了汉语二语词汇习得研究中该领域的空白。高顺全（2011）将考察的视角放在了可否把语法化研究和二语习得研究结合起来，通过语法化顺序预测二语习得的顺序上。与高顺全的研究不同，孟凯、崔言燕（2018）则将研究的视角放在了词汇化导致的语义磨蚀对汉语二语学习者词汇学习的影响上。张江丽、孟德宏、刘卫红（2011）和郝瑜鑫（2013）则分别以典型的单音多义动词"打"和多功能虚词"就是"为切入点，探讨汉语作为第二语言多义词和多功能词语的深度习得问题。

　　由于在汉语二语习得研究领域，有关词汇习得深度的研究才刚刚起步，所以还有许多问题值得深入探讨。

　　第一，虽然王娟、邢红兵（2010）填补了汉语二语词汇习得领域的某些空白，但也存在一些问题，比如控制因素不够到位、被试和实验材料不够充足等，在实验过程中形成的一些设想和出现的新情况也未能融入研究之中。为了能对留学生构词中的语素多义意识有更加深入和全面的研究，今后还应该加强对以下两个问题的探讨：（1）留学生的语素多义意识是否受母语背景的影响？（2）在实际运用中，即在代表大语境的文章阅读、社会交际等过程中，留学生在构词中对多义语素的习得情况如何？

　　第二，高顺全（2011）是建立在多义副词的语法化顺序和习得顺序在很大程度上是一致的，因此可以根据语法化顺序预测习得顺序的假设的基础之上的，但是对这一假设的印证仅以多义副词"还"为例进行探讨，在说服力上似乎有所欠缺。因为语法化的研究对象为虚词，汉语虚词最重要的特征是个性突出，且每一个虚词的语法化轨迹也不尽相同。因此，学界还需加强这方面的研究，扩充研究对象，用更多的语言材料来证明在多功能虚词的教学中根据语法化顺序进行教学的可行性，并进一步提出具体的习得策略。

　　第三，张江丽、孟德宏、刘卫红（2011）和郝瑜鑫（2013）则分别选择典型的单音多义动词"打"和多功能虚词"就是"为研究对象，二者一实一虚，相互映衬。但是现代汉语中还存在大量的、典型的单音多义词，它们往往具有构词能力强的特点，对这些词的深度研究还会对汉语复合词的习得研究产生深远的影响。同样，汉语中的虚词大多个性突出，且常用虚词基本上是多功能的，这就给教学带来了一定的困难。基于以上原因，对外汉语学界还需要加强这方面的个案研究，将考察的范围扩大到更多的单音多义词和多功能虚词上，以满足实际需要。

　　第四，孟凯、崔言燕（2018）以双音词"可X"在汉语中介语语料库中的使用情况为对象，对二语学习者的词义结构识解进行考察，采用赋值法对"可X"

的掌握程度进行了排序。值得注意的是，还有一些"可₂X"的情况与排序不符，属于"容易／较易掌握"的类型，这样的情况说明该项研究还有待于进一步完善，即可能有各种各样的因素会影响测试结果。那么究竟有哪些因素会影响测试结果？这些因素究竟起到了怎样的影响效应？如何在测试的过程中规避这些影响因素？这些都是今后的研究还需要进一步解决的问题。

第三节　本章小结

本章主要就近 20 年来影响汉语二语词汇习得的内部因素，即词汇自身属性的相关研究成果进行追踪与评介，并在二语词汇习得理论的基础上，将相关研究成果分为结构因素（包括词的内部结构、语素构成和外部形状）和语义因素（包括语义透明度和义项数量）两个方面的内容展开介绍。

1.　本章研究的主要内容

梳理以往的研究成果不难发现，二语词汇习得的结构因素主要包括词的内部结构、语素构成和外部形状三项内容。

1.1　结构因素研究的主要内容

通过文献检索，我们从设定的六大期刊中共追踪到涉及结构因素的汉语二语词汇习得文献 11 篇，在对这些文献进行评介的过程中主要探讨了如下问题。

1.1.1　词的内部结构

第一，有关结构因素研究的 11 篇文献中，4 篇涉及词的内部结构，占第一节评介论文总数的 36% 左右。足见，在过去的 20 年中，汉语二语习得研究对影响词汇习得的词的内部结构给予了充分的重视。出现这种情况的原因，与汉语词汇的自身特点有关。汉语词汇的构成比较复杂，由附加法构成的词仅占很少一部分，大部分词都是以合成的方式构成的。就其内部构成语素之间的关系来看，常见的结构类型有五种，但是除此之外还有一些特殊的类型，如连动、兼语等。总之，就汉语的合成词而言，其内部结构关系的规律性不强，增加了汉语词汇二语习得的难度，因此受到了学界的重视。

第二，对词汇结构的加工研究表明：（1）词汇加工方式与词汇结构有关，多语素词各成分之间的组合规则在词汇加工中起作用；（2）失语症病人在词汇意义和语音形式无法提取的条件下，对词汇结构组合规则的知识仍然保留。这说明词汇的内部结构不仅对汉语二语词汇习得具有重要的意义，也是第二语言词汇教学普遍关注的问题。因此，从词的内部结构的角度研究其对汉语词汇习得的影响意义重大。就我们追踪到的文献看，对于汉语二语学习者词汇结构的考察主要涉及如下问题：（1）不同母语背景学习者的母语词汇结构如何影响汉语词汇加工；（2）不同母语背景学习者是否具有汉语的词汇结构意识；（3）不同母语背景学习者的母语与汉语词汇结构的差异对词汇习得效果的影响；（4）汉语不同的词汇结构对学习效果的影响；（5）结构识别对生词学习的影响等。

第三，词汇作为语言符号的具体表现形式，由形式与意义两部分构成，且二者之间的关系好比是一张纸的两面，在对二语词汇习得进行研究时，很难将二者完全割裂开来。因此，在对汉语二语词汇习得语言内部因素的讨论中，将词的结构与语义结合起来进行关联研究是一个非常重要和常见的研究方向，我们看到的成果主要是将词语的内部结构与语义透明度结合起来进行考察。研究涉及的内容有：（1）汉语复合词不同结构类型对汉语作为第二语言学习者词义猜测的影响（讨论了五种基本结构类型）；（2）五种词语结构对中级留学生习得语义透明词的影响。

1.1.2 词的语素构成

第一，有关结构因素研究的共 11 篇文献，5 篇论及词的语素构成，占第一节评介论文总数的 45% 左右。由此可见，在过去的 20 年中，汉语二语习得研究对影响词汇学习的语素构成给予了较高的重视，关注度略高于词的内部结构。出现这种情况的原因，与汉语本身的词汇特点有关。汉语是一种历史悠久的语言，同义表达手段很多，同时又由于汉语是由音节表达的，在现实中就会存在很多同义词、近义词和同形词等，而这些词的出现都与其语素构成有着直接的关系。

第二，词素加工和表征的相关研究显示：（1）在汉语母语者的心理词典中存在着整词和词素两种单元的表征，在词与词之间、整词与词素之间存在着不同方式、不同性质的联结；（2）词素在中文合成词加工中起重要作用，词素的空间位置和构词功能对词素的作用方式都有影响。因此，研究汉语词汇的语素构成意义重大，就我们追踪到的文献来看，目前涉及的主要问题有：（1）不同结构类型的汉语双字词中，首字频率和末字频率对断定词汇合法性的作用；（2）从整词属性和词素属性两个层面考察汉语复合词的加工机制和影响因素；（3）同形语素意识与词义推测能力及阅读理解能力之间的联系；（4）语素法对汉语二语者词汇扩展、词语使用知识的获得及词义猜测能力的影响；（5）日语动词、形容词中的单音节语素对汉语词汇习得的影响。

1.1.3　词的外部形状

第一，有关结构因素研究的 11 篇文献中，仅有 2 篇论及词的外部形状，占第一节评介论文总数的 18% 左右。由此可见，在过去的 20 年中，汉语二语习得研究对影响词汇学习的词的外部形状的关注度较低，与关于词的内部结构和语素构成的研究相比较而言，该主题的研究成果较为匮乏。出现这种情况的原因在于，汉语的词没有词形变化，词出现在句法环境中时，其外部形态无须发生任何改变，再加之主要的三大类实词都可以出现在多个句法位置上，具有多功能性。因此，研究者很难将目光投射到不会根据句法位置的变化而发生形态改变的词的外部形状上来。

第二，词是物理上可以定义的单位，即一段书写（有空格做边界）或一段言语（识别较困难，但可借助音韵线索来识别边界，如停顿或音渡特征）。这种含义上的"词"常称作正字法的词或音系学的词，采用中性名称来统指两者叫"词形"或称之为"词的形状"。显然，汉语二语习得中研究的词形往往是正字法的词。就追踪到的 2 篇文献来看，其研究内容主要有：（1）词形因素和词义因素对汉语词汇选择判断的作用；（2）对于不同汉语水平的留学生，词形和词义因素的不同作用及特点；（3）词形对日本学生汉语词汇习得的影响；（4）汉日差异大的词形和差异小的词形对学生习得词汇的影响；（5）词形对不同级别学生影响的一致性。

1.2　语义因素研究的主要内容

通过文献检索，我们从设定的六大期刊中共追踪到涉及语义因素的汉语二语词汇习得的文献 12 篇，在对这些文献进行评介的过程中主要探讨了语义透明度和义项数量两个问题。

1.2.1　语义透明度

第一，有关语义因素研究的 12 篇文献中，有 7 篇涉及语义透明度，占第二节评介论文总数的 58% 左右。足见，在过去的 20 年中，汉语二语词汇习得研究对语义透明度的关注度比较高。出现这种情况的原因在于，就汉语词汇本身的特点而言，习得词汇的过程中"义"的干扰情况相当复杂，从合成词看，起码有三种不同的情况：字义＋字义＝词义，字义＋字义≠词义，字义＋字义≈词义。这三种情况实际上就对应了由语素义推知词义的难易程度的问题，因此，借用国外语言学的观点来看，对这些情况展开的讨论就是有关语义透明度的讨论。

第二，王春茂、彭聃龄（1999）指出，语义透明度是指各构词语素与整词的语义关联度，其考察的具体内容是构词语素对整词理解与识别的影响。近 20 年来的研究主要涉及了以下问题：（1）学习者已有的词汇结构和语素知识对新词词义获得的作用；（2）语义透明度对汉语阅读中词汇学习的影响；（3）汉语双音复合词中词义与语素义之间的不同关系对词义猜测的影响；（4）语义透明度、句子语境和语言环境在新造词语理解中的作用特点及其规律；（5）语素义常用度对透明词习得的影响；（6）语义关系类型和母语文字背景对二语者反义复合词词义识解的影响。

第三，第二节第一小节的 7 篇文献重点讨论与语义透明度有关的问题，然而语言的实际情况是很难将词的结构与词的意义分离开来。因此，在讨论语义的过程中不得不涉及词的结构，这 7 项研究中涉及的结构因素有字形、词汇的内部结构关系和词的语素构成。另外，如前所述，影响词汇习得效果的因素非常丰富，可以分为外部因素与内部因素两类。语义因素属于语言内部因素的范畴，但对习得效果的影响往往是多因素共同作用的结果，因此，这 7 项研究还涉及了母语背景、汉语水平、语境等其他因素。

1.2.2　义项数量

第一，有关语义因素研究的 12 篇文献中，有 5 篇论及义项数量，占第二节评介论文总数的 42% 左右。可见，在过去的 20 年中，汉语二语词汇习得研究对义项数量的关注度略逊于语义透明度。出现这种情况的原因在于，由于受到国外研究趋势的影响，我国的词汇习得研究也经历了研究重点从词汇学习广度到词汇学习深度转移的发展过程，且我们对汉语二语词汇习得深度的研究尚处于萌芽阶段，系统性研究成果较少，不过最近10年相关研究有增加的趋势。

第二，词汇学习的深度是指对一个词诸多意义的理解和使用，即对一个词形负载的多个词位的认识，对一个多义词不同义项的掌握等。这5篇论文研究的主要内容有：（1）多义语素的家族问题；（2）义项类型和构词能力对多义语素习得的影响；（3）义项间的语义相关性对多义语素习得的影响；（4）通过语法化顺序预测二语词汇习得的顺序问题；（5）单音多义词的习得深度问题；（6）多功能词语的深度习得问题；（7）词义结构识解问题。

2.　本章研究的主要不足

内部因素主要是指词汇的自身属性，从大的方面讲包括词的语音形式、词的结构形式和词的语义内容三个方面。就汉语二语词汇习得的研究成果来看，涉及语音方面的几乎没有，这说明目前这一领域的研究几乎是空白的。

2.1　结构因素研究的不足

第一，就我们追踪到的4篇文献来看，对于汉语二语学习者词汇结构意识的考察有两大视角：一是针对不同母语背景学习者的母语结构意识与汉语词汇习得之间的关系进行的研究，二是就汉语不同的结构关系对二语词汇习得产生的不同效果的研究。事实上，这两种视角涉及的是影响汉语二语词汇习得的两类不同因素，即学习者因素（语言外部因素）和结构因素（语言内部因素）。从实证研究的角度看，研究者应该尽可能多地考察不同的因素。因此，将两种因素分开来进行考察，其研究结论的准确性是不能确定的。

第二，在汉语二语习得中，词语结构不同，习得效果也就不同。词语结构会影响留学生对词义的猜测，已经成为学界的共识，相关研究成果较多。然而值得注意的是，不同的研究所得到的有关结构类型影响学习者词汇习得效果的具体结论并不一致。例如，许艳华（2014）指出，汉语5种结构类型复合词的易猜顺序为：主谓结构＞动宾结构＞偏正结构＞并列结构＞动补结构；王意颖、宋贝贝、洪炜（2018）指出，语义透明词的习得效果是：偏正＞联合、动补、主谓，至于动宾结构在两种测试中得到了不同的结果。对比上述两项研究，就母语背景而言，前者的被试来自 11 个国家，包括汉字文化圈留学生（日韩）12 名及非汉字文化圈留学生（欧美）18 名；后者的被试共 61 人，包括日韩学生 29 人及欧美学生 32 人。就被试的汉语水平而言，两项研究中被试的汉语水平均为中级。可见，被试的母语背景和汉语水平都不会成为影响研究结论差异的因素。那么唯一能成为影响因素的则是实验用词，许艳华（2014）选取的 30 个双音复合词，分别选自《汉语水平汉字和词汇等级大纲》的丙、丁两级词汇，每种类型各 6 个；而王意颖、宋贝贝、洪炜（2008）的实验以《汉语国际教育用音节汉字词汇等级划分》（2010）为依据，选取了若干个双音节语义透明词作为实验用词（选取的词语必须满足 3 个条件 ①）。由此可见，这里的主要区别在于后者的实验用词限定在了语义透明词的范围内，即对语义因素进行了限定。由此可见，在汉语二语词汇习得的过程中，语言内部因素的结构与词义之间联系紧密，很多时候研究无法将二者完全割裂开来，因为这样的割裂将直接影响研究的结论。不过，这样的对比也促使我们去进一步思考，有关汉语词汇习得语言因素的研究在研究方法、手段方面是否存在不够科学、严谨的问题。

第三，许艳华（2014）指出，复合词的结构类型对复合词词义的猜测具有影响，表现为主谓结构对词义猜测的负面影响最小，动宾结构次之，动补结构影响最大。对于这样的结论，我们可以从语言本体研究的角度给出合理的解释：与其他语言相比，动补结构是汉语特有的结构类型，因此在二语习得上难度最大；而汉语的动宾结构中，宾语的语义类型丰富多样，也会给学习者带来理解上的困难，从而加强学习的难度。值得注意的是，学界对二语词汇习得的研究往往是就二语习得研究二语习得，很少借鉴汉语本体研究已有的丰富成果来进行二语研究或对其研究结果进行解释。

第四，根据 Li，Anderson，Nagy et al.（2002）的定义，汉语的语素意识由三部分组成：第一部分是形旁或声旁意识，即对汉字结构的意识；第二部分是对

---

① 这 3 个条件为：（1）语义"完全透明"；（2）词语是三级词，语素是一级或二级字，语素义都是常用义；（3）按词语的语法结构分为联合、偏正、动宾、动补、主谓等。

词的内部结构的意识；第三部分是区分同音语素和同形语素的能力。就我们目前追踪到的文献来看，研究仅仅涉及了后两部分的内容，第一部分似乎被学界忽略了。事实上，Li，Anderson，Nagy et al.（2002）谈到的形旁或声旁意识，恰恰是出于对汉语词汇自身特点的考察而得出的结论，因为在汉语词汇习得过程中存在书写方式带来的汉字的干扰问题，词汇的语义和字义之间没有必然的关系，增加了汉语词汇理解和掌握的难度。

第四，就仅有的有关词形对汉语词汇习得的影响的研究来看，它们虽然都是研究词形，但具体对象却有着本质的区别。张金桥、吴晓明（2005）将词形与词义并行，把两者放在一起进行考察，这样的研究视角较为开阔，具有宏观研究的特质。李冰（2011）将关注的重点放在了汉日差异大的词和差异小的词对汉语词汇习得的影响上，具体讨论了同形同义词、繁简同义词和细差同义词三种类型，研究对象更具体，具有微观探索的特质。由此可见，汉语二语词汇习得领域相关研究之所以较少，还有一个非常重要的原因，就是对于汉语词形的研究较难找到切入点，从而使得研究很难展开。

第五，就现代汉语词汇的特点而言，二语习得从结构上入手成效不会很大。构词法里面的许多理论和方法都是从语法那里借过来的，再来套用词汇，就会出现很多问题，因为现代汉语词汇里的很多语素都是古汉语的遗留。例如能够判断出"窗户"是联合式复合词，是基于对"户"就是"门"的认知，但留学生不可能明白这一点，这样的例子还有很多。由此我们可以预测，借结构来研究汉语词汇习得的成效不会太大。

第六，汉语词汇里有不少同音词和同形词，需要辨析，并进一步找出教学上的规律，词汇习得中对这些问题的研究也不够，例如"定金"和"订金"，"好歹"（不识好歹）和"好歹"（好歹也有个去处）等。这种情况在现代汉语里较为常见，而二语词汇习得却没有相关的研究成果，所以未来这方面的研究还需加强。

2.2　语义因素研究的不足

第一，如前所述，虽然这些研究大多都关注到了语义与词语结构之间存在着不可分离的关系，希望将二者结合起来研究其对汉语二语词汇习得的影响，但是由于受到种种限制，关于语义因素的研究存在一定的局限，主要表现在很少有研究深入探讨语义和词语结构这两种因素的互动关系。

第二，就汉语词汇习得而言，由于受到其语言特点的限制，最大的干扰因素是汉字字义和字形。这就要求留学生学习汉字时，教授者必须从形、音、义三方面来教；但是学生在学完汉字之后学习汉语词汇时还会遇到很多麻烦，最突出的就是前文提到的"字义＋字义＝词义、字义＋字义≠词义、字义＋字义≈词义"这三种情况，从而使得汉字习得和词汇习得变成两个不同的体系。

第三，就汉语词汇习得而言，实词的掌握还相对容易，因为人类有共同的思维和相似的概念，难的是虚词的习得，这也是为什么语法大纲会把一个个虚词都列为一个个语法项目的原因。词汇习得几乎很少有涉及虚词的论文，因为研究者们认为这是语法研究的问题。然而，语言事实告诉我们二者是分不开的，因此在本章论文中就出现了以"就是"为例，探讨汉语作为第二语言多功能词语的深度习得问题的研究（郝瑜鑫，2013）；另外，高顺全（2011）对语法化问题的探讨实际上也部分地涉及了虚词。由此可见，词汇习得如何展开对虚词的研究，特别是实证研究，是学术界应该重视的问题。

3.　本章研究的展望

3.1　结构因素研究的展望

综观第一节追踪和评介的 11 篇文献，不难发现它们存在一些共性的问题，对这些问题进行理性的思考，既是对前人研究经验的总结，也是对该领域研究前景的展望。

第一，复合词结构类型对复合词词义猜测的影响到底有多大？以往的研究并没有给出明确的答案。就我们目前追踪到的文献来看，大多数研究都认为有较大的影响，但是这样的阐述缺乏数据支撑。下一步我们应该用定量分析的方法细化该方面的研究，要能够对我们所研究的问题给出具体的数据支撑。

第二，通过对论文的梳理，我们发现大多数学者的研究都将重点放在了联合结构与偏正结构上，那么为什么学界喜欢选用这两类结构呢？这是一个值得思考的问题。从汉语本体研究的角度看，在五种基本结构类型中，联合结构与偏正结构相对于其他结构而言似乎比较容易判断，将这样的结构设为变量进行考察就很容易得出词的结构类型对词义的猜测有较大影响的结论。为了修正这一错误，今后的研究应该对词汇结构进行扩充，让研究覆盖汉语词汇的所有类型，只有这样的研究才是值得信赖的。

第三，汉语二语词汇习得中词汇结构因素的研究都会面临一个问题，即测试词汇是按照什么样的标准选出来的？通过对追踪到的文献的梳理，我们发现大多数研究都对此做了说明，但给出的条件较为宽泛，主要是就词汇水平等级的限制，很少有研究能够给出更详细的限制条件。出现这种情况的原因可能在于，虽然我们的研究者也是从事对外汉语教学的一线教师，但是他们并没有将"教"与"研"紧密地结合起来，很多时候是为了研究而研究，并非针对教学中存在的实际问题进行研究。如果在今后的研究中我们能够将二者有机结合起来，那么一定能给出更为详细的、能够解决教学中实际问题的限制条件，从而完善该领域的研究。

第四，在对该节论文进行评介的过程中，我们发现，对于同一个问题的考察，不同的实验会得出不同的结果，如前文所述的许艳华（2014）和王意颖、宋贝贝、洪炜（2018）的研究。实际上，高立群、赵媛琳（2008）和郝美玲、厉玲（2015）对于首词素和尾词素作用的考察也出现了这种情况。对此，学界需要给出理性的分析与判断，并在此基础上对上述结论不一致的问题重新进行研究，找出其症结所在。只有这样，我们的研究才是建立在应用基础上的科学的、理性的研究。

第五，该节论文的一个突出特点是，研究都是建立在实验的基础上，实验后对得到的相关数据进行讨论，从而给出分析与解释。那么就存在实验后的解释是否合理以及如何检验其科学性和典型性的问题。就我们追踪到的文献来看，大多数研究实验后的解释都是以国外的二语习得理论或语言学理论为基础进行的，很少有结合汉语本体研究的成果进行解释的。这样的研究显然忽视了汉语词汇的个性特征，缺乏本土的营养，很难深入。因此，在今后的研究中，我们应该充分考虑汉语词汇结构的特点，积极利用汉语本体研究的相关成果对研究中得到的数据进行科学合理的分析，当然借鉴国外的理论成果也必不可少。相信像这样的建立在理论自信和中国方案基础上的研究，才是学界当前真正的需要与未来的发展方向。

3.2　语义因素研究的展望

第一，如前文所述，由于受到国外研究趋势的影响，我国的词汇习得研究也经历了从词汇学习广度到词汇学习深度转移的发展过程，且我们对汉语二语词汇习得深度的研究尚处于萌芽阶段，系统性研究成果较少，这就为我们未来的研究开拓了巨大的空间。事实上，通过对文献的梳理，我们也可以看出该领域的相关研究所涉及的问题相当丰富，目前的研究仅仅是触及了冰山的一角，还有许多问题值得我们深入挖掘。

第二，由于第二节论文研究的语言因素是语义，与词的结构相比，语义自身有很多不确定性，这也给研究带来了一些困难，如控制因素的设置不够到位、被试和实验材料的选取缺乏理据且不够充足等，而且在研究过程中形成的一些设想和出现的新情况也未能融入研究之中。这些都可能会对调查和实验结果的稳定性造成一定的影响。基于此，在未来的研究中我们应努力克服上述困难，完善该领域的研究成果。

第三，如前文所述，汉语二语词汇习得研究很难将词汇与语法完全割裂开来。事实上，构词法的问题也是语法问题，那么我们对词语结构的讨论以及在此基础上展开的语素构成的讨论，都离不开汉语本体语法研究的相关成果，更别说居于语法研究与词汇研究之间的汉语虚词的习得研究。因此，在今后的研究中，我们应该尽量淡化二者的区别，尤其是在词汇习得的研究中要尽量多地引入语法研究的成果，开创出道路自信、理论自信的中国方案的研究前景。

第六章　词汇习得其他相关问题研究

第一节　词汇习得计量研究

与语音、语法的相对封闭性相比，词汇是语言中相对开放的。在第二语言学习过程中，语音、语法的学习时间相对较短。教师通常在三至四个学期即可完成基本语法项目的教学，汉语的语音教学内容更是在几周之内即可完成，而扩大汉语词汇量可以说是学习者终身的任务（张和生，2006）。了解学生的词汇习得情况，有助于我们把握二语词汇习得的重点与难点，但目前，该类研究相对较少。

词汇的习得可以从发展的角度出发，把认识和运用词汇的数量分出不同的层级；也可以从词汇的各个维度出发，对每个词的各种属性进行分析和定性。词汇知识应该包括两个方面，即词汇的广度和深度。掌握词汇的广度重在词汇的"量"，而掌握词汇的深度重在词汇的"质"。研究词汇，提高词汇教学和习得的水平，就必须兼顾词汇的"质"和"量"（苏向丽、李如龙，2011）。

考察词汇知识的"量"的习得，办法通常分为两种：一是研究接受性词汇的习得情况，二是研究产出性词汇的习得情况。而考察词汇知识的"质"的习得，一般指研究词汇的习得深度。本节的系列研究分别关注了学习者词汇"量"与"质"的习得问题，对学习者应掌握的词汇数量得出了很有价值的结论。

1. 研究简介

1.1 接受性词汇

接受性词汇又称认知型词汇（鹿士义，2001）、接收性词汇（黄立、钱旭菁，

2003）、消极词汇（沈禾玲，2009），指学习者能够识别理解的词汇。对学习者这一类型的词汇掌握情况的研究，主要采用理解性练习形式，如词义选择、词义匹配、完形填空、翻译和释义、五点量表评定等方式进行调查。

钱旭菁（2002）较早对词汇量测试的问题进行了关注，她在介绍国外有关研究成果的基础上，提出了设计词汇量测试的方法和原则，指出在设计针对外国人的词汇量测试时，可以采用以词频统计为主要依据的《汉语水平词汇与汉字等级大纲》。常见的词汇测试形式有词表法、多项选择、翻译法和释义法等。根据这些方法和原则，作者分别运用释义法和翻译法设计了两个 3000 常用词等级上的词汇量测试，并对学习汉语的日本学生进行了测试。两个测试结果表明，学习了 20 个月和 32 个月汉语的日本学习者掌握了 70%～90% 的常用词。这两种测试的相关系数为 0.877，相关程度很高。这两种测试考察的都是学习者有关词语意义方面的知识，这是为什么两个测试的相关程度比较高的原因。但是，在完成这两个测试时，学习者执行的是不同的心理加工过程。释义法要求学习者找出目标词的正确意思，词语的意思已经提供给学习者，学习者只需要辨认（再认）。翻译法只给出了目标词，没有提供词语的意思，需要学习者从记忆中提取语义（即回忆）。最后，作者介绍了词汇量测试的应用，如考察本族人的母语词汇量、指导第二语言教学活动、作为词汇习得研究的测量工具等，

张和生（2006）通过抽样调查、定量研究和诊断性测试，对外国学生词汇习得情况和习得难点进行了调查，发现学习者存在以下问题：中级以上水平的学生普遍汉语词汇量不足，语素意识也不成熟，缺乏辨析近义词的能力，缺乏由汉字部首类属推断词义的能力。由此，作者进行了关于外国学生词汇量与词汇学习难点的调查。

（1）留学生汉语词汇量调查

该研究把《汉语水平词汇与汉字等级大纲》（本部分简称为《大纲》）所收录下的 8822 个词语作为有限总体目标，从中抽取样本测量留学生词汇量，把被试对词语测量样本的识别计算结果作为对被试词汇量的估计。调查选择中、高级汉语水平的学生作为被试，以北京师范大学汉语文化学院的留学生为主，还包括一定数量的美国高校学生作为对照。在考察不同类型学习者词汇量的同时，研究还

关注汉字文化圈学生与非汉字文化圈学生在词汇量方面的差异。按词语样本是否给拼音，将被试分为 A1、A2 两组。调查共回收 94 份为有效表格。其中 A1 组 46 份，无拼音；A2 组 48 份，有拼音。94 名被试基本上为韩日母语背景，汉语学习时间各不相同，平均学习时间长度为 18 个月。有关 A 组被试的词汇量测量结果如表 6-1 至表 6-3 所示：

表 6-1　A 组留学生综合词汇量及各级词汇掌握情况

等级	词汇量 / 个		《大纲》词汇辨识率 / %	
	A1 组	A2 组	A1 组	A2 组
甲级	849	883	82	85.5
乙级	1120	1201	55.5	59.5
丙级	649	714	32	35.3
丁级	468	613	13	17.2
合计	3086	3411	35	38.7
总计	3249		36.8	

表 6-2　各学习阶段词汇辨识情况

学习时间	词汇量 / 个	《大纲》词汇辨识率 / %
12 个月以内	2465	28
13～18 个月	2873	32.5
19～24 个月	3601	40.8
25 个月以上	3986	45

表 6-3　学生所在班级与学生平均词汇量的关系

年级	101	102	201	202	301
词汇量 / 个	1640	2593	3697	4272	4733

对照组的 B 组被试均选自美国明德大学 2004 年中文暑校三年级学生。他们主要是来自美国各高校的在校本科生、研究生，也包括少量大学毕业后进修汉语的在职人员。经筛选，B 组被试均来自非汉字文化圈，平均学习汉语的时间为 21 个月，较 A 组长一些。回收 36 份有效表格。B 组被试中，学习时间在 19～24 个月之间的学生的平均词汇量为 3019，《大纲》词汇的识别率为 34%，明显低于 A 组的 40.8%。

该研究得出的主要结论有：

第一，通过 A、B 组的对照可知，韩日学生的汉字学习背景对"接受型"词汇量的正面影响是显而易见的，词汇量的大小与汉字辨识能力的强弱紧密相关。在学习时间长于 A 组的前提下，非汉字文化圈的 B 组被试的词汇量只是 A 组的 84%。在汉语学习的初级阶段，汉字对欧美学习者造成的强烈困扰是学界熟知的。研究显示，汉字辨识能力对词汇量扩展的作用在汉语学习的中级阶段依旧显而易见。由此推断，对外汉语词汇教学应当在学生的各学习阶段强化汉字教学的内容。

第二，被试对词语的辨识率随词汇等级的升高以平均超过 20% 的比例下降。词汇等级越高，辨识率越低。这表明词频对学习者的词汇量有重大影响，也证实了《大纲》对词汇等级划分的整体合理性。因此，有意识地提高中低频词语在中高级汉语教材、教学中的出现率与重现率，有助于扩大学生的词汇量，有助于改善学生中低频词语的记忆效果。

第三，学习时间的长度与词汇量的增长成不规则正比。对于有汉字背景且平均学习时间已经达一年半的学习者来说，掌握《大纲》不足三分之一的词语，明显不够；至于学习时间超过两年的学生，词汇量仅为《大纲》的 45%，远未达到《大纲》丙级词要求的 5253 的词汇量。

第四，学习者一年内词汇扩展进步显著，这与他们所学词语的出现频度较高有关，而一年后由于记忆负担加重等原因，词汇学习的进步速度呈明显衰减趋势。以这样的词汇学习速度，显然无法达到《大纲》前两年先掌握 5000 词、以后两年每年各掌握 1500 词的规划。经过一年的学习，学习者已经初具汉语语法结构方面的知识，且有了一定量的词汇积累，但词汇扩展速度却明显放缓，这似乎是第二语言学习中带有规律性的问题。如果简单地把对外汉语教学中的这一现象归结于共核词汇以外的词汇比例加大，或语言类课程以外的课程加多，恐怕过于片面，也无助于教学的改进。对这种现象还应从教材、教法、学习方法、第二语言习得等方面进行多角度探究，以寻求解决或改进方案。

第五，学生班级在相当大的程度上反映着学生的汉语水平，而学生的汉语词汇量与其所在班级的水平高低成正比且高度相关。

（2）留学生汉语词汇习得难点调查

该研究采用诊断性测试，试题形式为多项选择唯一答案的客观题，按词语等级分为五组试题。选择项的设计包括从语素或字形类属判断词义、同素异序词语对词义识别的影响、同义词辨析等因素。为避免上下文对词义的提示，测试题的题干采用无语境的单词形式；为避免或减少选择项中相对低频的词语对调查目的的干扰，选择项使用的词语原则上与题干词语属于同一级别，调查对象是中级以上汉语水平的学生。被试与"留学生汉语词汇量调查"B组被试部分相同，均为美国明德大学2004年中文暑校三至五年级的学生。根据所在年级，被试分为两组：三年级为B1组，平均汉语学习时间为两年以上；四、五年级为B2组，平均汉语学习时间为三年以上。调查共发放问卷52份，回收有效问卷51份。其中B1组40份，B2组11份。调查得出如下初步结论：

第一，总体正确率偏低，在一定程度上反映出学生词汇量不足的问题。词汇掌握程度对学习者汉语水平起着决定性作用。B2组在甲、乙、丙三级词语辨识的正确率上都高于B1组，特别是在丙级词辨识的正确率上明显高于B1组；而两组被试在丁级词、超纲词的辨识中都存在答案选择分散的"猜词"现象，两组在这一词汇等级区间的正确率上难分高下。说明现阶段中级汉语水平与中高级汉语水平学生在词汇量上的差距仍主要体现在5000词这个界标之内，特别是3000词到5000词区间。

第二，两组被试的正确率基本上都是随词频的降低（即词语等级的升高）而降低，再次印证了词频对词语辨识的决定性影响。

第三，中级以上汉语水平的欧美学生已具有一定的语素意识，年级较高的B2组被试的"熟字生词"现象少于B1组，可以说明其语素意识强于B1组。从他们猜测词义时对选择项的取舍可以发现，两组被试都在不同程度上有意识地运用有限的语素知识。

第四，对同素异序词语的误认是学习者词汇辨识中的高频错误。例如，在B1组被试中，混淆"事故"与"故事"等词语的错误比例较高，说明被试缺乏语素意识和语素位置感。混淆同素异序词语的根本原因还是语素意识的不成熟。

第五，被试由汉字部首类属推断词义的能力欠缺，表现为不能判断"跳""瞪""惆怅"等词分别与脚的动作、看的方式及心理活动有关，不能判断"砸"与"水""火"无关。

第六，汉字字形在很大程度上限制了同音词对学习者汉语阅读的干扰作用。

第七，被试对测试中低正确率题目的作答情况说明，利用义类方式开展词汇教学具有可能性。例如，对测试中的乙级词"摘"，被试无法确定该词的词义究竟是"从上面拿下来""从地下拿起来""从里面拿出来"，还是"用两只手拿"，此时教师可以通过义类方式开展相应的词汇教学。

沈禾玲（2009）考察了美国高年级学生学习汉语三学期后词汇特征的发展情况，研究请被试完成词汇知识测试（AB卷），测试题分接受性词汇与产出性词汇，最后统一使用词汇知识量表测量被试的词汇量，并对学习者词汇习得广度与深度的各项指标进行分析。研究发现：（1）在8500个常用词中，美国高年级学生平均掌握了2229个汉语词语，积极词汇的正确使用数平均为1314个，词汇习得的深度不容乐观。（2）消极词汇与积极词汇习得的广度与深度之间呈弱相关，积极词汇的习得与消极词汇有关，但习得速度远低于消极词汇，可见词汇的广泛认知与深度掌握间存在较大距离。（3）学生使用的词汇与8500常用词频度表分布不一致，但学习者普遍掌握了表中前1000个高频词。（4）不同汉语学习背景的学生词汇书面习得广度与深度不存在显著性差异。

张江丽（2017）自行编制了一套接受性词汇量测量工具，对139名汉语第二语言学习者进行了调查。研究采用词义选择这种相对客观、操作相对容易的测量形式。以《汉语水平词汇与汉字等级大纲》（修订本）为选词范围，对甲、乙、丙、丁四个等级的词汇采取分层抽样的方法，每隔80个词抽取1个，从中共抽取了111个词。再去掉有明显时代色彩的词语、虚词，尽量选取多义词的常用义项作为目标选项。最后进入问卷的词共有 99 个，其中甲级词 11 个，乙级词 22 个，丙级词 27 个，丁级词 39 个。测量工具采用选择题的形式，每个词给出 4 个解释，让学习者从中选出一个正确的解释，对所有的释义给出了英文译文。被试为外国留学生 139 人，其中初级水平的 48 人，中级水平的 45 人，高级水平的 46 人。被试来自 22 个国家，男生 43 人，女生 96 人。调查方式采用随堂测试的方式，正式测试要求被试在 60 分钟内完成。

　　研究结果显示，初级、中级、高级水平学习者的接受性词汇量分别为 2464 个、5464 个、6679 个。随着词汇难度的增加，接受性词汇量测量的正确率逐渐下降，但在乙级、丙级词上没有明显差异。中、高级水平学习者在不同难度等级上的接受性词汇量测量的正确率变化曲线相似，而初级水平的变化曲线与之迥异。作者对结果进行了细致的分析，其中，不同水平学习者在不同等级词汇上的接受性词汇量测量的成绩如表 6-4 所示：

表 6-4　不同水平学习者在不同等级词汇上的接受性词汇量测量的成绩

汉语水平	词汇得分 / 分				正确率 / %			
	甲级词	乙级词	丙级词	丁级词	甲级词	乙级词	丙级词	丁级词
初级	7.0	8.1	5.8	6.9	63.6	36.8	21.5	17.7
中级	9.1	14.2	15.9	22	82.7	64.5	58.9	56.4
高级	10.2	17.2	19.2	28.2	92.7	78.2	71.1	72.3

　　由实验结果，研究者推测出初级水平学习者在甲、乙、丙、丁四个等级上的接受性词汇量分别为 625 个、723 个、518 个、616 个，中级水平学习者分别为 812 个、1268 个、1420 个、1964 个，高级水平学习者分别为 911 个、1536 个、1714 个、2518 个。无论哪个等级上的词汇，高级水平学习者接受性词汇量测量的正确率均高于中级水平学习者，中级水平学习者的正确率也均高于初级水平学习者。这说明，汉语水平越高，学习者的接受性词汇量测量的正确率越高。

　　根据研究结果，作者还探讨了词汇量界标的确定问题，并与前人的类似实证性研究进行了对比。作者认为，现有部分大纲制订的初级、中级、高级水平学习者的词汇量界标不一，该调查的初级水平学习者的词汇量与《高等学校外国留学生汉语言专业教学大纲》和《高等学校外国留学生汉语教学大纲（长期进修）》设定的界标相近，调查所得的中级水平的词汇量略高于这两个大纲的词汇量界标，调查所得的高级水平的词汇量明显低于这两个大纲的词汇量界标。如果把这两个大纲的词汇量看作接受性词汇量目标的话，初级水平学习者的词汇量基本达标，中级水平学习者的词汇量超额完成了目标，而高级水平的词汇量尚未达标。因此，想方设法增加高级水平学习者的接受性词汇量是非常值得关注的问题。

1.2　产出性词汇

产出性词汇又称为主动型词汇（鹿士义，2001）、生成性词汇（黄立、钱旭菁，2003）、积极词汇（沈禾玲，2009），指学习者可以主动使用的词汇。

鹿士义（2001）是较早讨论汉语产出性词汇的研究，证实了产出性词汇的发展对于汉语语言技能的提高具有重要意义。研究发现：（1）汉语二语学习者主动型词汇知识、集体词语判断能力（CWIA）、主动型词汇和认知型词汇之间的距离与综合语言能力具有相关性。随着学习时间的增加，主动型词汇和语言技能的相关性也在增加；认知型词汇和主动型词汇之间的距离大，学习者的语言技能就弱，随着学习时间的增加，两者之间的距离慢慢地变小。（2）不同学习阶段的学习者的词汇习得模式有显著不同。主动型词汇的得分随年级的增高而增加。距离统计随着学习时间的增加而降低。

任春艳（2011）考察了汉语作为第二语言的初中级水平学习者在汉语常用词（《汉语水平词汇与汉字等级大纲》的甲、乙两级词）范围内的控制性产出词汇量。控制性产出词汇是在一定语境限制下根据提示写出要测试的词语。这种根据语境来填补一个词的形式的设计符合真实的交际过程，如说话者试着去预计、补充由交谈对方提供的语境中的某一特定词。作者把汉语作为第二语言控制性产出词汇的测试设计为根据拼音提示写汉字的形式，如：

（1）我在中国一_____s大学里学习汉语。（所）

（2）他去过很多地方，_____jing了很多事情。（经历）

句子后的括号内是答案，即要测的目标词。测试的目标词通过一个短的句子由被试填充完成。这种形式类似完形填空，但与成段的完形相比，减少了阅读能力干扰的成分。为了保证适合所给语境的答案的唯一性，试卷提供了目标词的部分语音信息。

该研究对象为《汉语水平词汇与汉字等级大纲》的甲、乙两级词，总词汇量为 3051，而且产出性词汇测试试题的难度和阅读量要高于接受性词汇测试。研究以 1∶50 的比例进行抽样，即每隔 50 个词抽取 1 个词，并对部分学生进行试测，试卷定稿为 60 个词，作答时间为 30 分钟。参加测试的是首都师范大学国际文化学院的本科一二年级部分班级的学生，共 53 人。其中一年级的两个班共 22 人，学习汉语的时间为半年到一年半之间；二年级的两个班共 31 人，学习时间为一年半到两年半。被试分别来自韩国、日本、意大利、阿联酋、英国、美国、加拿大等国家。

结果显示，在 3000 常用词范围内，学习者控制性产出词汇量的均值为：一年级 638 个，二年级为 1520 个。作者将这一结果与《高等学校外国留学生汉语言专业教学大纲》（以下简称《教学大纲》）的要求进行比较。首先，《教学大纲》的词汇表对接受性词汇量的要求是：一年级 993 个，二年级 2704 个。把接受性词汇量和该实验的产出性词汇量结果进行比较，可以发现学习者产出性词汇量远远低于他们的接受性词汇量。其次，《教学大纲》的词汇表对产出性词汇的规定是：一年级 993 个，二年级 1756 个。该研究得出的均值为：一年级 638 个，二年级 1520 个。这与《教学大纲》的要求还存在一定的差距。

最后，作者认为要重视产出性词汇的教学和测试，引导并促使学习者的接受性词汇向产出性词汇转化。

张江丽的一系列文章基于自建语料库，对这个问题进行了细致的量化研究。

张江丽（2018）对汉语作为第二语言学习者的产出性词汇进行了考察。语料来源为自建的外国留学生汉语笔语语料库，共 50 万字，初、中、高级水平学习者的语料各约 16.5 万字。作者对比了学习者的产出性词汇与《汉语水平词汇与汉字等级大纲》词汇的异同，分析了产出性词汇量与语料覆盖率之间的关系。该研究主要回答了以下 5 个问题：

第一，学习者的产出性词汇量问题。作者对所选语料库中初、中、高级水平学习者的语料进行了分析统计，发现在所选 50 万字的语料中，学习者使用的词符数共计 266501 个，词种数为 9965 个，这可以看作他们最大的产出性词汇量。语料库中初、中、高级水平汉语二语学习者的最大产出性词汇量分别为 3630 个、4882 个、6938 个。从产出性词汇量的绝对数量来看，无论在哪个使用频次上，中级水平学习者的产出性词汇量均比初级水平学习者有所增加，高级水平学习者的产出性词汇量也均比中级水平学习者有所增加。从产出性词汇量的增长幅度来看，在使用频次大于或等于 2 次、5 次、10 次的产出性词汇量上，初级水平到中级水平词汇量的增幅均大于中级水平到高级水平的增幅。此外，学习者的汉语水平越高，产出性词汇中低频词的数量越大，产出性词汇的分布越分散、越广泛。

第二，学习者的产出性词汇以及不同水平学习者的产出性词汇与《汉语水平词汇与汉字等级大纲》中词汇的差异。甲级词的使用比例最大，占 91.5%，其次是乙级词、丙级词和丁级词，分别占 81%、59.4%、38.4%。学习者使用的纲内词中，词汇的等级越靠前，语料库中的出现率就越高。从学习者对大纲词汇的掌握情况来看，学习者产出性词汇中使用的纲内词总数为 5260 个，占大纲规定词汇总量的 59.6%，约 40% 的纲内词未被学习者掌握。从语料中各个等级词汇使用的比例可以看出，甲级词和乙级词有一部分学习者并未掌握，词汇等级靠后的丙级词和丁级词的使用情况更不乐观，丙级词和丁级词中分别有 40% 和 62% 左右的词汇未出现在学习者产出的语料中。

第三，不同水平学习者产出性词汇中纲内词的使用情况。结果发现，初级水平学习者除了甲级词的使用比例稍高于高级水平以外，其他等级词汇的使用比例均低于中级水平和高级水平。随着学习者汉语水平的提高，甲级词的占比相对稳定，并未呈现明显的上升或下降趋势，乙级词和丙级词的增长趋势最为明显，丁级词的增长稍缓。出现这一现象的主要原因是，甲级词是学习者最常用的词，在各个水平的学习中，都是他们经常、反复使用的词汇，出现变化的可能性较小，变化趋势最不明显。对于乙级词和丙级词，学习者处于"学习——遗忘"的反复循环中，遗忘的概率较大，变化趋势较为明显。

第四，汉语二语学习者产出性词汇使用频次分布情况。学习者的产出性词汇中，使用频次≤9 次的词语最多，使用频次≥100 次的词语最少，三个水平的学习者使用频次≥100 次的词汇均为 150 个左右。使用频次≥100 次的词汇中，初级、中级和高级水平学习者的使用量基本相等；使用频次为 10～99 次的词汇数量中，中级水平学习者的使用量最大，这三个水平学习者的词汇量呈现出"两头小、中间大"的纺锤形分布状态；初级、中级、高级水平学习者在使用频次≤9 次的词汇数量上依次增多，呈现金字塔形分布状态。整体来看，产出性词汇中，高频词使用数量稳定，到了中级阶段，中频词稳步上升，到了高级阶段，低频词快速增长。而从汉语二语学习者不同频次词汇中纲内词的分布来看，学习者使用频次≥100 次的词汇中，甲级词的数量最多，占比最大。使用频次为 10～99 次的词汇中，甲级词占比大幅下降，乙级词、丙级词、丁级词所占比例均有所提高，尤其是乙级词的数量占绝对优势，增长明显；在使用频次≤9 次的词汇中，甲级词、乙级词、丙级词所占比例均呈现下降趋势，丁级词比例有所上升。由此可见，语料库中使用频次较高的词中，甲级词数量最多，占比最大；使用频次居中的词中，乙级词占比较大；使用频次较低的词中，丁级词占优势。但从整体所占比例来看，大纲词汇的使用比例较小，仅占 59.6%，大纲词汇的产出效果不好。

第五，汉语二语学习者产出性词汇覆盖率问题。研究显示，在 50 万字的语料中，汉语二语学习者最常使用的 2000 个词覆盖 90% 的语料，2500 个词覆盖 92% 的语料。之后，每增加 500 个词种数，覆盖率约增长一个百分点。当词种数超过 2000 个时，词种数的增加并不会带来覆盖率的较大增长，作者称之为产出性词汇"效用递减律"。最高频的 2000 个产出性词汇可以覆盖大约 90% 的汉语二语语料，而这些词汇在同规模汉语母语语料中的覆盖率仅为 71%。要读懂 90%、95% 的一般性汉语文本，分别需要大约 6000 个、10000 个词汇。

最后，作者提出了一些建议：帮助学习者将理解性词汇转化为产出性词汇；在制订大纲时，有必要区分接受性词汇和产出性词汇、接受性词汇义项和产出性词汇义项，制订更加科学、细致、合理、权威的词汇大纲。

张江丽（2019a）基于两个自建语料库（外国留学生汉语笔语语料库和中国中小学生汉语笔语语料库），从对比的角度，考察了汉语二语学习者与汉语母语学习者在产出性词汇量上的差异。

　　作者从外国留学生汉语笔语语料库中选取了初、中、高级水平学习者的语料各约 16.66 万字，共计 50 万字。学习者来自印度尼西亚、泰国、美国、日本、德国、英国、马来西亚、韩国、菲律宾、蒙古、老挝、柬埔寨、俄罗斯等 42 个国家。为了与留学生等级匹配，研究从中国中小学生汉语笔语语料库中也选取了 50 万字的语料，并将中小学生分为三、四年级，五、六年级，以及初一、初二年级 3 个学段，每个学段各选取约 16.66 万字。实验选取中国传媒大学国家语言资源监测与研究有声媒体中心开发的分词软件作为分词的依据，为保证分词的准确度，作者还对软件分词的结果进行了人工校对。该研究主要回答了以下 4 个问题：

　　第一，汉语二语学习者和汉语母语学习者的最大产出性词汇量。研究表明，汉语二语学习者的最大产出性词汇量为 9965 个，而汉语母语学习者为 13428 个。

　　第二，初级、中级、高级水平的汉语二语学习者的词汇量与汉语母语学习者对应的年级水平。从横向对比来看，初级水平汉语二语学习者的产出性词汇量仅为 3627 个，汉语母语学习者三、四年级的产出性词汇量达到 5326 个。可见，初级水平汉语二语学习者的产出性词汇量远不及汉语母语学习者三、四年级的词汇量，二者的差距为 1699 个；中级水平汉语二语学习者的产出性词汇量已达到 4877 个，仍稍低于汉语母语学习者三、四年级的词汇量（5326 个），但差距已缩小至不足 500 个；高级水平汉语二语学习者的词汇量（6937 个）稍高于汉语母语学习者五、六年级的词汇量（6429 个），大约高出 500 个左右，但不及汉语母语学习者初一、初二年级的词汇量。概括来说，中级水平汉语二语学习者的产出性词汇量接近（略低于）汉语母语学习者三、四年级的词汇量，高级水平汉语二语学习者的产出性词汇量接近（略高于）汉语母语学习者五、六年级的词汇量。汉语母语学习者的词汇量"起点较高，增幅较小"，而汉语二语学习者的词汇量则呈现出"起点较低，增幅较大"的特点。

　　第三，汉语二语学习者与汉语母语学习者在产出性词汇的频次分布上的差异。总体来看，汉语二语学习者产出性词汇中，中频词的数量最多，平均占比最大，其次是低频词和高频词。汉语二语学习者的汉语水平越高，低频词的占比越大，高频词的占比越小。这说明学习者的汉语水平越高，他们使用的词汇的词种数越多，词汇的分布越广泛、越分散。汉语母语学习者与汉语二语学习者产出性词汇量的频次分布相同。汉语母语学习者的高频词不如汉语二语学习者那样集中。总体来看，在这两类学习者的产出性词汇中，汉语母语学习者中频词的使用更为集中，而汉语二语学习者高频词的使用更为集中。

第四，汉语二语学习者与汉语母语学习者在词种数与词汇覆盖率的关系上的异同。作者发现，无论对汉语母语学习者还是对汉语二语学习者来说，学习者的高频词汇均相对集中，最高频的前2000～3500个词汇能够覆盖他们产出性词汇的绝大部分。当覆盖率达到90%时，汉语母语学习者的词种数约为2000个，汉语二语学习者的词种数约为3000～3500个。当覆盖率在80%～90%之间时，汉语二语学习者的词种数均大于汉语母语学习者。随着词种数的增加，汉语母语学习者词汇覆盖率的增长速度缓于汉语二语学习者。总的来看，两类语料中产出性词汇的词种数与覆盖率之间均呈现"词汇效应递减"的规律，但二语学习者使用的词汇更为集中。

最后，作者提出了二语词汇教学建议：汉语二语教学是以运用语言文字培养交际能力为教学目标的，工具性大于人文性；汉语第二语言教学大纲的词汇量界定应区分接受性词汇和产出性词汇。

词汇多样性是考察词汇丰富性的重要参数。张江丽（2019b）基于两大自建语料库，从对比的角度考察了汉语第二语言学习者与汉语母语学习者词汇多样性的异同，研究语料同张江丽（2019a）。该文主要回答了3个问题：

第一，汉语第二语言学习者与汉语母语学习者在词汇多样性上的差异。研究发现，在该研究选取的100万字的汉语第二语言学习者的语料中，共出现词符数为560964个、词种数为20913个。根据多样性计算公式，可知汉语第二语言学习者的词汇多样性为779.65。在100万字的中小学生汉语语料中，词符数为605433个，词种数为21787个，多样性为784.02。可见，汉语母语学习者词汇的多样性数值略高于汉语二语学习者。

第二，汉语第二语言学习者词汇多样性的变化趋势。不同水平学习者的多样性差距较大，随着汉语水平的提高，学习者使用的词汇越多样化。初级水平学习者的词汇多样性仅为342.95，到了中级水平增长至476.08，到了高级水平，多样性猛增至 1067.28。虽然从总体上看，汉语第二语言学习者与汉语母语者的词汇多样性差距不大，但是通过分水平考察发现，高级水平学习者为总体多样性数值做出了巨大贡献，初、中级水平学习者词汇多样性的真实情况并不理想，与高级水平学习者有较大的差距。

第三，不同水平汉语母语学习者词汇多样性的变化趋势。研究发现，三、四年级的汉语母语学习者的语料库中，共出现词符数 198539 个，词种数 11157 个。三、四年级的汉语母语学习者的词汇多样性为 626.97。五、六年级的汉语母语学习者的语料库中，共出现词符数 203952 个，词种数 11961 个。五、六年级的汉语母语学习者的词汇多样性为 701.47。初一、初二年级的汉语母语学习者的语料库中，共出现词符数 202942 个，词种数 13792 个。五、六年级的汉语母语学习者的词汇多样性为 937.31。

作者将汉语第二语言学习者与汉语母语学习者进行对比，并指出，无论汉语第二语言学习者还是汉语母语学习者，随着汉语水平的提高或年级的增长，多样性均呈现增长趋势。汉语第二语言学习者从初级到中级的增长幅度与汉语母语学习者从三、四年级到五、六年级的增长幅度相似，但是汉语母语学习者从五、六年级到初一、初二的增长幅度明显缓于汉语第二语言学习者从中级到高级的增长幅度。可见，对于汉语第二语言学习者来说，从初级到中级阶段，学习者的词汇多样性稳步增长，高级阶段是他们词汇多样性迅速发展的时期。对于汉语母语学习者而言，从初级到中级，从中级到高级，词汇多样性稳步增长，变化较为平稳。

最后，作者给出了二语教学的建议：在编写大纲的过程中，应该考察汉语母语者最常用的词汇，比照汉语第二语言学习者经常使用的词汇，来制订教学大纲的总目标。对于内部的词汇，可以按照听、说、读、写这 4 个标准确定哪些是需要"四会"的产出性词汇，哪些是需要"一会""两会""三会"的接受性词汇。重视一种意思多种表达的训练，除词汇量规模较大以外，语言的多样性还体现在表达相近的内容时，不局限于常见表达，语言变换较多，表达丰富多样。从这个角度来看，词汇多样性的提高则有待于学习者掌握意义相近、功能相似的不同表达方式，并能在合适的场合正确产出。

　　肖莉（2018）从相对具体的角度，探讨了两种写作任务类型（看图作文和阅读后缩写）对中高级汉语二语者写作词汇丰富性的影响，并与汉语母语者进行了对比。

　　在考察词汇丰富性时，常从词汇多样性、词汇复杂性、词频概貌、词汇密度、词汇独特性、词汇错误等维度展开。其中，词汇多样性体现的是文章中不同种类词语的情况，词汇复杂性显示的是文章词语的难度，词频概貌描述了常用程度不同的词语在文中的比例，词汇密度指的是单位长度中实词的比重，词汇独特性表现的是某个作者使用的与他人不同的词语比重，词汇错误则可以用来反观语言的准确性。

　　研究发现，写作任务类型对二语者和母语者的词汇多样性和独特性均有显著影响，相同任务类型的不同题目不会影响二语者写作的词汇丰富性，二语者受到其汉语水平的限制，词汇量少于母语者，能产出的则更少，因此，作文中所使用的词汇差异较小，但对母语者可能有影响。采用看图作文作为练习形式，有利于二语者产出更多不同的词，但他们所用的词不一定是较难的；使用阅读后缩写的形式，则可以在一定程度上推动二语者使用平时不常用或掌握不好的词。该文从词语运用的角度提出了阅读后缩写是中高级写作课值得采用的一种练习任务类型。

　　罗耀华、段宇翔（2019）基于复杂动态系统理论，从词汇多样性、词汇复杂度、词汇难度、词汇正确率、词汇搭配性知识、词汇意义性知识等 6 个指标，考察了 54 名不同母语文字背景的高级水平汉语学习者的书面语词汇表现。留学生被试分为两组：来自汉字文化圈的日韩泰越留学生和来自非汉字文化圈的美洲留学生。自变量为母语文字背景，因变量为词汇复杂性（6 个指标），主要借助单因素方差分析法，同时结合差误分析法、定性研究法。研究语料来自 27 位留学生的随堂作文，总计有 54 篇同题作文，分别是汉字文化圈 9458 字符数、5527 词形符数，非汉字文化圈 8973 字符数、5345 词形符数；另有 11 篇汉语母语者的同题作文作为基线对比，分别为 6615 字符数、3743 词形符数。测量指标如表 6-5 所示：

表 6-5　书面语词汇复杂性测量指标

语言模块	参数	测量指标	计算方法
书面语词汇	表层复杂性	词汇多样性	Uber Index
		词汇复杂度	高级词语的使用比率
		词汇难度	《汉语水平词汇与汉字等级大纲》中甲、乙、丙、丁各级词和超纲词的使用比率
	深层复杂性	词汇正确率	错词数量所占词语总类符数的比重
		词汇搭配性知识	搭配错误数量所占词语总类符数的比重
		词汇意义性知识	词语在意义和运用方面的错误率

　　研究发现，汉字圈学习者和非汉字圈学习者的词汇多样性较为接近，词汇复杂度差异显著，主要体现在高级词语的形符数和形符比上。关于词汇难度，汉语母语者所用甲级词最少，纲外词最多；而非汉字圈学习者恰好相反。可见，高级汉语学习者的词汇难度尚未达到母语者水平，除了熟练使用基础词汇之外，他们逐渐表现出使用低频词语的倾向性和用词意识，其中汉字圈学习者因与汉语文化的地缘关系更近，更擅用高级词语。关于词汇正确率，汉字圈学习者在汉字书写方面存在更多问题，而非汉字圈学习者则在词汇运用方面略显弱势。汉字圈学习者的词语理解性错误较为明显，而非汉字圈学习者的近义词词义辨析能力存在明显不足，前者的韵律意识高于后者。虽然二者在实词和虚词使用上的正确率普遍偏高，依然不能跟汉语母语者相提并论。

　　在与汉语母语者的比较中，二语者书面语中丙级词、丁级词甚至纲外词的使用呈现增多的趋势。"口腔癌、心脏病、安乐、容纳"等词的出现，说明教学中也应注意纲外词语的适当补充。词汇多样性与词汇复杂度之间存在相互支持的依存关系；词汇多样性与词汇难度的关系较为复杂，表现在它跟甲级词存在显著负相关，跟乙级词、丙级词、丁级词和纲外词语之间均呈正相关；词汇复杂度和词汇难度之间关系微妙，表现在它跟甲级词、乙级词呈负相关，而与丙级词、丁级词呈正相关，与纲外词没有明显的相关性。基于复杂动态系统理论，在高级阶段，甲级词和其他三个等级词以及纲外词之间存在相互竞争的关系；乙级词、丙级词和丁级词之间是相互支持的关系；乙级词和纲外词之间存在中低度竞争关系。这表明高级阶段的纲外词对学习者词汇产出具有明显的补偿作用，高级水平汉语二语者对较高难度词语的掌握和运用较为关注。

1.3 词汇习得深度的理论研究

苏向丽、李如龙（2011）在认知语义学和词汇语义学理论的指导下，根据汉语的特点，在汉语词价研究的基础上构建了现代汉语词汇的知识框架，以指导汉语词汇知识深度习得的研究。该文引入了"词价"，这是词汇系统研究的一个新概念、新范畴，词价体系是一种多指标综合考察词的价值的评价体系。通过多视角、多维度，研究者可以观察一个词汇子系统或者一个词在整个词汇系统中的价值。

词的价值是由词在语言系统中的地位及词与词之间的关系决定的，它可以从如下诸多方面考察：认知价值、结构价值、语义价值、频率价值、释义价值、时代价值、地域价值、语域价值、语体价值、聚合价值、组合价值等。以"汉语基本词汇"这个子系统为例，它们普遍具有较高的认知度和熟知度；以单音词为核心，双音词为基础；语义呈中性特征，受语体、语域、时代、地域限制较小；使用频率普遍高于一般词汇，多数具有一定的释义能力；有较强的聚合能力和组合能力，多处于聚合关系的主导地位。当然，基本词汇中每个词的价值也是不同的，可以用各项价值指标来衡量。这些词价参数既可以作为考察词的系统价值的标准，也可以作为了解一个词的词汇知识的框架基础。

根据语言的共性和汉语的特性，作者构建了汉语词汇知识框架体系。该体系通过不同的属性特征反映一个词的价值表现，具体如下：

（1）形式属性（体现形式价值）：语音形式（拼音），发音，书写形式（汉字）。

（2）认知属性（体现认知价值）：是否是基本范畴词汇，是否反映了重要的、基本的概念。

（3）结构属性（体现结构价值）：是单纯结构还是复合结构，能否单用或自由运用。

（4）语法属性（体现语法价值）：所属词类，有无兼类，是否是词类活用。

（5）语用属性（体现语用价值）：常用度（词频高低），释义能力强弱。

（6）语义属性（体现语义价值）：微观语义属性和宏观语义属性两类。微观语义属性包括：基义，指是普通义位还是学科义位；陪义，指有何种陪义（如语体、语域、褒贬、时代、方言、外来陪义等）；义域，指意义范围和使用范围（如大小域、多少域、伙伴域、适用域等）。宏观语义属性包括：聚合关系，指意义的联想模式（如同义、上下义、反义、类义、派生义、多义关系等）；组合关系，指意义的组合模式（如义位内部的组合能力、义位之间的搭配能力等）。

该框架可以为汉语词汇习得研究提供一个量化考察的多元模板。经过对每个词的种种属性和价值的考察，就可以获得词的深度理解。在该框架的指导下，作者总结了汉语词汇知识深度习得的方法和进程，并以"天"为例进行了深度习得分析，得出深度习得梯度图，如图 6-1 所示：

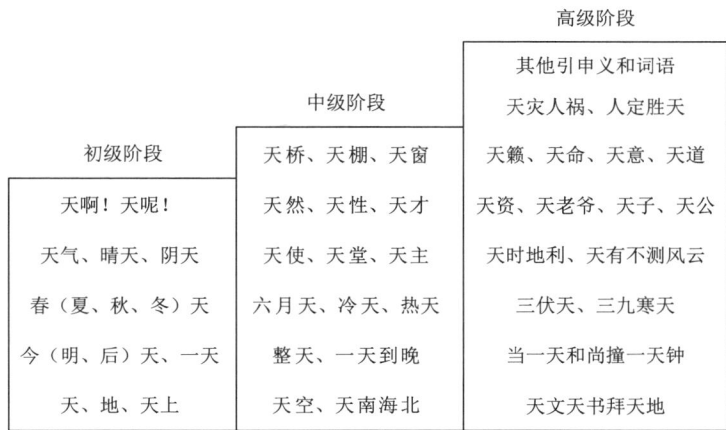

图 6-1 "天"的深度习得梯度图

作者认为，必须在已知词和未知词之间建立联系，充分发挥学生的主体性，根据已知原型词激活未知目标词，将新旧知识结合，让学习者在多语境中反复运用，使词汇语境化，最终形成实际的词汇能力。

2. 评价与展望

对于第二语言习得研究来说，学习者的词汇量是衡量其二语水平的重要标志。汉语第二语言评测领域目前还缺乏一套基于大规模实证研究的词汇标准，但从以上研究中，我们已经掌握了一套科学的理念和方法，这是词汇习得计量研究走向应用的基础。

目前的词汇计量研究一般将学习者的词汇习得分为接受性词汇研究和产出性词汇研究，做出了清晰的区分，但我们还应看到，两类词汇内部也有区别。例如，同为产出性词汇，口语和写作的产出对词汇加工的深度要求并不完全相同，产出的表现也不尽一致。未来的研究应进一步深入，挖掘不同技能所需的词汇量的差异，区分不同类型的词汇习得。这离不开更大规模的语料库建设。在应用性方面，研究者可进一步注重研究结论的可推广性，根据结论编制有针对性的大纲和教材。

第二节　文化词的习得

语言是文化的载体。萨丕尔-沃尔夫假说认为语言结构是文化结构的本源、决定因素。语言表达文化，决定文化，支配着人们的思维，并形成人们的世界观。任何一种语言的各个要素之间都体现着这种语言的文化因素。词汇是语言中最为活跃的因素，萨丕尔认为，"语言的词汇，忠实地反映了它所服务的文化"[1]。

在外语教学中，文化教学是一个重要因素。美国《21 世纪外语学习标准》是由美国教育部门以及多个外语教学协会共同研制的国家外语课程标准。《21 世纪外语学习标准》的核心主题是以五个字母 C 打头的词：Communication（交际）、Cultures（文化）、Connections（贯连）、Comparisons（比较）、Communities（社区），即在语言交际、文化认知、外语与其他学科的联系、语言文化方面的比较以及到社区等校内外环境运用语言等五个方面来制订外语教育的培养目标[2]。

李大农（2000）认为，文化词既包括"专有名词"又包括"有独特文化内涵"的词语，它们既包括反映汉民族独特的民族文化内容的词语，也包括含有比

---

① 爱德华·萨丕尔（1985）《语言论》，陆卓元译，北京：商务印书馆。
② 齐沪扬、韩天姿、马优优（2020）与对外汉语教学语法体系建构相关的一些问题的思考，《杭州师范大学学报》第 1 期。

喻义、象征义、褒贬义及语体色彩的词语。汉民族历史悠久，汉语博大精深的词汇体系中处处都体现着文化因素。为了能让学生高效地习得词汇中的文化因素，教师和教材除了进行基础词汇的讲解外，还应有效地融入词汇的文化因素，通过有效的教学方法，将母语文化与目的语文化进行适当的对比，帮助学习者更好地理解汉语词语、了解中国文化，从而更好地掌握汉语。

1.　研究简介

本节的 2 篇文献旨在讨论文化因素对汉语习得的影响，着眼点在文化词上。郭凤岚、松原恭子（2000）从文化角度讨论了日本学习者汉语第二人称代词的适应和对汉语泛化性亲属称谓的认同距离问题。张仕海（2012）的角度更为宏观，调查了汉字圈与非汉字圈留学生文化词习得情况。

郭凤岚、松原恭子（2000）发现，具有一定汉语基础的日本留学生在使用汉语称谓时，具有较大的社会—文化心理距离。如，汉语称谓的使用频率不高，尤其是在校园外或陌生关系的交际环境中；交际时出现第二人称代词缺位或他称转代现象；对泛化性亲属称谓存在情感变异、认同距离等。作者进行了问卷调查，研究对象是北京语言文化大学二年级以上所有日本留学生及研究生、北京大学部分二年级以上留学生及部分研究生。研究主要考察了两个问题：一是日本留学生对汉语第二人称代词的适应情况，二是日本留学生对汉语泛化性亲属称谓的认同距离。

研究结果显示，对于第一个问题，即便日本留学生已具有汉语本科二年级或以上水平，但他们不同程度地回避使用汉语第二人称代词的比率仍然很高，52.4% 的日本留学生认为自己交际中在需要使用汉语第二人称代词时回避或有时回避。有 68.9% 的日本留学生表示，无论在交际中回避不回避使用汉语第二人称代词，在心理上都会感到还不适应。日本留学生是成年后来到中国学习汉语的，母语文化早已渗透到骨子里。到异国学习第二语言后，要想使自己的第二语言学得很地道，日本留学生就必须要积极努力融入汉语社会；而对日本留学生来说，虽然汉语水平已达到一定程度，但由于母语背景、受限的交际环境以及实际的汉语水平等因素的制约，日本留学生又很难真正融入、完全融入汉语社会。所以，在学习第二语言——汉语的过程中，一旦汉语的某些语言现象真正和其母语文化发生冲突时，日本留学生就会表现出或坚决排斥或矛盾游移的心理，这种心理不适应对交际实际产生了一定的制约作用。值得注意的是，性别变量在一定程度上导致了汉语第二人称代词在交际中的使用率不平衡。对汉语第二人称代词，从不回避而且能根据交际环境采取相应交际策略的日本留学生中，女性比例高于男性12.5 个百分点。在汉语交际环境中，无论交际者之间的关系远近，日本留学生使用泛化性亲属称谓的频率从不使用到有时使用到使用始终呈递减状态，不使用的频率最高。在跨文化交际环境中，日本留学生对母语与第二语言文化上的差异或冲突更敏感，由此导致其对汉语泛化性亲属称谓的认同距离大于母语日语。母语文化中，保持适当距离是日本人的交际原则，由此导致日本人更重视集团内的人际关系。为保持人际关系的和谐，人与人之间的交往保持适当的距离非常必要，过远显得太冷漠，过近又显得太亲昵，二者均被认为是"失礼"行为。另外，日语的泛化性亲属称谓交际时又具有绝对的年龄限定。如果贸然对陌生人、对年轻的陌生人使用泛化性亲属称谓常常被看成是非常"失礼"的行为，甚至会导致交际失败，因此，日本人对陌生关系者使用泛化性亲属称谓是慎之又慎。由日语社会文化积淀而成的社会文化心理，使日本留学生在跨文化交际中对汉语泛化性亲属称谓始终保持着一定的距离。或许日本留学生渴望尽快融入汉语社会，但母语交际文化根深蒂固的影响又难以消融他们对汉语泛化性亲属称谓保持的距离，而交际距离的根本在于认同距离，和日语相比，日本留学生对汉语泛化性亲属称谓用于关系亲密或陌生的认同距离都非常大。

张仕海（2012）采用问卷调查法，并辅以访谈数据，调查了留学生习得文化词的情况。该研究发现：第一，学习者在文化词习得总量上的差异十分显著。汉字文化圈学生的正确率超过 50%，而非汉字文化圈学生的正确率不到 40%。作者认为，这与他们是否对文化词给予注意和投入负担有一定关系，也与其所属文化圈与中国文化关系的疏远或密切有较大关系。第二，文化词接受性习得都好于产出性习得，汉字文化圈学生与非汉字文化圈学生的差距更大。留学生在习得文化词时，起初是接受性的，再深一步地发展才是产出性的。文化词的接受性就是追求理解，其产出性是追求表达。这可能与非汉字文化圈学生的汉字书写能力有一定关系。访谈的结果也说明，老师很少说文化词，学生自己也很少会主动去关注。第三，在文化词习得深度上差异十分显著。汉字文化圈学生在文化词接受性的习得上稍好于非汉字文化圈学生，但差异不显著；汉字文化圈学生在文化词产出性的习得上远远好于非汉字文化圈学生，差异十分显著。也就是说，在文化词浅层次习得上，两大文化圈学生的差异不显著，而在文化词深层次习得上，两者却有着十分显著的差异。这可能是因为接受性习得相对产出性习得要容易，关涉的因素、需要投入的力量都要少一些，目标在于看见时能辨识、理解文化词的意义即可。两大文化圈的学生在文化词产出性习得上的显著差异，也体现了文化词习得深层次上的差异。非汉字文化圈学生在造句题上得分太低，正确率仅 20%，他们要么不理解意义，要么只理解意义却不懂文化词的搭配组合。作者认为，教师对汉语词汇教学给予的关注还很不够，不论是习得数量上，还是习得的深度上。作者建议，在教学中需要加强对非汉字文化圈留学生的文化教学，包括文化词的教学；在对非汉字文化圈留学生开展文化教学时，需要加强文化词书写、造句等产出性教学；在文化教学中，需要加强文化词的深度教学，比如联想、搭配等。

2.　评价与展望

本节的 2 项研究从词汇习得角度考察了文化因素在语言习得中的作用。东亚文化圈的学习者和海外的华裔深受中华文化影响，这一类群体的汉语词汇习得与其他学习者明显不同，存在特殊性，可能存在文字、方言、文化认同等方面的问题。

但目前，从文化角度切入、针对这类群体的词汇习得研究还很不充分。尽管词汇教学和词汇习得是两个相对独立的研究角度，但对于汉语二语学习者，尤其是那些非汉字文化圈的学习者来说，文化词的习得大部分是在课堂上进行的。文化词语的习得与文化词语的课堂教学密不可分。语言和文化有密切的关系，文化教学是对外汉语教学的重要组成部分，但又有各自的特点。语言教学中要注意文化教学，但不要把什么都和文化联系起来。对于教师来说，进行成功的对外汉语文化因素教学或是语言要素的文化内涵教学，需要做到以下三个方面：第一，教师要对中国文化有清晰的认识。一个对自己文化缺乏了解的人是很难得到别人尊重的。第二，要有世界文化的基本知识，包括社会基本知识、科学常识、世界历史地理、时事政治、时尚名人等，起码对所教学生的国家有一个基本的了解，至少不要犯常识性的错误，而对别国文化历史有了解的人就更容易向别人介绍自己的文化。第三，汉语教师还要具有相当的跨文化交际意识。各国的文化虽不同，但没有高低贵贱之分。不要厚此薄彼，不要有偏见，不要做伤害学生民族自尊心的事情。在词汇教学中，要特别留意在跨文化交际中因文化差异而造成的交际和理解障碍的词汇现象。

此外，文化词教学包括教材编写的过程中，要充分吸取一些新近的研究成果。例如，需平衡好词汇运用、词汇知识和文化的关系，时刻牢记教材编写或教学的根本任务是"培养学习者的实际语言交际能力，而不是传授语言和文化知识"[①]。教师课堂讲解时，可通过核心词类聚策略，组织教学内容时要注重和体现文化词汇的类聚性和实用性，利用典型词归类记忆，注重选择体现交际文化的词汇，同时搭建文化词语联想网络，组织口语课讨论[②]。再如，郑艳群（2015）提出，教师在教学中应从建立虚拟"词语空间"开始，拓展到语法空间和文化空间，整合教学知识网络体系。词语空间既包括概念和词语，也包含规则和应用实例，以及它们之间的关系。在宏观上，词语空间表现为下细上粗的树型结构，它有着时代分段、地域区间、行业和学术的分支，并且和其他的语言词汇空间存在着渗透和交错关系。在微观上，构成空间的基本元素如概念、词语、形体、语音等，都具有多方面的属性和纵横交错的关系。语言是文化的载体，如果继续扩展这个系统，自然就由"词语空间"进入"文化空间"，由此，便将文化内容有机地融合到了词汇教学和相关语法的教学之中。

第三节　本章小结

本章包含两个问题，一是对汉语二语者词汇的测量标准问题，二是文化词的习得问题。

---

① 李泉、金允贞（2008）论对外汉语教材的科学性，《语言文字应用》第4期。
② 王衍军（2013）谈对外汉语"文化词汇"的类聚性及教学策略，《华文教学与研究》第3期。

对于前一问题，已有研究将词汇分为接受性词汇和产出性词汇，并分别进行了调查研究。就词汇习得而言，即便是一个成功的学习者，对汉语每一个词的习得程度也一定是不同的，语体、频率、年龄、行业等因素都会影响词汇的习得程度。因此，将词汇分为接受性词汇和产出性词汇是词汇习得研究走向精细化的一个良好开端，未来可以对词汇习得程度做进一步深入的研究。例如，习得深度的研究可以精确到词汇的义项，这就包含了汉语词汇与学习者母语词汇对比的理念。根据 Kroll & Stewart（1994）提出的"修正等级模型"，二语词汇表征的建立离不开母语，但是，母语词汇和二语词汇的义项并不是一一对应的。对于多义词，以前的研究往往从词汇整体进行对比，而未能做到精确的义项对应，这样就会掩盖一些习得问题。

目前，真实的语言行为数据表明，反映语言结构及其相互关系遵循着的普遍规律在技术上已经成为可能。因此，计量语言学作为一门新兴的分支学科正在发展。计量语言学的目的就是揭示语言现象之间的关系，系统地描述并用公式化的定律来解释这些现象。然而，计量语言学的研究方法正被许多国家的学者用来精确地探求人类语言的普遍规律（刘海涛，2012）。目前的计量语言学关注的对象主要是语言本体知识和规律，随着语料库、大数据技术的发展，大规模二语词汇习得数据的搜集和获取成为可能，未来的研究可以从计量语言学角度关注汉语二语者词汇计量问题。

另外，我们还应结合已有词汇习得计量研究，参考国内外成熟的研究工具，集合一批专家来开发科学的汉语二语者词汇量测试量表。

文化词的习得问题牵涉二语习得中对文化因素的习得问题。文化的习得离不开文化教学，文化的教学是一个大问题，体现在汉语教学的方方面面，不仅是文化专题课，还包括语言要素中的文化教学。对于教师和习得研究者来说，要搞好文化教学和习得，必须思考与研究清楚一些基本问题，比如：（1）文化因素的内涵是什么？文化因素对习得的影响体现在什么地方？对词汇习得的影响体现在什么地方？（2）语言教学、词汇教学中怎么来体现文化因素的教学？文化和语言要素的结合要注意些什么问题？（3）汉字圈国家和非汉字圈国家学习者词汇习得的差异，是不是"汉字文化"的影响？"汉字文化"和"汉语词汇"的关系如何?

今后的文化词习得研究也可以从教学和习得的关系入手，研究教师的文化修养、教学对文化因素重视程度，以及词汇教学中文化因素教学的体现程度对文化词语习得的影响等问题。此外，通过文化词的习得考察，研究者们还能发现很多学习者母语国家文化、社会、心理等方面的问题，而对这些问题的关注，必将把文化词习得引入一个全新的方向。

参考文献

著作类

符淮青（1985）《现代汉语词汇》，北京：北京大学出版社。

桂诗春（1988）《应用语言学》，长沙：湖南教育出版社。

刘淑娥、佟慧君、常敬宇、梅立崇（1983）《近义词辨析》，北京语言学院内部资料。

莫雷（2005）《教育心理学》，广州：广东高等教育出版社。

齐沪扬（2005）《对外汉语教学语法》，上海：复旦大学出版社。

齐沪扬（2007）《现代汉语》，北京：商务印书馆。

秦晓晴（2007）《中国大学生外语学习动机研究》，北京：高等教育出版社。

文秋芳（1995）《英语学习策略论》，上海：上海外语教育出版社。

郑艳群（2015）《虚拟词语空间理论与汉语知识表达研究》，北京：商务印书馆。

朱越峰（2015）《英语教育词汇学》，苏州：苏州大学出版社。

Carr, Thomas H. & Betty Ann Levy (eds.) (1990) *Reading and Its Development: Component Skills Approaches*. San Diego: Academic Press.

Ellis, R. (1994) *The Study of Second Language Acquisition*. London: Oxford University Press.

Firth, J. R. (1957) Modes of meaning. In *Papers in Linguistics 1934-1951*. Oxford: Oxford University Press.

Gass, M. S. & Selinker (2011) *Second Language Acquisition: An Introduction Course*. 赵杨译，北京大学出版社．

Halliday, M. A. K. (1985) *An Introduction to Functional Grammar*. London: Edward Arnold.

Koda, K. (2005) *Insights into Second Language Reading: A Cross-Linguistic Approach*. New York: Cambridge University Press.

Krashen, S. P. (1985) *The Input Hypothesis: Issues and Implications*. New York: Longman.

Larsen-Freeman, D. & Long, M. H. (2000) *An Introduction to Second Language Acquisition Research*. Beijing: Beijing Foreign Language Teaching and Research Press.

Laufer, B. (1997) *Vocabulary: Description, Acquisition and Pedagogy*. Cambridge: Cambridge

University Press.

Levelt, W. J. M. (1989) *Speaking: From Intention to Articulation*. Cambridge, Massachusetts and London: MIT Press.

Lewis, M. (1993) *The Lexical Approach: The State of ELT and a Way Forward*. Hove, England: Teaching Publications.

Lewis, M. (2000) *Teaching Collocation: Further Developments in the Lexical Approach*. Hove. England: Language Teaching Publications.

Nation, I. S. P. (1990) *Teaching and Learning Vocabulary*. Boston: Heinle & Heinle Publishers.

Nattinger, James R. & Jeanette S. De-Carrico (1992) *Lexical Phrases and Language Teaching*, Oxford: Oxford University Press.

Oxford, R. L. (1990) *Language Learning Strategies: What Every Teacher Should Know*. New York: Newbury House.

Palmer, F. R. (1976) *Semantics—A New Introduction*. Cambridge: Cambridge University Press.

Pintrich, P. R. & Schunk, D. H. (2002) *Motivation in Education: Theory, Research, and Applications*. Upper Saddle River, New Jersey: Merrill Prentice Hall.

Read, J. (2000) *Accessing Vocabulary*. Cambridge: Cambridge University Press.

Schmitt, N. (2004) *Formulaic Sequences: Acquisition, Processing, and Use*. Amsterdam: John Benjamins.

Ullmann, S. (1962) *Semantics: An Introduction to the Science of Meaning*. Oxford: Basil Blackwell.

Wesche, P. & Ellis, R. (1996) *The Study of Second Language Acquisition*. London: Oxford University Press.

Wilkins, D. (1972) *Linguistics in Language Teaching*. London: Edward Arnold.

Wray, A. (2002) *Formulaic Language and the Lexicon*. Cambridge: Cambridge University Press.

论文类

曹贤文、周明芳（2015）"生词＋熟词"组合学习法与生词独立学习法对汉语生词记忆效果的实验研究，《语言教学与研究》第 6 期。

常敬宇（2003）汉语词汇的网络性与对外汉语词汇教学，《暨南大学华文学院学报》第 3 期。

陈昌旭（2017）汉泰多对一易混淆词分析，《云南师范大学学报（对外汉语教学与研究版）》第 2 期。

陈晨、许文平（2009）汉日同形词对比与语际迁移偏误生成，《海外华文教育》第 2 期。

陈绂（1996）谈对欧美留学生的字词教学，《语言教学与研究》第 4 期。

陈佩秋（2002）日本留学生拟亲称呼语偏误分析，《汉语学习》第 6 期。

陈潇（2018）汉语作为第二语言习得的词汇搭配偏误研究——以法国汉语学习者为例，《海外华文教育》第 4 期。

陈鹰、彭聃龄（1999）汉字识别和命名的连接主义模型．In Chang, H. W. et al. (eds.) *Advances in the Study of Chinese Language Processing* (Vol 1). Taipei: National Taiwan University Press.

程潇晓（2015）五种母语背景 CSL 学习者路径动词混淆特征及成因分析，《华文教学与研究》第 4 期。

程燕、肖奚强（2020）韩国留学生汉语成语使用状况考察，《汉语学习》第 2 期。

丁安琪、肖潇（2016）意大利学习者初级汉语口语词汇能力发展研究，《世界汉语教学》第 2 期。

董茜（2011）越南留学生汉语中介语偏误合成词分析，《云南师范大学学报（对外汉语教学与研究版）》第 4 期。

房艳霞、江新（2012）外国学生利用语境和构词法猜测汉语词义的个体差异研究，《世界汉语教学》第 3 期。

冯丽萍（2002）词汇结构在中外汉语学习者合成词加工中的作用，北京师范大学博士学位论文。

冯丽萍（2003）中级汉语水平留学生的词汇结构意识与阅读能力的培养，《世界汉语教学》第 2 期。

冯丽萍（2009）外国学生汉语词素的形音义加工与心理词典的建构模式研究，《世界汉语教学》第 1 期。

伏学凤（2007）初、中级日韩留学生汉语量词运用偏误分析，《语言文字应用》第 S1 期。

付娜、申旼京、李华（2011）韩语背景学习者"爱"类同素易混淆词研究，《云南师范大学学报（对外汉语教学与研究版）》第 6 期。

干红梅（2008a）浅析中级汉语阅读课堂中的词汇习得——以一次真实的课堂教学为例，《云南师范大学学报（对外汉语教学与研究版）》第 5 期。

干红梅（2008b）语义透明度对中级汉语阅读中词汇学习的影响，《语言文字应用》第 1 期。

干红梅（2009）词语结构及其识别对汉语阅读中词汇学习的影响，《语言文字应用》第 3 期。

干红梅（2010）词性及其识别对汉语伴随性词汇学习的影响，《汉语学习》第 3 期。

干红梅（2011）上下文语境对汉语阅读中词汇学习的影响——一项基于自然阅读的调查报告，《语言教学与研究》第 3 期。

干红梅（2014）语境对汉语阅读过程中词汇学习的影响——一项基于眼动技术的实验研究，《汉语学习》第 2 期。

干红梅、何清强（2015）伴随性词汇习得研究发展三十年（1985—2014 年）《四川师范大学学报》第 3 期。

高立群、黎静（2005）日本留学生汉日同形词词汇通达的实验研究，《世界汉语教学》第 3 期。

高立群、孟凌、刘兆静（2003）日本留学生心理词典表征结构的实验研究，《当代语言学》第 2 期。

高立群、赵媛琳（2008）日本学生汉语复合词构词法意识实验研究，《汉语学习》第 2 期。

高箬远（2004）日本学生汉语习得中的汉字词偏误分析，《云南师范大学学报（对外汉语教学与研究版）》第 2 期。

高顺全（2011）多义副词"还"的语法化顺序和习得顺序，《华文教学与研究》第 2 期。

顾介鑫、朱苏琼（2017）汉语构词法能产性对乌尔都语者汉语词汇习得影响的研究，《语言文字应用》第 3 期。

郭凤岚、松原恭子（2000）日本留学生对汉语部分称谓的适应与认同，《语言教学与研究》第 4 期。

郭胜春（2004）汉语语素义在留学生词义获得中的作用，《语言教学与研究》第 6 期。

郝美玲、厉玲（2015）初级阶段留学生汉语复合词加工影响因素研究，《语言教学与研究》第 2 期。

郝瑜鑫（2013）外国学生深度习得汉语多功能词语的实证研究——以"就是"为例，《语言教学与研究》第 4 期。

洪炜（2011）语素因素对留学生近义词学习影响的实证研究，《语言教学与研究》第 1 期。

洪炜（2012）汉语二语者近义词语义差异与句法差异的习得研究，《语言教学与研究》第 3 期。

洪炜（2016）近义词五种差异类型的习得难度考察，《华文教学与研究》第 2 期。

洪炜、陈楠（2013）汉语二语者近义词差异的习得考察，《语言文字应用》第 2 期。

洪炜、刘欣慰（2019）图文双模态释义对汉语二语词汇学习的影响，《语言教学与研究》第 4 期。

洪炜、千恩知、梁珊（2013）中高级韩国留学生汉语新词新语习得情况调查分析，《海外华文教育》第 4 期。

洪炜、赵新（2014）不同类型汉语近义词习得难度考察，《汉语学习》第 1 期。

侯晓明（2018）汉语二语阅读中词汇附带习得研究的元分析，《世界汉语教学》第 4 期。

胡明扬（1997）对外汉语教学中语汇教学的若干问题，《语言文字应用》第 1 期。

胡宜平（2005）社会角度中的外语教学模式的发展，《英语辅导》第 9 期。

黄立、钱旭菁（2003）第二语言汉语学习者的生成性词汇知识考察——基于看图作文的定量研究，《汉语学习》第 1 期。

江新（1997）词汇习得研究及其在教学上的意义，《语言教学与研究》第 3 期。

江新（2005）词的复现率和字的复现率对非汉字圈学生双字词学习的影响，《世界汉语教学》第 4 期。

姜有顺（2017）母语为英语和泰语的汉语高级学习者有定范畴习得研究——以单句内光杆 NP 标记"们"为例，《语言教学与研究》第 4 期。

蒋荣（2013）调控理论视角下汉语学习者词汇习得的认知机制研究，《语言教学与研究》第 1 期。

雷菱（2018）2001—2016 年对外汉语词汇习得研究方法运用情况及趋势分析，《云南师范大学学报（对外汉语教学与研究版）》第 3 期。

李爱萍（2018）泰国学习者汉语词汇学习任务价值与词汇知识关系研究，《华文教学与研究》第 3 期。

李冰（2011）词形影响日本学生汉语词汇习得的实证研究，《语言教学与研究》第 5 期。

李冰（2014）日本留学生汉日同形同义词习得情况分析——一项基于出声思考的研究，《海外华文教育》第 4 期。

李冰、古川裕（2019）语素因素对日语母语者汉语词汇习得影响研究——以日语单音节动词形容词为例，《汉语学习》第 1 期。

李大农（2000）韩国留学生"文化词"学习特点探析——兼论对韩国留学生的汉语词汇教学，

《南京大学学报》第 5 期。

李红、李于南（2007）多媒体词汇注释模式对英语新词词义学习和记忆的影响，《外语与外语教学》第 12 期。

李慧、李华、付娜、何国锦（2007）汉语常用多义词在中介语语料库中的义项分布及偏误考察，《世界汉语教学》第 1 期。

李靖华（2018）概念迁移：留学生汉语中介语偏误重要驱动机制探析——以"但是"为例，《云南师范大学学报（对外汉语教学与研究版）》第 2 期。

李俏、张必隐（2003）句子语境中语义联系效应和句法效应的研究，《心理科学》第 2 期。

李泉、金允贞（2008）论对外汉语教材的科学性，《语言文字应用》第 4 期。

李彤、王红娟（2006）中级阶段外国留学生双音节动词偏误分析，《语言文字应用》第 S2 期。

林才均（2015）泰国初级学生汉语离合词之习得研究，《海外华文教育》第 2 期。

林潞（2017）中介语心理动词混用的调查与分析，《海外华文教育》第 5 期。

林杏光（1994）论词语搭配及其研究，《语言教学与研究》第 4 期。

蔺梅（2017）日语母语对汉语词汇习得的影响研究——以双音节词汇为研究对象，《海外华文教育》第 3 期。

刘春梅（2007）留学生单双音同义名词偏误统计分析，《语言教学与研究》第 3 期。

刘凤芹（2013）中高级阶段韩国学生的汉字偏误研究，《华文教学与研究》第 3 期。

刘海涛（2012）计量语言学：语言研究的科学化途径，《光明日报》，2012 年 2 月 15 日。

刘慧芳（2011）基于语料库的形容词词汇知识习得研究，北京语言大学硕士学位论文。

刘慧清（2005）初级汉语水平韩国留学生的时间词使用偏误分析，《暨南大学华文学院学报》第 5 期。

刘丽君（2016）基于偏误视角下的汉语词汇学习策略——以泰国大学的学生为研究对象，《海外华文教育》第 3 期。

刘颂浩（2001）关于在语境中猜测词义的调查，《汉语学习》第 1 期。

刘鑫民（2016）汉语词汇习得研究：进展与问题，《云南师范大学学报（对外汉语教学与研究版）》第 4 期。

刘旭（2018）泰国大学生汉语名词习得机制探析——以名词句法功能习得为中心，《语言文字应用》第 3 期。

刘玉倩、孟凯（2019）二语学习者反义复合词词义识解的影响因素，《汉语学习》第 3 期。

刘运同（2004）词汇短语的范围和分类，《湖北社会科学》第 9 期。

柳燕梅（2002）生词重现率对欧美学生汉语词汇学习的影响，《语言教学与研究》第 5 期。

鲁健骥（1987）外国人学习汉语的词语偏误分析，《语言教学与研究》第 4 期。

鲁忠义、熊伟（2003）汉语句子阅读理解中的语境效应，《心理科学》第 6 期。

陆俭明（2011）再论构式语块分析法，《语言研究》第 2 期。

鹿士义（2001）词汇习得与第二语言能力研究，《世界汉语教学》第 3 期。

吕文华（2000）建立语素教学的构想，载《第六届国际汉语教学讨论会论文选》，北京：北京语言文化大学出版社。

罗耀华、段宇翔（2019）不同母语背景汉语学习者书面产出词汇复杂性差异研究，《华文教学与研究》第 3 期。

马萍（2008）留学生动宾式离合词习得研究——以统计学为视角，《汉语学习》第 5 期。

马庆（2019）基于 HSK 动态作文语料库的韩国学生汉语生造词偏误研究，《云南师范大学学报（对外汉语教学与研究版）》第 2 期。

孟凯、崔言燕（2018）词汇化导致的语义磨蚀对汉语二语学习者词汇学习的影响——以双音词"可 X"为例，《汉语学习》第 2 期。

莫丹（2017）10 年来 CSL 词汇习得研究述评与 EFL 对比的视角，《华文教学与研究》第 3 期。

牛长伟、李君（2019）汉语中介语"什么"类代词的偏误分析及教学对策，《汉语学习》第 4 期。

亓文香（2008）语块理论在对外汉语教学中的应用，《语言教学与研究》第 4 期。

齐沪扬、韩天姿、马优优（2020）与对外汉语教学语法体系建构相关的一些问题的思考，《杭州师范大学学报》第 1 期。

齐越、方平（2005）任务价值研究的回顾与展望，《心理科学》第 2 期。

钱旭菁（2002）词汇量测试研究初探，《世界汉语教学》第 4 期。

钱旭菁（2003）汉语阅读中的伴随性词汇学习研究，《北京大学学报》第 4 期。

钱旭菁（2005）词义猜测的过程和猜测所用的知识——伴随性词语学习的个案研究，《世界汉语教学》第 1 期。

钱旭菁（2008）汉语语块研究初探，《北京大学学报》第 5 期。

全香兰（2004）汉韩同形词偏误分析，《汉语学习》第 3 期。

全香兰（2006）韩语汉字词对学生习得汉语词语的影响，《世界汉语教学》第 1 期。

任春艳（2011）汉语作为第二语言的控制性产出词汇测试研究，《语言文字应用》第 4 期。

任瑚琏（2002）字、词与对外汉语教学的基本单位及教学策略，《世界汉语教学》第 4 期。

邵晶、李彬（2019）汉语作为第二语言阅读中伴随性词汇习得的方式及成效，《华文教学与研究》第 2 期。

沈禾玲（2009）广度与深度:美国高年级学生词汇习得调查（英文），《世界汉语教学》第 1 期。

沈禾玲（2015）第一语言语义迁移与汉语二语高级学习者词汇习得（英文），《世界汉语教学》第 2 期。

施文志（2003）日韩留学生汉语词语偏误浅析，《云南师范大学学报（对外汉语教学与研究版）》第 5 期。

石琳（2008）留学生使用汉语成语的偏误分析及教学策略，《西南民族大学学报》第 6 期。

史静儿、赵杨（2014）泰语母语者汉语疑问代词虚指用法习得研究，《世界汉语教学》第 2 期。

苏向丽、李如龙（2011）词价研究与汉语词汇知识的深度习得，《语言文字应用》第 4 期。

苏英霞（2010）汉语学习者易混淆虚词的辨析视角，《汉语学习》第 2 期。

孙德金（2006）语法不教什么——对外汉语语法教学的两个原则问题，《语言教学与研究》第 1 期。

孙晓明（2005）投入因素对欧美学生汉语词汇学习的影响，《语言教学与研究》第 3 期。

孙晓明（2007）国内外第二语言词汇习得研究综述，《语言教学与研究》第 4 期。

孙晓明（2012）任务为导向的留学生伴随性词汇学习研究，《汉语学习》第 4 期。

田靓（2010）翻译对初级汉语学习者词汇习得的影响，《语言教学与研究》第 5 期。

王春茂、彭聃龄（1999）合成词加工中的词频、词素频率及语义透明度，《心理学报》第 3 期。

王春茂、彭聃龄（2000）多词素词的通达表征：分解还是整体，《心理科学》第 4 期。

王红侠（2017）印尼学生汉语习得的偏误类型和成因，《海外华文教育》第 1 期。

王娟、邢红兵（2010）留学生单音节多义语素构词习得过程的实验研究，《语言教学与研究》
　　第 2 期。

王魁京（2006）海外华人学生汉语心理词典的特点与成因，《语言教学与研究》第 4 期。

王琳（2012）越南学生汉语习得偏误及其原因，《海外华文教育》第 3 期。

王瑞敏（2005）留学生汉语离合词使用偏误的分析，《语言文字应用》第 1 期。

王文斌（2001）汉语并列式合成词的词汇通达，《心理学报》第 2 期。

王衍军（2013）谈对外汉语"文化词汇"的类聚性及教学策略，《华文教学与研究》第 3 期。

王意颖、宋贝贝、陈琳（2017）语素义常用度影响留学生语义透明词习得的实证研究，《语言
　　文字应用》第 3 期。

王意颖、宋贝贝、洪炜（2018）词语结构对中级水平留学生习得语义透明词的影响，《汉语学
　　习》第 1 期。

王志军、郝瑜鑫（2014）母语环境下美国汉语学习者心理词汇发展的实证研究，《语言教学与
　　研究》第 1 期。

王周炎、卿雪华（2004）语素教学是对外汉语词汇教学的基础，《云南师范大学学报（对外汉
　　语教学与研究版）》第 5 期。

韦九报（2015）韩日印尼学生缘由目的类词语的混淆特征及成因，《华文教学与研究》第 4 期。

吴继峰（2016）英语母语者汉语写作中的词汇丰富性发展研究，《世界汉语教学》第 1 期。

吴继峰（2017）英语母语者汉语书面语动态发展个案研究，《现代外语》第 2 期。

吴继峰、洪炜（2017）国内汉语二语词汇习得研究述评——基于 6 种汉语类专业期刊 17 年
　　（2000—2016）的统计分析，《汉语学习》第 5 期。

吴门吉、陈令颖（2012）词汇刻意学习与伴随性学习的比较研究——以初级水平东南亚汉语
　　学习者为例，《华文教学与研究》第 3 期。

吴思娜（2017）韩国学生汉语心理词典构成及影响因素，《华文教学与研究》第 4 期。

吴思娜、刘梦晨、李莹丽（2019）具身认知视角下汉语二语情感词的空间隐喻，《世界汉语教
　　学》第 3 期。

吴勇毅（2018）汉语作为第二语言／外语教学法研究四十年之拾穗，《国际汉语教育》（中英
　　文）第 4 期。

吴勇毅、何所思、吴卸耀（2010）汉语语块的分类、语块化程度及其教学思考，载《第九届
　　世界华语文教学研讨会论文集·第二册·语言分析》，台北：世界华文出版社。

肖莉（2018）任务类型对中高级汉语二语者写作词汇丰富性的影响，《语言教学与研究》第6期。

萧频、李慧（2006）印尼学生汉语离合词使用偏误及原因分析，《暨南大学华文学院学报》第3期。

萧频、刘竹林（2013）印尼学生特异性汉语易混淆词及其母语影响因素探析，《华文教学与研究》第1期。

谢谜（2009）二语心理词汇的性质与发展，《语言教学与研究》第4期。

邢红兵（2003）留学生偏误合成词的统计分析，《世界汉语教学》第4期。

邢红兵（2009）基于联结主义理论的第二语言词汇习得研究框架，《语言教学与研究》第5期

邢红兵（2012）第二语言词汇习得的语料库研究方法，《汉语学习》第2期。

邢红兵（2013）词语搭配知识与二语词汇习得研究，《语言文字应用》第4期。

徐晓羽（2004）留学生复合词认知中的语素意识，北京语言大学硕士学位论文。

徐正丽（2012）中高级留学生汉语惯用语习得情况考察，《海外华文教育》第1期。

许艳华（2014）复合词结构类型对词义猜测的影响，《语言教学与研究》第4期。

薛小芳、施春宏（2013）语块的性质及汉语语块系统的层级关系，《当代修辞学》第3期。

薛扬、刘锦城（2016）第二语言（汉语）教学近义词区别项目习得难易度调查，《汉语学习》第4期。

杨春（2004）英语国家学生初级汉语语篇照应偏误考察，《汉语学习》第3期。

杨吉春（2008）反义复词内部结构分析与词汇教学，《汉语学习》第4期。

杨泉（2011）基于HSK作文语料库的留学生离合词偏误计算机自动纠错系统初探，《语言文字应用》第2期。

张博（2007）同义词、近义词、易混淆词：从汉语到中介语的视角转移，《世界汉语教学》第3期。

张博（2008）第二语言学习者汉语中介语易混淆词及其研究方法，《语言教学与研究》第6期。

张博（2011）二语学习中母语词义误推的类型与特点，《语言教学与研究》第3期。

张舸（2006）论留学生个性心理词典的构建，《云南师范大学学报（对外汉语教学与研究版）》第4期。

张和生（2006）外国学生汉语词汇学习状况计量研究，《世界汉语教学》第1期。

张江丽（2010）词义与语素义之间的关系对词义猜测的影响，《语言教学与研究》第3期。

张江丽（2017）汉语第二语言学习者接受性词汇量实证研究，《语言文字应用》第3期。

张江丽（2018）汉语作为第二语言学习者笔语产出性词汇研究，《世界汉语教学》第3期。

张江丽（2019a）汉语二语学习者与母语学习者产出性词汇量对比研究，《语言文字应用》第2期。

张江丽（2019b）面向汉语第二语言教学的学习者笔语词汇多样性变化规律研究，《云南师范大学学报（对外汉语教学与研究版）》第4期。

张江丽、孟德宏、刘卫红（2011）汉语第二语言学习者单音多义词习得深度研究——以动词"打"为例，《语言文字应用》第1期。

张金桥（2008a）汉语词汇直接学习与间接学习效果比较——以词表背诵法和文本阅读法为例，《汉语学习》第2期。

张金桥（2008b）句子语境在外国留学生汉语词汇识别中的作用，《华南师范大学学报》第 2 期。

张金桥、吴晓明（2005）词形、词义因素在留学生汉语词汇选择判断中的作用，《世界汉语教学》第 2 期。

张金桥、曾毅平（2010）影响中级水平留学生汉语新造词语理解的三个因素，《语言文字应用》第 2 期。

张娟娟（2019）东南亚留学生记叙文词汇丰富性发展研究，《云南师范大学学报（对外汉语教学与研究版）》第 1 期。

张连跃（2014）英语背景 CSL 学习者特异性词语混淆探因及对策，《汉语学习》第 5 期。

张麟声（2011）从"也"及日语相关形式"も"习得过程中的词序偏误看"母语迁移"的心理语言学条件——兼谈"双向二语习得研究"的意义，《海外华文教育》第 3 期。

张灵芝（2017）中高级泰国学生习得汉语成语的偏误分析及教学策略，《海外华文教育》第 11 期。

张若莹（2000）从中高级阶段学生词汇习得的偏误看中高级阶段词汇教学的基本问题，《首都师范大学学报》第 3 期。

张仕海（2012）汉字圈与非汉字圈留学生文化词习得比较研究，《云南师范大学学报（对外汉语教学与研究版）》第 6 期。

张寿康（1985）注意词类和实词搭配的教学，载《第一届国际汉语教学讨论会论文选》，北京：北京语言学院出版社。

张寿康（1988）谈汉语常用词的搭配，《语言教学与研究》第 1 期。

张文鹏（1998）外语学习动力与策略运用之关系，《外语与外语教学》第 3 期。

赵春利（2006）初级阶段留学生偏误的规律性及成因分析，《云南师范大学学报》第 3 期。

赵淑华、张宝林（1996）离合词的确定与离合词的性质，《语言文字应用》第 1 期。

赵玮（2018）语素法对汉语二语者词汇能力影响的实验研究，《汉语学习》第 5 期。

赵杨（2011）韩国学生汉语词语习得研究，《世界汉语教学》第 3 期。

周健（2007）语块在对外汉语教学中的价值与作用，《暨南学报》第 1 期。

周琳（2020）汉语二语学习者词汇语义系统动态发展研究，《世界汉语教学》第 1 期。

周琳、萨仁其其格（2013）蒙古学习者特异性汉语易混淆词及其母语影响因素，《语言文字应用》第 1 期。

朱瑞平（2005）"日语汉字词"对对日汉语教学的负迁移作用例析，《语言文字应用》第 S1 期。

朱文文、程璐璐、陈天序（2018）初级汉语学习者同形语素意识与词义推测、阅读理解的关系研究，《世界汉语教学》第 2 期。

朱勇（2004）边注和查词典等输入调整对留学生伴随性词汇学习的作用，《世界汉语教学》第 4 期。

朱勇、崔华山（2005）汉语阅读中的伴随性词汇学习再探，《暨南大学华文学院学报》第 2 期。

庄智象、束定芳（1994）外语学习者策略研究与外语教学，《现代外语》第 3 期。

Bialystok, E. (1978) A theoretical model of second language learning. *Language Learning*, 1: 69-83.

Carlisle, J. F. (1995) Morphological awareness and early reading achievement. In L. B. Feldman (ed.) *Morphological Aspects of Language Processing*. Hillsdale, New Jersey: Erlbaum.

Carlisle, J. F. (2000) Awareness of the structure and meaning of morphologically complex words: Impact on reading. *Reading and Writing*, 12: 169-190.

Craik, F. I. M. & Lockhart, R. S. (1972) Levels of processing: A framework for memory research. *Journal of Verbal Learning and Verbal Behavior*, 11: 671-684.

Cronbach, L. J. (1942) An analysis of techniques for diagnostic vocabulary testing. *Journal of Educational Research*, 36: 206-217.

Eccles, J. S. & Wigfield, A. (1992) The development of achievement task values: A theoretical analysis. *Developmental Review*, 12: 265-310.

Elley, W. (1989) Vocabulary acquisition from listening to stories. *Reading Research Quarterly*, 24(2): 174-187.

Groot, R. J. M. (2000) Computer assisted second language vocabulary acquisition. *Language Learning & Technology*, 4 (1): 60-81.

Hulstijn, J. H. (1992) Retention of inferred and given word meanings: Experiments in incidental vocabulary learning. In P. J. Arnaud (eds.) *Vocabulary and Applied Linguistics*. London: Macmillan.

Hulstijn, J. H., Hollander, M. & Greidanus, T. (1996) Incidental vocabulary learning by advanced foreign language students: The influence of marginal gloss, dictionary use, and reoccurrence of unknown words. *The Modern Language Journal*, 80: 327-339.

Jiang, N. (2000) Lexical development and representation in a second language. *Applied Linguistics*, 21: 47-77.

Knight, S. (1994) Dictionary: The tool of last resort in foreign language reading? A new perspective. *Modern Language Journal*, 78: 285-299.

Koda, K. (2007) Reading and language learning: Cross-linguistic constraints on second-language reading development. *Language Learning*, 57: 1-44.

Koren, S. (1999) Vocabulary instruction through hypertext: Are there advantages over conventional methods of teaching? *TESL-EJ*, 1: 1-18

Kroll, J. F. & Stewart, E. (1994) Category interference in translation and picture naming: Evidence for asymmetric connections between bilingual memory representations. *Journal of Memory and Language,* 33(2): 149–174.

Laufer, B. (1998) The development of passive and active vocabulary in a second language: Same or different? *Applied Linguistics*, 19: 252-271.

Laufer, B. & Hulstijn, J. (2001) Incidental vocabulary acquisition in a second language: The construct of task-induced involvement. *Applied Linguistics*, 22: 539-558.

Li, W., Anderson, R. C., Nagy, W. & Zhang, H. C. (2002) Facets of metalinguistic awareness that contribute to Chinese literacy. In W. Li, J. S. Gaffiney & J. L. Packard (eds.) *Chinese Children's Reading Acquisition—Theoretical and Pedagogical Issues*. Boston: Kluwer Academic Publishers.

Luppescu, S. & Day, R. R. (1993) Reading, dictionaries, and vocabulary learning. *Language Learning*, 43: 263-287.

Marslen-Wilson, W., Tyler, L. K. Wakter, R. & Older, L. (1994) Morphology and meaning in the English mental lexicon. *Psychological Review*, 1: 3-33.

McBride-Chang, C., Shu, H., Zhou, A., Wat, C. P. & Wagner, R. K. (2003) Morphological awareness uniquely predicts young children's Chinese character recognition. *Journal of Educational Psychology*, 95(4): 743-751.

Nagy, W. E., Herman, P. A. & Anderson, R. C. (1985) Learning words from context. *Reading Research Quarterly*, 20: 233-253.

Nation, I. S. P. (2010) Helping learners take control of their vocabulary learning. In Nation (ed.), *Learning and Teaching Vocabulary: Collected Writings*. Shanghai: Shanghai Foreign Language Education Press.

Nation, P. & Waring, R. (1997) Vocabulary size, text coverage and word lists. In N. Schmitt & M. McCarthy (eds.), *Vocabulary: Description, Acquisition and Pedagogy*. New York: Cambridge University Press.

Newton, J. (1995) Task-based interaction and incidental vocabulary learning: A case study. *Second Language Research*, 11: 159-177.

Paribakht, T. S. & Wesche, M. (1997) Vocabulary enhancement activities and reading for meaning in second language vocabulary acquisition. In J. Coady & T. Huckin (eds.) *Second Language Vocabulary Acquisition: A Rationale for Pedagogy*. Cambridge: Cambridge University Press.

Pintrich, P. R. & Schrauben, B. (1992) Students' motivational beliefs and their cognitive engagement in classroom academic tasks. In D. H. Schunk & J. Meece (eds.), *Student Perceptions in the Classroom*. Hillsdale, New Jersey: Erlbaum.

Prince, P. (1996) Second language vocabulary learning: The role of context versue translations as a function of proficiency. *Modern Language Journal*, 80: 478-493.

Richards, J. C. (1976) The role of vocabulary teaching. *TESOL Quarterly*, 10: 77-89.

Rubin, J. (1975) .What the "good" language learner can teach us. *TESOL Quarterly*, 9:117-131.

Schirmeier, K. M., Derwing, L. B. & Libben, G. (2004) Lexicality, morphological structure, and semantic transparency in the processing of German ver-verbs: The complementarity of on-line and off-line evidence. *Brain and Language*, 3: 841-876.

Schmitt, N. & Meara, P. (1997) Researching vocabulary through a word knowledge framework: Word associations and verbal suffixes. *Studies in Second Language Acquisition*, 19:17-36.

Simpson-Vlach, Rita & Nick C., Ellis (2010) An academic formulas list: New methods in phraseology research. *Applied Linguistics*, 31: 487-512.

Sökmen, Anita J. (1997) Current trends in teaching second language vocabulary. In Norbert Schmitt, Michael & Mc-Carthe (eds.) *Vocabulary: Description, Acquisition and Pedagogy*, Cambridge: Cambridge University Press.

Stern, H. (1975) What can we learn from the good language learner? *Canadian Modern Language Review*, 31: 304-318.

Sternberg, R. J. (1987) Most vocabulary is learned from context. In M. G. McKeown, & M. E. Curtis (eds.), *The Nature of Vocabulary Acquisition*. Hillsdale, New Jersey: Erlbaum.

Taft, M. & Forster, K. I. (1975) Lexical storage and retrieval of prefixed words. *Journal of Verbal Learning and Verbal Behavior*, 14(6): 638-647.

Treisman, A. M. (1960). Contextual cues in selective listening. *Quarterly Journal of Experimental Psychology*, 12(4) : 242-248.

Wesche, M. & Paribakht, T. S. (1996) Assessing second language vocabulary knowledge depth versus breadth. *Canadian Modern Language Review*, 53:13-40.

Zhang, B. & Peng, D. (1992) Decomposed storage in the Chinese lexicon. In H.-C. Chen & O. J. Zheng (eds.), *Language Processing in Chinese*. Amsterdam: North-Holland.

Zwitserlood, P. (1994) The role of semantic transparency in the processing and representation of Dutch compounds. *Language and Cognitive Process*, 3: 341-368.

附录：近 20 年国内主要词汇习得专著简介

1. **张博等著，基于中介语语料库的汉语词汇专题研究，北京：北京大学出版社，2008 年。**

   本书基于北京语言大学汉语中介语语料库和特定国别学习者的作文、译文语料，对汉语中介语词汇和与此相关的汉语词汇及词汇教学问题进行了较为全面系统的探讨，尝试构建"中介语—汉语—教学"相贯通的面向对外汉语教学的词汇研究框架。通过对中介语的词汇分布和词语偏误的探讨，本书一方面研究了外国学生汉语词汇的学习状况和难点；另一方面对比分析了汉语词汇与学习者母语词汇的共性与差异，突破本族人观本族语的围限，揭示深隐在母语者语感背后的习焉不察的汉语词汇特点和规律。本书既为汉语词汇研究提供了新视角，也为对外汉语词汇教学、词典编纂和教材建设提供了有价值的参考和依据。

2. **孙晓明著，第二语言词汇习得研究，北京：中央民族大学出版社，2008 年。**

   本书主要关注与词汇教学密切相关的问题，以期推动汉语词汇习得研究的发展，为对外汉语词汇教学提供借鉴。全书共分六章。第一章主要介绍第二语言词汇习得领域的研究成果，第二章主要考察理解性词汇和产出性词汇分布不平衡的问题，第三章主要讨论理解性词汇和产出性词汇在机制上的差异，第四章主要介绍词汇习得领域的几种学习策略，第五章主要讨论影响词汇习得的因素，第六章主要考察配价动词的习得以及"了""过"的习得。本书大部分章节属于实证研究，并在此基础上探讨第二语言学习者的词汇习得问题。

3.　**周文华著，现代汉语介词习得研究，北京：世界图书出版公司，2011 年。**

本书全面、系统地梳理了现代汉语介词的教学分类与界定。以中介语语料、汉语母语者语料和分年级的对外汉语教材课文语料为数据来源，利用初现率、使用频率、正确率和习得区间等二语习得评价标准，详细考察了不同阶段学生使用介词的正误用例。本书对五大类现代汉语介词进行了系统的定量分析，得出不同介词及其义项的习得难度与顺序，并据此提出了教学分级和排序建议。

4.　**蒋荣著，基于社会文化理论的汉语学习者词汇习得研究，北京：北京语言大学出版社，2013 年。**

本书采用实验研究的方法，从词汇习得入手，探讨非汉字文化圈的汉语学习者采取不同的调控方式、支架类型和词汇学习方式对汉语词汇习得效果的影响。研究分为三个部分。第一部分是关于以汉语作为第二语言的学习者词汇习得过程的实验研究，考察初级、中级、高级汉语学习者实现客体调控、他人调控和自我调控的动态过程以及三种调控方式对词汇产出的影响。第二部分在支架模式的基础上通过考察四种支架合作类型和词汇理解与词汇产出任务对第二语言学习者词汇习得的影响，探讨从客体调控阶段转化到他人调控阶段的外部环境影响机制。第三部分是考察三种不同的学习方式对第二语言词汇习得的影响。

5.　**李春红著，汉语传播新视域——理论探微及词汇认知与习得，广州：世界图书出版公司，2013 年。**

本书立足于当前汉语国际传播与推广战略的新形势，不仅从理论上探讨了汉语国际传播的发展瓶颈，提出了对外汉语"教师、教材、教法"上的新探索，而且在新的教学论的基础上，重点研究了汉语传播中的难点和重点——词汇认知与习得问题。本书从教学个案出发，将教学理论和课堂实践相结合，不仅探讨了词汇习得认知视域及词汇的偏误，而且针对汉语传播中的特殊国别和特殊课程也给予了新的观照。

6. **方绪军著，汉语相似词语认知与习得研究，北京：北京语言大学出版社，2014 年。**

本书根据词语在发音、书写形式、词义或词性等方面具有的相似性，对一定词语范围内的汉语相似词语进行了系联和分类，将系联所得的相似词语与中介语中相似的偏误词语和目标词语进行了对比，根据中介语中相似的偏误词语和目标词语的出现规模，对一些相似词语在二语学习者书面表达中发生相似词语误用的可能性做了推断。

7. **赵瑾著，汉语作为第二语言的语用习得研究，天津：天津社会科学院出版社，2014 年。**

本书试图从多种角度探讨以汉语为第二语言的学习者语用习得问题，主要是研究母语非汉语的学习者，特别是在汉语目的语环境下留学生的汉语语用习得情况。本书将语用和习得结合起来，将中国汉语文化与语用结合起来，将认知语言学理论与语用结合起来，将跨文化交际与语用结合起来，在语际语用学的理论框架下进行多角度、多层面的语用习得研究。

8. **高顺全著，基于语法化理论的汉语兼类虚词习得顺序研究，北京：中国社会科学出版社，2015 年。**

本书尝试在语法化框架下开展理论导向的汉语习得顺序研究，以 17 个现代汉语主要兼类虚词为对象，采取"构拟—验证"的研究方法，严格按照"基于语法化顺序构拟习得顺序→通过汉语中介语语料库多角度考察分析得出客观习得顺序→对比验证构拟顺序和客观习得顺序之间的一致性"这一操作程序，发现兼类虚词不同意义和用法的语法化顺序与习得顺序之间存在高度的一致性。这一结论验证了兼类虚词的语法化顺序和习得顺序基本一致的假设。本书在汉语虚词二语习得顺序研究方面打开了一个新的思路和方法视角，研究结论可以为对外汉语教学相关语法项目的教材编写和课堂教学顺序提供有益参考。

9. **张金桥编著，汉语词汇认知心理研究，广州：暨南大学出版社，2015 年。**

本书是一本认知心理实践研究专著，从汉语的形、声、义着手，运用语音学、语法学、词汇学等理论，研究韩国、印度尼西亚等国留学生在习得汉语过程中的通达机制、认知机制等，旨在将认知心理学与二语习得实践相结合，为对外汉语教师的教学提供理论依据和实践支持，促使二语习得中的认知心理学理论体系的逐步构建，进而提高对外汉语教学水平。

10. **葛婧婧著，初中级水平德语母语学习者汉语名量词习得研究，南京：南京大学出版社，2017 年。**

本书对初中级水平德语母语学习者名量词的习得情况进行了专项研究。全书共分五章。第一章首先分析研究的意义，第二章为基于语料库的德语表量名词分析，第三章为基于中介语语料库的名量词习得研究，第四章为基于问卷调查的名量词习得研究，第五章为研究结论与相关建议。本书可为基础阶段的语别化教学提供参考。

11. **邢红兵著，汉语作为第二语言的词汇习得研究，北京：北京大学出版社，2016 年。**

本书基于联结主义理论背景，采用基于语料库的语言属性统计方法和数据库技术，分析汉语词汇及亚词汇系统的特点及发展规律，探讨汉语作为第二语言的词汇习得的过程及特点。本书从心理学实验研究角度讨论第二语言词汇习得的研究设计，提出第二语言词汇习得的理论框架，着重探讨第二语言词汇习得中汉字系统的特点及发展过程，提出汉字的心理词典表征模型，分析词语的句法功能、词语搭配知识与第二语言词汇习得的关系，以中介语对比分析理论为依据，提出中介语词汇系统对比分析的原则和参数。本书对汉语作为第二语言的词汇习得研究和词汇教学具有重要的参考价值。

12. 毛嘉宾等著，外国学习者汉语词汇深度习得研究，成都：西南交通大学出版社，2017 年。

　　本书基于汉语中介语语料库中的偏误实例，分别对外国学生汉语易混词、汉语副词、汉语介词、汉外同形词、固定短语、外来语、流行语等进行深度习得分析，总结外国学生汉语词汇深度习得的状态与趋向，就如何高效、深度习得汉语词汇及预治或消解偏误提出规律性教学策略。本书的研究成果可用于指导外国汉语学习者词汇深度习得，有利于监控其汉语词汇习得过程，修正其汉语词汇习得方式，也有利于教师减缩教学误区，提高教学实效。

13. 王瑞著，汉语作为第二语言学习者词汇习得研究，汕头：汕头大学出版社，2018 年版。

　　本书首先验证了第二语言词汇心理表征发展模型假说对汉语词汇习得的适用程度，然后根据对学习者造词偏误的分析，考察与偏误相关的主要词汇知识类别的发展状况，探讨了母语为英语的汉语第二语言学习者造词偏误的心理机制，并进一步将词汇心理表征研究与造词偏误类词汇知识发展研究相结合，建立汉语生造词这一特殊类别的汉语词汇心理表征模型，探讨了表征的发展模式。

14. 邢红兵主编，汉语词汇知识与习得研究，北京：九州出版社，2019 年。

　　本书是邢红兵教授指导的研究生撰写的论文集录，主要研究内容包括词汇知识、句法知识、语体知识等方面；研究的角度涉及汉语研究、汉语母语习得研究、汉语二语习得研究、汉外语言知识对比研究、语言能力评价研究等方面；研究的手段既有基于语料库的描写研究，也有基于心理学的实验研究。收录的 21 篇文章各具特点，视角独特，方法科学，数据充分，研究深入，结论丰富，为今后语言知识体系的习得过程研究打下了较为扎实的研究基础，为后续相关研究提供了更广阔的视野。

后 记

近 20 年来，国内汉语作为第二语言的词汇习得研究在研究内容、方法上都取得了重大进展，与国际接轨的同时也关注到一些汉语自身的特色。这些研究不但关心汉语中介语词汇习得与发展过程中的语言因素，如词汇结构与语义对词汇习得的影响，也涉及学习者对汉语词汇的表征与加工、词频与语境、习得环境与文化等因素的影响。本书可作为一扇窗口，为读者全面展现这些进展与特色。

本书能够呈现在读者面前，我们首先要感谢导师齐沪扬教授。作为齐老师主持的国家社科基金重大项目"对外汉语教学语法大纲研制和教学参考语法书系（多卷本）"（17ZDA307）的一部分，本书从整体策划、内容选定、组织撰写、初稿审读，都倾注了老师大量的汗水和心血，老师付出的辛苦汇聚在一次次的进展汇报指导中、一个个写满批注的文档中和翻不到头的微信聊天记录中。其次要感谢"综述"系列的负责人范伟老师。她作为负责人，进行了大量细致而琐碎的案头工作和协调工作。在样章示范、文献选取、进度安排、格式排版等方面为我们提供了无微不至的帮助，使得书稿的写作过程顺利而高效。最后，我们还要感谢本书的各位审稿专家以及责任编辑武传霞老师，他们经过多次审阅，不论从宏观结构还是微观内容上都给出了方方面面的宝贵意见，他们的辛勤劳动让本书的质量明显得到提升。

本书由李贤卓和丁萍共同完成，其中李贤卓负责撰写了第一章、第二章、第三章、第六章，丁萍负责撰写了第四章、第五章。在写作过程中，六位同学协助我们进行了资料收集与书稿校对工作，在此一并致谢。他们是南京师范大学国际文化教育学院 2022 级硕士生刘懿圆，2017 级本科生肖悦、季成广、祝贯纬、沙晶晶、王德纯。

　　由于我们水平所限，书中仍有疏谬，尤其是在文献的选择和评介上，难免存在挂一漏万、失于偏颇之处，还望读者方家不吝赐教。

李贤卓、丁萍

2022 年 5 月 31 日